THE CONDITION OF WOMEN IN FRANCE:

1945 TO THE PRESENT

A DOCUMENTARY ANTHOLOGY

Selected and edited by
Claire Laubier

LONDON AND NEW YORK

First published 1990
by Routledge
11 New Fetter Lane, London EC4P 4EE

Simultaneously published in the USA and Canada
by Routledge
29 West 35tn Street, New York, NY 10001

Reprinted 1995

Typeset by Scarborough Typesetting Services
Printed in England by Clays Ltd, St Ives plc

British Library Cataloguing in Publication Data

The condition of women in France, 1945 to the present: a
    documentary anthology.
    1. France. Society. Role of Women, History
    I. Laubier, Claire
305.4′2′0944

Library of Congress Cataloging in Publication Data

The Condition of women in France, 1945 to the present:
    a documentary anthology/(edited by) Claire Laubier.
    p.   cm. – (Twentieth century French texts.)
    Text in French, with pref. and introd. in English.
    Includes bibliographical references.
    1. Women – France – Social conditions.
    2. France – Social conditions – 1945–
    3. Feminism – France – History. I. Laubier,
    Claire, 1954–.   II. Series.
    HQ1613.C735   1990
    30.4′2′0944 – dc20

ISBN 0–415–03091–9

Contents

Preface

It is obviously impossible to give a complete picture of the condition of women in France over four decades. One can only attempt to offer insights into certain areas, focusing on the periods of greatest change or on the themes that seem most representative. This book treats the subject both chronologically and thematically. The first four chapters give a historical perspective of the years up to 1968, dealing with the post-war period, the 1950s, and the 1960s. The year 1945 seems an obvious point at which to begin, not only because this was a major turning-point in French history, but also because it marked the beginning of French women's emancipation in terms of obtaining the vote. The second chapter – *Le Deuxième Sexe* – fits in historically, both because it was a product of post-war existentialism and because critical reaction to it was typical of its time. It also acts as a link with chapter five, which deals with the 'new' French women's movement that began in 1968, offering areas of comparison between de Beauvoir's stance and the 'new' feminist ideology. Chapter five is the longest, due to the complexity of influences and events in the 1970s; it is also the key period as regards the development of women's condition in France, as is reflected by the abundance of new legislation pertaining to women introduced at this time. Chapter five thus acts as a kind of pivot to the whole book.

The next four chapters are arranged thematically. Chapter six deals with language, a predominant theme in French discourse relating to women, and chapter seven with work, politics, and power – a vast area, to which more pages are devoted for this reason. As in chapter eight on home life, a substantial proportion of the texts are interviews with women about general or personal aspects of their work and role in the home. Chapter nine, the final chapter, deals with modern French women's writing, concentrating on literature written in the 1980s, and echoing areas touched on in chapters five and six. It highlights many themes relevant to women's condition in France, but adds, I think, a different slant.

On a linguistic level, the book is designed to offer as wide a variety of styles and registers as possible: newspaper articles, literary texts and poems, interviews, dictionary extracts, statistics, and other documentary material. It thus allows varied types of language practice, e.g., comparison of texts, summary of statistical information, literary analysis, vocabulary study, etc. Texts may either be used in isolation for intensive linguistic study or in combination with other texts for comparison and more general discussion work.

Regarding the content of the texts, these have been carefully chosen so as to give as balanced as possible a view of women's condition, covering a wide spectrum of political opinion and a broad area of issues, from political and socio-economic questions, the role of the sexes in public life, the home and the family, to birth control, cinema, and fashion.

The introduction to each chapter is intended as a historical or factual background to the texts. The organization of texts follows the same progression of ideas as the introduction. It thus acts as a guide, as well as offering necessary additional information.

Although individual chapters may be studied in isolation, especially chapters six to nine, which cover specific themes, it is hoped that the book will be read and used in its entirety, as the historical perspective offered in the first four chapters should help in the overall understanding of developments in the condition of women in France up to and including the present day.

Acknowledgements

The editor and publishers would like to thank the following for their kind permission to reproduce copyright material:

CHAPTER ONE

Texts

1.1 *L'Humanité*
1.3 *Paris Match*
1.4 *Forces françaises*
1.5 *Monde ouvrier*
1.6 *Le Figaro*
1.7–9 *Monde ouvrier*
1.10 *Forces françaises*
1.11 *L'Humanité*
1.12–14 *Paris Match*

Tables

1.1–2 Institut National de la Statistique et des Etudes Economiques (INSEE)
1.3 Ministère de l'Education Nationale
1.4–5 Nouvelles Editions de Minuit

Plates

Marie-France (p. 8)
Hulton-Deutsch Collection (p. 15)

CHAPTER TWO

Texts

2.1 Gallimard
2.2 *L'Esprit*
2.3 *Le Figaro littéraire*
2.4–20 Gallimard

CHAPTER THREE

Texts

3.1 *Elle*
3.2 *Paris Match*
3.3 *Cahiers Internationaux de Sociologie*
3.4 Gallimard
3.5 *Paris Match*
3.6 *Cahiers du cinéma*
3.7 *Elle*
3.8 *Paris Match*
3.9 *Elle*
3.10 *Elle*

Plates

Paris Match (pp. 32–3)
National Film Archive, London (p. 37)
Paris Match (pp. 38–9)
Marie-Claire (p. 40)
National Film Archive, London (p. 42)

CHAPTER FOUR

Texts

4.1–4 Grasset
4.5–7 Gallimard
4.8 Grasset
4.9 *L'Esprit*
4.10 Grasset
4.11 Ed. Pauvert
4.12–13 Grasset
4.14 *Cahiers du cinéma*
4.15 Grasset
4.16–20 *Paris Match*
4.21 Albin Michel

Tables

4.1 INSEE
4.2 Annuaire statistique
4.3 Ministère de la Justice
4.4 INSEE
4.5 *Population*
4.6 Délégation à la Condition Féminine
4.7 INSEE
4.8 Ministère de l'Education Nationale
4.9–10 INSEE
4.11 *Population*

Plates

National Film Archive, London (p. 63)
Paris Match (p. 67)

CHAPTER FIVE

Texts

5.1 *Le Torchon brûle*
5.2 *Femmes en lutte*
5.3 *Le Torchon brûle*
5.4 *Libération*
5.5 *Les Temps modernes*
5.6 *Le Nouvel Observateur*
5.7 *Le Torchon brûle*
5.8 *Le Nouvel Observateur*
5.9–11 Mouvement pour la Liberté de l'Avortement et de la Contraception (MLAC)
5.12 *Pétrôleuses*
5.14 MLAC
5.15 *Femmes travailleuses en lutte*
5.16 *Pétrôleuses*
5.17 *Femmes travailleuses en lutte*
5.18 *Quotidien des femmes prostituées*
5.19 Cercle Flora Tristan du MLF
5.20 *Le Torchon brûle*
5.21 *Pétrôleuses*
5.22 *Sorcières*
5.23 *Questions féministes*
5.24 *Le Temps des femmes*
5.25 *Le Monde*
5.26 Ed. Syros

Plates

MLAC (p. 79)
Pétrôleuses, no. 5 (p. 82)

CHAPTER SIX

Texts

6.1 *Elle, Marie-Claire, Votre Beauté, 20 ans, Vogue*
6.2 *Marie-Claire*
6.3 *Pierre Mardaga*
6.4, 6.6 Presses Universitaires de France (PUF)
6.7 *Les Cahiers du GRIF*
6.8 *Le Monde*
6.9–10 *Médias et langage*
6.11–12 Dictionnaires le Robert
6.13 Ed. Payot
6.14 Armand Colin
6.15 Hachette
6.16–17 Ed. Payot

Table

6.1 Denoël-Gonthier

CHAPTER SEVEN

Texts

7.7 *Paris Match*
7.8–9 Bulletin bimestriel de la Délégation à la Condition Féminine

Tables

7.1–3 INSEE
7.4 Déclaration annuelle des salaires
7.5–7 Ministère du Travail
7.8 INSEE
7.9–10 Ministère de l'Education
7.11–12 INSEE
7.13 *Population*
7.14 INSEE
7.15 SOFRES and IFOP
7.16–17 Bull BVA
7.18 SOFRES

CHAPTER EIGHT

Tables

CHAPTER NINE

Texts

Kind thanks also, especially to the Bibliothèque Marguerite Durand, 21 Place du Panthéon, Paris, and the Délégation à la Condition Féminine in Paris and Nancy, who were of enormous help with information and materials, and to friends and colleagues for their help and co-operation with interviews, and for general advice.

1

The post-war period

The Second World War, which tore France violently apart as a result of the Occupation and Resistance, had far-reaching effects, not only on the political, but also on the social and cultural life of the country. The year 1945 was a major turning point for France generally and a milestone in the history of women's emancipation. Three main factors directly or indirectly contributed to women's emancipation in France after 1945. First, the part women had played in the war, and particularly in the Resistance movement, made it no longer appropriate to continue denying them the vote. Thus, the right to vote, which had been fought for so hopelessly since the 1870s, was suddenly granted by de Gaulle on 25 August 1944. Second, the lack of manpower and the need for an increased workforce to regenerate France's desperately depleted industries required more women to work. (This was mainly the case for women of the working classes.) Third, the increase and prolongation of schooling, resulting from the movement to the cities from the land – due to the transition from predominantly agricultural to industrial labour patterns – meant that women received an increasingly better education. As we shall see, however, there were considerable counter-elements which constantly militated against these forces of progress.

In the political arena, women's sudden electoral freedom resulted in a percentage of female representation in the National Assembly[1] and municipal councils[2] never surpassed since. Women exercised their right to vote for the first time on 29 April 1945 at the time of the election of municipal councillors. General elections followed six months later. In these elections of 21 October 1945, 35 women deputies were elected out of 545. In 1946 the Assembly consisted of 39 women out of 618 deputies, the majority being members of the Communist party – 26 out of 167 Communist members; the Communist party, being more open towards women, tended to attract a majority of those women who were more active in politics. The percentage of women in politics was therefore 6.31 per cent by 1946. (This number was already to fall sharply to 3.6 per cent by 1951 and to drop still further to 1.6 per cent in the legislative elections[3] of 1958.)

Nevertheless, predictions that women overall were likely to vote more conservatively than men and that they would constitute a greater number of abstentions, were to a certain extent borne out. In the referendum of 5 May 1946, the constitution of the left of April 1946 was rejected by a majority of the female electorate. This tipped the balance and led to the new referendum of October 1946 and the passing of de Gaulle's constitution of 29 September 1946.[4] In November 1946 the Communist party and parties of the left obtained a total of 46.5 per cent of the votes, 52.4 per cent of these, however, were from male voters. This may be explained to a certain extent by the average married woman's considerable conformism to her husband's political views. This was especially the case among the middle and lower middle classes. According to a contemporary study,[5] nearly three-fifths of women did not make a personal choice of newspaper in 1947 – it was the husband who bought it. Thus, they were directly or indirectly influenced by their husband's views.

Women's participation in the electoral process forced the public at large, and women in particular, to examine their role in the social sphere and to reassess their capabilities. This led to a new dynamism and self-confidence among certain women in politics and public life, and a new boldness of attitude among certain female intellectuals. A case in

1

point is the non-conformism and liberalization of male/female relations among the post-war existentialists of the fashionable Saint-Germain-des-Prés quarter of Paris, whose aim was largely to shock. However, this change in attitudes seems to have been limited to the intellectual middle class. Women of the working classes, mainly because of their very different circumstances, were largely unaffected, and remained suspicious of party politics, regarding it as the preserve of those out of touch with the problems of the struggling poor.

This polarization between the middle and working classes was most overt as regards the female workforce. Whereas for middle-class women the opportunity to work alongside men could be seen to a limited degree as a liberation, for working-class women work became an economic necessity. Soaring food and energy prices, premature cuts in the rationing system of basic supplies, and low wages meant families could not subsist on a single wage. The urgent national need for increased production and an insufficient workforce to cope with this need meant that women were required to fill the gap. Increasingly, agricultural workers, who could no longer make a living from the land after the ravages of the war and Occupation, moved to the industries of the big cities. Women worked for long hours, sometimes in appalling factory conditions, on average for two-thirds or less of the salary of male workers.

At the same time woman's prime role was still seen as that of a wife and mother. She was expected to give priority to her household tasks and to her duties to her husband and children. In spite of the fact that women were exhorted to work to help the economy, the male establishment did not give them credit for their double role as workers both inside and outside the home. Instead, it expressed a growing unease that woman's traditional role and particularly the sanctity of the family might be under threat.

Statistics for 1947[6] show that out of a total of 105 billion hours worked by the total population, housework represented the biggest proportion – 45 billion hours as compared to 43 billion hours devoted to professional employment. (The position had not changed ten years later.) The amount of time spent on domestic chores would have been still greater for women of the working classes. Although towards the end of the 1940s household gadgets were just beginning to appear on the market and to be advertised in women's magazines (*Elle* magazine first appeared in 1945, and the first advertisement for a washing machine in November 1949), the vast majority of people could not yet afford them and considered them untold luxuries at a time when there was insufficient basic food, a lack of electricity, and the cost of gas was rising. A survey of housing conditions in the Saint-Sauveur area of Rouen[7] showed that in 1949 more than half the flats had no running water (1,300 out of 2,233); there were no bathrooms or inside toilets, and women had to fetch buckets of water from the local fountain. Some still did the washing in a local river. This situation persisted in some cases well into the 1950s.

It is clear, then, that for women poverty meant an enormous and sometimes intolerable burden of work. It led to increasing awareness that their activity outside the home, in the workplace, was keeping them from the household chores they were still expected to perform, and making their situation worse rather than better. Thus, in the immediate post-war period work was a dubious emancipation. Far from being woman's right, work was regarded either as a luxury for middle-class women, tolerated (if she was lucky) by the husband, or as an absolute necessity.

For middle-class women, only work reflecting traditional feminine qualities was envisaged. It was quite acceptable, as in other countries, for women to be teachers, nurses, or secretaries. Women's soft, caring attributes were emphasized and reflected in the fashions of the time. However, at the same time, the new accent on efficiency and convenience also meant the introduction of more functional clothes – suits, shorter skirts, and trousers.

The female right to work was a constitutional declaration of principle rather than a concrete reality. Matrimonial laws of paternal authority (*see* appendix two) upheld the husband's supremacy as head of the family. He had the sole right to choose the family home, could discipline his children against his wife's wishes, and could deny his wife permission to work 'in the name of the common good of the family'. Similarly, although as regards legislation pertaining to woman's right to work, women in principle had access to all public offices, these rights could, in fact, be arbitrarily denied by means of government directives by order of the council of state.[8] Nevertheless, the battle to infiltrate male-dominated areas of work had begun. Examples of women who succeeded are Colette, who became the first woman president of the Académie Goncourt,[9] and Marthe Richard, one of the first women pilots and a municipal councillor in Paris.

It was Marthe Richard who was responsible for the law of 13 April 1946 closing brothels. According to a report by the Commission of Public Health, instances of syphilis were found to be five times higher in 1945 than in 1940 – the death toll had reached 150,000. The main cause was prostitution, with a total of 70,000 prostitutes in Paris, of whom 7,000 were officially registered. In 1945 there were 190 brothels in Paris. Mme Richard described one of these: 'J'ai demandé à une fille, combien as-tu fait de clients aujourd'hui? Elle m'a répondu quatre-vingt-deux! Pour deux francs, chaque client a droit à une chambre, à une fille, à une serviette et un morceau de savon. . . . C'est pire que l'esclavage – le bagne.' The agreement to close brothels was voted for by a large majority and marked the end, officially at least, of one of the most blatant forms of female exploitation.

Although women were actively encouraged to work to increase the nation's production, there was, as previously mentioned, a fear of the adverse effect this might have on the family. This did not rest simply on Christian or moral grounds, but on the blatantly expressed need for an increase in the birth rate. Women were expected not only to contribute to the economic revival of the nation, but also to help replace its depleted population. As de Gaulle declared – 'il nous faut douze millions de beaux bébés en douze ans'! The sudden surge in the birth rate, or the 'baby boom' (in 1946 it rose by 20.6 per cent, in 1947 by 21.3 per cent) was less a result of post-war optimism than of the return of one million prisoners of war and almost one million men from labour camps in Germany. The greatest incentive, however, was state benefits. In July 1946 the government introduced family allowances (paid monthly to the head of the family) to families with more than one child. Pre-natal allowances were added, as well as milk supplements and special allowances for non-working mothers, grants to cover school expenses, and family reductions for public transport, as well as tax reductions for families proportionate to the number of children. Widowers, single and divorced men without children had to pay correspondingly higher taxes. The lack and disapproval of any efficient means of contraception and the strict prohibition of abortion also contributed to the rapid increase in the birth rate.

Perhaps the greatest achievements of Léon Blum's pre-war 'Popular Front' government had been the introduction of a family welfare system and the minimum wage. These were largely in response to increased demands from trade unions and labour movements. Now, in the post-war era, there was a rising tide of dissatisfaction among the general population, who felt that everything they had fought for had been lost, and that they deserved a better deal than during the war years. Exercising their increased trade union rights and their right to strike, the CGT[10] and other unions organized massive demonstrations and strikes during 1946 and 1947 in protest against low wages, drastic shortages of food, and the high price of basics such as bread, meat, potatoes, and milk produce. Working-class women, who, unlike women in the middle classes, identified increasingly with the labour movements, showed their solidarity by demonstrating in large numbers all over the country. One of the most notable of these demonstrations was in Le Mans in September 1947, where protests against bread shortages reached riot proportions. In fact, many of the improvements in salaries and social benefits, and the reduction of consumer prices might not have been made without pressure from this section of the female population.

As regards education, a glance at the statistics (*see* Tableaux 1.3–5) reveals a sharp rise in the proportion of girls receiving secondary education in 1945 as compared to the pre-war period. Similarly, in 1945 there was double the number of female university students, with big increases in the number of women studying law and science subjects. However, almost half the total number of girls opted for the arts. Whereas for boys, the emphasis was on scientific education and preparation for the 'grandes écoles' (note the disparity of 7,750 boys preparing for these in 1946, as compared to only 725 girls), for girls the accent was on the teaching of basic subjects and vocational training. Thus, there were more girls than boys in classes of 'enseignement moderne', 'orientation', and 'classes primaires élémentaires', which offered a broader-based, non-academic curriculum. Nevertheless, the increase in scholarity and particularly in university education, meant that girls at least had the opportunity of sharing similar activities with the opposite sex, instead of being closed off at an early age into their traditional female role. This also contributed to changing attitudes towards marriage.

Before 1945, and in many bourgeois families even in the post-war period, girls were expected to marry someone of their parents' choice, or someone who at least for financial or social reasons, met with their parents' approval. Often 'présentations' were arranged which amounted almost to arranged marriages. However, increased opportunities to meet the opposite sex, either during the war or in a growing variety of ways, such as at work, university, on holiday, or at sports and social clubs, meant that patterns of courtship and marriage changed. Marriages for love, rather than for convenience or for gain, began to be expected.

Historically, emphasis on increasing the birth rate appears always to have been accompanied by a heightened accent on the importance of love, marriage, and romance.[11] This was also the case for the new generation of young women in post-war France. A magazine for women called *L'Anneau d'or*, the first publication in France to deal with the idea of conjugal love and sexual aspects of (conjugal) love, appeared in 1945. A survey shows that in 1948, 12 per cent of university students were married – clearly marriages of love, since they would not have been in any position of financial security, a prequisite for couples of this period. The idea of romantic love and marriage thrived among the young. It is open to question, however, whether this new-found love and romance ethic made any real contribution to women's emancipation, apart from allowing them more freedom in the choice of a husband.

One can see, then, that though women made considerable inroads into the realms of politics, work, and public life, continuing conservative or

Tableau 1.1 Population depuis 1946 (unité: milliers)

Recensements	Effectifs Femmes	Effectifs Hommes
1946	21 007	19 128
1954	22 236	20 664
1962	23 899	22 560
1968	25 458	24 197
1975	26 855	25 744
1982	27 808	26 488
1985[1]	28 197	26 864

(1) Population au 1/1; Evaluation provisoire fondée sur les résultats du RP 82.
Source: INSEE, Recensements de la population.

reactionary elements concerning woman's role in the family acted as a brake to her emancipation, and ensured her inferior status well into the 1950s and 1960s.

DOCUMENTS

Texte 1.1 *Elles aussi, elles ont bien mérité de la patrie*

Elles s'appelaient Rose, Jacqueline, Lucie, Pascaline. De simples prénoms de femmes évoquent un sourire, la grâce d'un visage ou la tiédeur d'un foyer.

Mais depuis quatre ans, elles se battaient, entraînant avec elles toujours plus de femmes pour chasser l'envahisseur.

Elles étaient encore peu nombreuses autour de Danielle Casanova en 1940. Mais bien vite, leur exemple donna confiance. Et pour chacune de celles qui tombaient entre les mains de la Gestapo et des traîtres, des dizaines, puis des milliers rejoignirent les rangs de l'Union des Femmes Françaises, seule organisation de résistance féminine.

Les premières, dans le Nord et le Pas-de-Calais, à tenir les piquets dans la grève des mineurs en mai 1941, les femmes ne devaient jamais cesser de harceler l'ennemi par leurs manifestations de jour en jour plus nombreuses et plus hardies.

Il fallait empêcher les stocks d'être pillés. Il fallait aussi faire échouer la sinistre farce de la relève.

Elles se couchèrent sur les voies de chemin de fer;

elles cachèrent leurs maris, leurs enfants, leurs frères, à la ville, aux champs. Toutes les ruses furent employées au salut de la Patrie. Les plus audacieuses, « les agents de liaison »,[1] transportèrent plis, armes. Il faudra écrire un jour le récit du transport de la dynamite, de Dunkerque à Marseille. Et dans Paris qui fête aujourd'hui sa libération, quelle est la femme qui ne se souvient pas d'avoir avec ses enfants transporté sacs, bois, ferraille, pavés, pour dresser une barricade dans ce Paris insurgé? Notre camarade Maurice Thorez[2] dans son discours au Xe Congrès du Parti Communiste français en juin 1945 a rappelé cette phrase de Michelet[3]: « La femme française vive et sincère, prenant les idées au sérieux, veut que les paroles deviennent des actes. »

Nous demandons à ceux qui, profondément réactionnaires, veulent faire de la femme « un bibelot fragile de salon » de lire un de ces petits communiqués de guerre, dont nous avons une liasse sous les yeux. Ils ont été écrits pendant l'insurrection de Paris sur des bouts de feuillets: « Aujourd'hui 24.8.44 – dans le quartier: 120 prises de parole, 3 barricades construites par les femmes seules, participation à d'autres avec population. 1 nouveau centre sanitaire, 2 partisances, 50 grammes de beurre réparti à la population, 220 repas à la cantine, service organisé pour porter repas aux barricades, ouvroir pour vêtements. Femmes impatientes de servir, demandent toutes affectation immédiate, Marie-Louise. »

Les femmes jouèrent un grand rôle dans la glorieuse insurrection parisienne. Elles n'étaient pas moins ardentes que les hommes pour arracher les pavés et construire les barricades.

Marie-Louise, Rose, sont à nouveau des mères de famille avec tous les soucis du foyer. Elles ne sont pas près d'oublier. La lutte continue pour la Renaissance française et c'est à leurs enfants qu'elles racontent leurs souvenirs, car « les femmes françaises font des braves et le sont ».

Josette Cothias, 'La Page de la femme', *L'Humanité*, 1946

Texte 1.2 *La constitution socialiste – avril 1946*

I – Des libertés
ARTICLE 1 – Tous les hommes naissent et demeurent libres et égaux devant la loi.

La loi garantit à la femme, dans tous les domaines, des droits égaux à ceux de l'homme.
II – Des droits sociaux et économiques
ARTICLE 24 – La nation garantit à la famille les conditions nécessaires à son libre développement.

Elle protège également toutes les mères et tous les enfants par une législation et des institutions sociales appropriées.

Elle garantit à la femme l'exercice de ses fonctions de citoyenne et de travailleuse dans des conditions qui lui permettent de remplir son rôle de mère et sa mission sociale.
ARTICLE 28 – Hommes et femmes ont droit à une juste rémunération selon la qualité et la quantité de leur travail, en tout cas aux ressources nécessaires pour vivre dignement, eux et leur famille.

Texte de la constitution du 28 septembre 1946

Préambule
La Nation assure à l'individu et à la famille les conditions nécessaires à leur développement.

Elle garantit à tous, notamment à l'enfant, à la mère et aux vieux travailleurs, la protection de la santé, la sécurité matérielle, le repos et les loisirs. . . .

Extraits de la constitution d'avril 1946 et de septembre 1946

Texte 1.3 *La femme égale de l'homme?*

Paris, 10 décembre 1948
Que la France souscrive aujourd'hui à la Déclaration universelle des droits de l'homme n'empêche pas qu'elle se soucie désormais de ceux des femmes. Le préambule de la Constitution d'octobre 1946 proscrit les discriminations sexistes, qu'elle range parmi les atteintes aux libertés fondamentales. Il reste que l'Etat a longtemps été le premier des « machistes ». Il a fallu attendre l'ordonnance du 5 octobre 1944 pour que le « sexe faible » obtienne le droit de vote. Et c'est seulement cette année qu'une loi garantit

l'égalité salariale entre hommes et femmes. Mais il y a loin des textes à la pratique. L'exposition parisienne de la femme libérée, qui vient de fermer ses portes, ne saurait tromper personne.

'Chronique de l'année 1948', *Paris Match*

Texte 1.4   *J'ai été agente électorale*

Avant-guerre, on traitait assez volontiers d''excitées' les femmes qui suivaient les réunions publiques qui précédaient les élections. Que faisaient-elles, dans une salle, au milieu de tous ces hommes, les uns gesticulant sur l'estrade, les autres prêts à cogner sur le voisin s'il n'était pas de leur avis, et à accompagner leur geste d'une bordée d'injures bien senties?

Leur place était à la maison et non dans ce lieu de perdition. Or, cette année, tout changea.

Les femmes ont le droit de voter. Les femmes représentent 62% du corps électoral; on les appelle « citoyennes » et on leur crie « Aux Urnes! »[4] Seulement, elles sont novices en matière civique; elles risquent d'avoir sur la politique des « idées de femme », c'est-à-dire pour les unes, pas d'idée du tout, et pour les autres des idées assez pot-au-feu, assez pratiques et idéalistes à la fois.

Alors, pour deviner ces « idées de femme », les adapter à la couleur d'un parti, leur expliquer en quoi cette adaptation, la seule vraie, la seule bonne, et la seule souhaitable, on a pensé que le mieux était de faire appel à d'autres femmes.

Aussi a-t-on vu, ces dernières semaines, beaucoup de conférences féminines, annoncées par la presse et les affiches.

Les « oratrices » prenaient exceptionnellement la parole pour un soir, mais d'autres, pendant cette quinzaine passionnée, ont exercé sur les planches un véritable métier d'agent électoral.

J'ai été tentée d'interroger l'une d'elles et, il y a quelques jours, j'ai pris place, un matin, sur la banquette rouge d'un petit bar, en face d'une de ces femmes.

Mme G. m'a dit:

– On ne s'improvise pas agent électoral. En premier lieu, parce que celà requiert des qualités de résistance physique qui ne sont pas données à tout le monde; ensuite parce qu'on ne parle pas devant 100 ou 1000 personnes comme dans un salon.

– Prenez cet aspect matériel – cependant primordial du problème: la voix.

– Il faut que la voix porte, qu'elle ne soit pas trop grêle à côté des voix masculines, qu'elle soit distincte, sans monotonie, sans débordements oratoires, aussi nuancée que possible et, cependant, jamais sourde, jamais mièvre.

– Ensuite, il faut veiller à la « mise en scène ». Une femme ne doit pas abdiquer ses qualités, son pouvoir de femme, parce qu'elle parle de politique: il y a des hommes qui nous écoutent, et ils seront toujours sensibles à la vue d'une femme soignée, voire coquette, même si ce n'est pas une « jolie femme ».

– Le temps des suffragettes est passé. Il ne s'agit plus de rassembler à une quêteuse de l'Armée du Salut[5] ou à une nihiliste de film russe. Il ne s'agit plus de se singulariser.

– Telle que vous me voyez, je suis « comme les autres » dès que j'ai descendu les marches de l'estrade. J'ai un mari, des enfants. Je fais la cuisine, le ménage et la lessive.

– Et c'est cela qui importe, qui permet une identification possible, une compréhension mutuelle.

Et comment présentez-vous vos sujets?

– De la façon la plus simple, la plus directe possible. J'essaie de faire des phrases courtes, d'exprimer peu d'idées à la fois. De les expliquer sans hâte, dans un style familier et concret. . . . En général, on garde une certaine atonie de timbre[6] au début, de façon à contraster plus violemment le ton de la fin. Les gestes aussi sont surtout pour la fin. Et puis, il y a le petit couplet sentimental. Il faut le loger absolument. Il ne faut pas abuser de la corde tendre, mais la pincer à bon escient est un geste – en particulier, pour une femme – essentiel, une carte que l'on joue gagnant 99 fois sur 100.

Forces françaises, 27 octobre 1945

Texte 1.5   *Si j'étais au gouvernement*

Balayant devant sa maison, d'un air rageur, ma concièrge me prend à témoin au passage. Un chien – un dissident, car ceux du quartier ont beaucoup plus d'éducation – a pris des libertés avec « son » trottoir. « Vous voyez, eh ben, si j'étais au gouvernement, j'inventerais un aspirateur installé sur la voiture des boueux pour que les concierges consciencieux n'aient pas tant de mal à tenir la rue propre. »

Se doute-t-elle un instant, ma brave pipelette, qu'elle aspire à sa libération par tout ce qui pourrait lui être épargné en faisant de la machine une amie à son service, selon le slogan qui nous est cher: « La production au service des travailleurs et de leur famille ».

– Mais voilà, si j'étais au gouvernement, j'penserais pu à mon trottoir et au pauvre monde; j'm'occuperais pu que d'politique.

Boum! Ça c'est un pavé « maison » dans la cour de nos élues. En conscience je ne peux pas le laisser et puis, il faut absolument réconforter le moral de ma concierge.

– Ben oui, mais ce qui me fiche en colère c'est que les partis ils se boulottent le nez pendant que nous, on reste dans l'pétrin![7]

– Ça, c'est vrai trop souvent, mais, justement, on peut espérer, maintenant que les femmes sont entrées dans la mécanique de la vie du pays qu'elles travailleront pour que ça change, qu'elles apporteront l'écho de la vie vraie dans toutes les discussions qui se mènent en ce moment pour refaire une Constitution jeune et « à la hauteur ».

Dans un sens, ce n'est pas la peine qu'elles fassent sensation dans les séances publiques de la Chambre, mais plutôt qu'elles travaillent dur et ferme dans les commissions. Tenez, par exemple, celle de la famille, celle du travail, celle de l'agriculture. Non, mais vous réalisez un peu tout ce qu'elles peuvent apporter d'idées et de jugeote pour que dans tous les coins, ça change en mieux?

– Peut-être bien, mais c'est sûrement pas des femmes comme nous, qui sont dans ces machines-là, elles savent pas ce que c'est que se bagarrer avec un budget rétréci, que de faire tout le fourbi à la maison, et tout et tout. . . . Et puis, il faut que ça soit des savantes pour discuter comme il faut avec tous ces députés qui parlent bien, pour être autant qu'eux.

– Ne pensez-vous pas que les députés « qui parlent bien » n'ont pas plus besoin du bon sens des femmes plutôt que de belle jactance? Et pour le reste, je me suis laissé dire qu'il y en avait qui étaient des femmes de travailleurs, comme votre mari et le mien; que si elles ne font plus leur lessive maintenant (elles n'auraient plus le temps) elles la faisaient encore il n'y a pas bien longtemps; qui ont des gosses; qui, à cause de tout ça, apporteront plus à la reconstruction du pays qu'en faisant de beaux discours. Tenez, en passant, savez-vous qu'une femme bien ouvrière, mère de quatre petits enfants, a été attachée au ministère de la famille pour y apporter au jour le jour, toutes les difficultés des foyers populaires? Qu'est-ce que vous dites de ça?

– Si c'est ça la politique, ça vaut le coup que les femmes y soient et qu'il y en ait beaucoup.

– Et puis, tout auprès de vous, il y a celles qui sont dans la Municipalité, conseillères ou autres, et c'est par elles que vous pouvez être quelque chose dans le gouvernement.

Du coup, ma concierge sursaute, complètement estomaquée; elle en oublie d'houspiller une gamine qui, au sortir de l'école, se met à dessiner une marelle sur « son » trottoir.

– Mais oui, dans le quartier il y des choses qui ne gazent pas, par exemple, le marché qui ne fonctionne plus aux heures où vos locataires arrivent de travailler.

Et bien, une femme, parce qu'elle sent parfaitement, parce que dans son cœur et dans sa chair, elle vit le service des autres, non pas un service d'esclave, mais un service d'intelligence et de direction, une femme beaucoup plus qu'un homme, comprendra ces affaires-là. Elle écoutera vos idées à vous. Les fera siennes si elles sont réalisables, pour le bien de tous, et une conseillère municipale, donc aux leviers de commande de la ville, peut faire changer bien des choses.

C'est ce qu'il faut exiger de celles qui sont nos élues.

Anne-Marie Richard, *Monde ouvrier*, 22 décembre 1945

Texte 1.6 *Le rôle des femmes*

Au cours des deux prochaines consultations du corps électoral, référendum et élections générales, les femmes françaises auront à jouer un rôle décisif. Elles sont électrices depuis bien peu de temps; elles en sont donc encore à la période de « l'initiation politique » et pourtant, dès maintenant, le poids de

'VICTOIRE' – couverture de *Marie-France*, 1945

de l'an dernier a été égale, ou peu s'en faut, à celle des hommes. Pourtant, peu habituées encore aux controverses des partis, plus disposées par tempérament à juger une politique sur ses effets pratiques que sur les principes dont elle s'inspire, elles pourraient être, en assez grand nombre, tentées de se désintéresser sinon des élections générales, du moins du référendum sur la Constitution.[8] C'est pourquoi il nous semble indispensable de leur rappeler que le référendum a autant d'importance, sinon plus d'importance, que les élections, puisqu'il engage le destin du pays de façon en quelque sorte définitive et irrévocable.

Deux motifs principaux pourraient déterminer les abstentions féminines en ce qui concerne la Constitution. Le premier, en lui-même estimable puisqu'il est, en un certain sens, une réaction d'honnêteté, est le sentiment d'incompétence. Ignorant tout du droit constitutionnel par rapport au scrutin d'arrondissement, de l'intérêt qu'il peut y avoir pour le pays à posséder deux Chambres[9] et non une, beaucoup de femmes peuvent être tentées de ne pas se prononcer sur des questions qu'elles ignorent.

L'autre motif est l'opinion très répandue, chez les femmes plus encore que chez les hommes, que les discussions sur les principes sont de peu d'importance, qu'elles constituent un jeu stérile, peut-être une occupation de bavards, que « toutes les institutions se valent » et que le seul problème de la politique est de porter au pouvoir des hommes qui manifestent de l'honnêteté, du bon sens et de l'activité dans la conduite des affaires. Ces deux arguments, d'ailleurs liés l'un à l'autre, contribuent à créer un même état d'esprit, et cet état d'esprit est extrêmement dangereux. . . .

Quant au manque d'information des femmes en ce qui concerne les grands problèmes de la politique, les quelques semaines qui nous séparent de la double consultation nationale nous paraissent suffisantes pour y remédier. Ici, le rôle de la presse nous paraît capital. C'est à elle qu'il appartient de montrer, de la façon la plus simple, la plus claire et la plus honnête possible, la signification et la portée des articles essentiels de la Constitution et des programmes des partis. Ce qui importe, c'est que les Françaises apprennent de quelles conséquences pratiques seront suivies les décisions qu'elles vont prendre, c'est de

leurs suffrages est plus grand que celui des suffrages masculins. Par l'effet d'une loi générale qui veut que dans presque tous les pays du monde le nombre des femmes soit légèrement plus grand que celui des hommes et par l'effet des circonstances de la guerre plus meurtrières à l'égard des hommes qu'à l'égard des femmes, elles constituent la majorité absolue du corps électoral. Alors que, novices encore dans la vie politique, accoutumées par une longue habitude à laisser aux hommes la responsabilité des décisions qui intéressent l'avenir commun, elles pourraient être tentées de considérer qu'elles n'ont encore, dans la vie du pays, qu'une importance secondaire, il faut qu'elles prennent conscience, dès maintenant, de leur force, qui est prépondérante.

On ne doute pas, d'ailleurs, qu'elles aient leur opinion en politique, et leur participation au scrutin traduire dans le langage du sens commun les textes souvent complexes et abstraits sur lesquels on va leur demander leur avis. Pour notre part, nous nous y emploierons – et ce n'est pas seulement aux femmes, mais aussi à beaucoup d'hommes que nous espérons ainsi être utiles.

Les femmes doivent donc voter. Mais là ne s'arrête pas leur rôle. Elles doivent aussi « faire voter »; elles doivent mettre toute l'influence qu'elles ont sur leurs maris, sur leurs proches, sur leurs amis, pour que personne ne se dérobe à un devoir essentiel, à un acte dont les conséquences engagent tout l'avenir. Pour les femmes, il a le prestige de la nouveauté. Il leur appartient de lui rendre ce prestige aux yeux mêmes des défaillants. Elles sont plus étroitement encore que les hommes, intéressées à l'avenir de la nation, puisqu'elles vivent en leurs enfants autant et plus qu'en elles-mêmes. Qu'elles soient nos meilleures alliées dans cette grande campagne contre l'abstentionnisme, afin que chaque Français, chaque Française soit à son poste au moment où, pour reprendre une phrase historique, « s'engage une bataille dont dépend le salut du pays ».

Le Figaro, 18 avril 1946

Texte 1.7 *Travail des femmes – Pourquoi?*

A travers les âges, le labeur de la femme a toujours contribué à mettre dans la société de l'amour, de la joie, de la beauté. Son travail, comme celui de l'homme a permis de faire avancer le progrès social et technique. Actuellement son travail est plus que jamais nécessaire. Nous la voyons institutrice, se penchant sur les enfants et les jeunes avec les aptitudes spéciales qu'elle a pour l'éducation; infirmière, doctoresse donnant aux malades, aux souffrants le meilleur de son coeur; couturière, modiste, coiffeuse, créant ainsi de la beauté dont nous avons tant besoin; sténo-dactylo, secrétaire, avocate, etc. Partout, jusque dans les laboratoires, la femme apporte son génie complémentaire de celui de l'homme.

Le monde ne peut se passer du travail de la femme, mais pour l'harmonie et le bonheur du genre humain, il ne faut pas que la femme, par suite de l'organisation de l'économie, soit obligée à des travaux qui la ruinent physiquement et qui la dépersonalisent. Et pourtant, c'est ce que notre société moderne a imposé à tant de femmes. Combien d'entre elles, parce qu'elles doivent gagner leur vie, sont rivées à des tâches qui ne sont pas compatibles avec leurs possibilités physiques et qui, parfois, les empêchent de remplir leur plus grande, leur première mission: d'être mère.

Certains nous présentent actuellement le travail professionnel de la femme comme une libération. Pour nous, ce travail, s'il brime la nature de la femme, est une servitude et non pas une libération. Certes, nous comprenons bien que des pays comme nos grands alliés aient eu absolument besoin, pour faire triompher la cause de la liberté, de mettre indistinctement hommes et femmes sur les mêmes travaux; nous savons combien les efforts de nos soeurs les femmes anglaises, américaines, russes ont été précieux pour le triomphe de la cause des nations unies. Il fallait employer toutes les forces disponibles pour vaincre l'ennemi, mais maintenant qu'il s'agit de construire un monde meilleur, qu'il s'agit de mettre l'économie et la technique au service de l'homme, qu'il nous soit permis de dire que cette solution n'est plus de mise. Notre monde actuel a surtout besoin de vraies femmes pouvant se réaliser pleinement, non seulement par leur rôle d'épouses et de mères, mais aussi par leur travail professionnel. Que la production demande aux femmes des tâches compatibles avec leur nature, que l'organisation économique et sociale permettent à la femme qui le désire de rester à son foyer sans connaître la misère, donc une servitude ménagère trop grande, ainsi nous irons vers une libération plus parfaite, plus vraie pour la femme.

Extrait du *Monde ouvrier*, 22 décembre 1945

Texte 1.8 *Ni poupées de luxe ni servantes!*

On a coutume de nous dire que nous avons, en tant que femmes, trois [sic] rôles à jouer au foyer: celui d'épouse, de mère, d'éducatrice, enfin, de ménagère. nagère.

Or, actuellement, les mères de famille sont littéralement écrasées par leur travail de ménagère. C'est 12, 14 à 16 heures que la femme assure

Tableau 1.2 Population active depuis le début du siècle

Évolution de la population active depuis 1901

	Population active de 1901 à 1985						
	Effectifs, en milliers				*Pourcentage (population totale = 100)*		
	Femmes	*Hommes*	*Ensemble*		*Femmes*	*Hommes*	*Ensemble*
Recensement[1]							
1901	7 000	12 600	19 600	1901	36,0	67,0	51,0
1906	7 100	12 700	19 800	1906	36,0	66,5	51,0
1911[2]	7 100	12 900	20 000	1911	35,5	67,0	51,0
1921	7 200	12 900	20 100	1921	35,5	70,0	52,0
1926	6 900	13 400	20 300	1926	33,0	69,0	50,5
1931	7 000	13 500	20 500	1931	33,0	68,0	50,0
1936	6 600	12 700	19 300	1936	31,0	64,0	47,0
1946	6 700	12 600	19 300	1946	32,0	66,0	48,5
1954[3]	6 646	12 848	19 494	1954	29,8	62,2	45,4
1962	6 585	13 158	19 743	1962	27,6	58,3	42,5
1968	7 124	13 559	20 683	1968	27,9	55,9	41,6
1975	8 132	13 911	22 043	1975	30,3	54,0	41,9
1982	9 585	14 192	23 777	1982	64,5	53,6	43,1
Enquête sur l'emploi							
1982	9 790	13 899	23 689	1982	35,4	54,1	45,3
1984	10 018	13 815	23 833	1984	36,5	53,3	44,7
1985	10 128	13 867	23 995	1985	36,8	53,3	44,8

(1) Jusqu'en 1946, la population totale à partir de laquelle est calculée la population active est la «population statistique». D'autre part la population active agricole a été reconstituée selon la définition de l'activité à partir du recensement de 1954. Source: J. J. Carré, P. Dubois, E. Malinvaud «La Croissance Française».

(2) Jusqu'en 1911, non compris la population d'Alsace-Lorraine.

(3) Inclusion à partir du recensement de 1954 du contingent hors métropole des militaires en Allemagne, et des aides familiaux.

Champ: Population active y compris le contingent.

Source: INSEE – Recensements de la population. Enquêtes sur l'emploi 1982, 1984, 1985.

Références: Volume population active RP 82. Données sociales – Edition 1984. Archives et Documents n° 120. Collections de l'INSEE. Séries D 105 et D 107.

journellement, sans dimanche, sans vacances, sans répit d'aucune sorte. Certes, il s'agit des siens et c'est pour eux qu'elle besogne. Quelqu'un a même écrit: « C'est une œuvre de choix qui veut beaucoup d'amour ». Nous n'en doutons pas! Mais devons-nous user nos forces et passer nos vies à ce labeur asservissant qui ne nous laisse ni le désir ni le temps de nous épanouir, d'être nous-mêmes et, par là, de faire de meilleures épouses et éducatrices.

L'homme ne vit pas seulement de pain. C'est vrai pour nous, mères, comme ce l'est pour tout être humain. Nous ne sommes ni des servantes, ni des objets de luxe et nous avons le droit de nous épanouir, d'être heureuses dans le mariage et par la maternité. Encore, faut-il que les conditions de vie le permettent. Or, actuellement, le moins qu'on puisse dire est que nous sommes asservies par le matériel qui nous réduit à un rôle d'automate mécanisé. Or, la femme est plus que cela et ses horizons ne doivent pas se borner à sa cuisine. Son titre de personne humaine suppose qu'elle puisse réfléchir, lire, développer ses facultés. Et cela, dans sa vocation naturelle.

En ce siècle d'électricité et de mécanisme, ne pourrions-nous pas être déchargées d'une partie des gros travaux de la ménagère? La machine à laver, l'eau froide et l'eau chaude sur l'évier, la machine à coudre, l'aspirateur, le séchoir, la cuisinière à gaz ou électrique. Est-ce un luxe réservé à une catégorie de privilégiées?

Tous ces aménagements – et j'en oublie – en facilitant notre vie quotidienne, ne nous permettraient-ils pas d'être moins énervées, plus compréhensives et de trouver le temps nécessaire pour nous détendre, lire et nous informer?

Nous demandons donc qu'un effort de rationalisation intense soit fait dans le domaine ménager afin de nous faciliter, au maximum, les besognes ménagères et que cela soit développé sur une grande échelle pour les mamans chargées de plusieurs jeunes enfants.

Enfin, que certains services collectifs de dépannage soient organisés par quartiers pour les cas urgents: haltes d'enfants pendant les courses de la mère, lavage du linge, raccommodage, surtout, etc. Il nous paraît indispensable que la mère n'ait plus cette angoisse quotidienne du budget à boucler: cela suppose un pouvoir d'achat suffisant pour tous.

Il faudra résoudre un jour le problème du logement. Comment veut-on que la mère soit heureuse de vivre dans un taudis ou logement surpeuplé et incommode?

Enfin, il nous paraît essentiel qu'une formation soit donnée à la jeune fille, la préparant aux trois aspects de sa tâche, sans oublier pourtant qu'avant tout elle a droit en tant que personne à une culture humaine. La vraie libération de la femme est là: croyez-moi, la famille y gagnera!

Extrait du *Monde ouvrier*, 22 décembre 1945

Texte 1.9 *Celles des trottoirs*

Marthe Richard: nom prestigieux qui évoque la trame secrète des services d'espionnage de la « Grande Guerre ». Nom prédestiné de femmes au service de la France.

Car elle a magnifiquement servi celle qui est aujourd'hui conseiller municipal de Paris. Servi dans l'organisation « Résistance » la libération du pays de la botte allemande, servi à ce poste nouveau la libération de la capitale – espérons que l'exemple fera école – du trust ignoble des tenanciers et des souteneurs de Paris.

Mme Richard, qui ne craint pas la rancune de « ces messieurs », leur a, en effet, porté le premier coup de boutoir aux deux séances, absolument inoubliables à l'issue desquelles le préfet de la Seine a annoncé la fermeture dans un délai de 3 mois, des maisons de tolérance[10] et des maisons de débauche « clandestines » du département: c'est prononcée, l'abolition de la prostitution réglementée.

Tous les partis, toutes les organisations avaient préconisé cette conclusion à un état de fait particulièrement scandaleux en notre capitale dont le renom s'étend par delà toutes les frontières. Eh quoi, Paris, la France l'un des derniers bastions de cette pègre? Paris, dont on dit parfois qu'elle est la capitale de l'esprit, était aussi la capitale de la prostitution réglementée, c'est-à-dire admise, avec pignons sur rue, pignons éclairés de façon significative pour qu'on les vit bien, pour qu'ils ne passent pas inaperçus? . . .

Le secrétariat régional du Mouvement Populaire des Familles lui aussi a pesé de tout le poids des milliers de familles qu'il représente et aussi de toute l'indignation de la misère ouvrière exploitée par les « rabatteurs » poursuivant dans les cafés, les bals, les cinémas, les proies toujours plus nombreuses.

J'ai rencontré Mme Marthe Richard. . . . j'ai rencontré aussi, allant mon chemin une femme qui ne m'a pas dissimulé son inquiétude, laquelle, je le crois, ne lui est pas strictement personnelle, « Eh bien, si on ferme les maisons closes, y va y en avoir des ménages démolis! »

Il est tellement admis, n'est-ce pas, que ces maisons sont véritablement des organisations de « salubrité publique », d'utilité publique, de protection pour les femmes honnêtes et les jeunes filles. . . .

Ne serait-ce donc vrai que pour la France qui détient sur ce triste sujet un véritable « monopole »? Ne parle-t-on pas du « système français » – quel honneur en vérité! – « système » qui a été abandonné par de nombreux pays. Or, l'infâme expérience démontre depuis des années que prostitution réglementée égale maladies vénériennes accrues invraisemblablement.

Tableau 1.3 Résumé rétrospectif

Enseignement secondaire public – Elèves des lycées et collèges de garçons et de jeunes filles au 5 novembre de chaque année

	Nombre d'établissements	Total	Répartition de l'effectif scolaire par classes							Répartition par catégorie			Elèves suivant les cours de langue			
			Classes préparatoires aux grandes écoles	Mathématique élémentaire, philosophie	Enseignement classique 5e et 1re	Enseignement moderne	Classe d'orientation (sixième)	Sections techniques agricoles	Classes primaires élémentaires	Externes	Internes	Boursiers	Anglais	Allemand	Espagnol	Italien
1°) Lycées de garçons																
1943	120	89 670	6 571	10 951	36 919	8 991	9 857	637	15 744	70 316	19 354	13 939	,,	,,	,,	,,
1944	122	100 308	8 204	12 478	36 483	12 602	11 067	744	18 730	76 590	23 718	14 259	,,	,,	,,	,,
1945	,,	119 014	7 838	12 482	39 712	17 564	17 583	500	23 335	89 103	29 911	,,	51 790	32 119	7 599	3 447
1946	156	127 371	7 750	11 987	43 795	21 207	15 121	1 117	26 396	94 197	33 174	,,	79 904	37 602	10 764	5 152
2°) Collèges classiques de garçons																
1943	198	51 935	2	4 899	18 919	9 474	5 605	2 688	10 348	41 782	10 153	4 259	,,	,,	,,	,,
1944	199	52 592	2	4 990	17 199	10 192	6 533	2 514	11 162	40 861	11 731	5 195	,,	,,	,,	,,
1945	,,	58 627	103	4 141	16 809	13 659	7 646	3 384	12 885	44 082	14 545	,,	32 042	18 892	3 367	1 345
1946	222	63 475	,,	4 211	16 848	16 382	8 274	3 099	14 661	46 570	16 905	,,	36 915	20 039	3 734	1 759
3°) Collèges modernes de garçons (Ex E. P. S.)																
1943	210	57 534	651	384	661	41 509	251	13 464	614	47 425	10 109	5 477	,,	,,	,,	,,
1944	206	52 683	191	500	667	30 050	9 588	10 145	1 542	41 166	11 517	6 567	,,	,,	,,	,,
1945	,,	60 056	883	806	634	32 327	9 452	15 020	934	51 005	9 051	,,	24 940	10 078	6 030	1 090
1946	210	57 546	909	1 039	822	31 890	10 036	11 310	1 540	43 147	14 399	,,	35 421	12 057	8 209	1 253
4°) Lycées de jeunes filles																
1943	71	51 127	886	5 693	22 465	6 348	7 319	84	8 332	41 815	9 512	5 742	,,	,,	,,	,,
1944	72	57 577	881	6 480	23 710	8 331	7 787	82	10 306	44 985	12 592	5 985	,,	,,	,,	,,
1945	,,	64 335	821	6 090	26 000	10 461	8 377	456	12 130	49 086	15 249	,,	37 600	14 230	5 114	3 959
1946	82	67 862	725	5 631	27 620	11 067	9 039	299	13 481	51 675	16 187	,,	47 506	16 175	8 289	4 443
5°) Collèges classiques de jeunes filles																
1943	108	27 306	,,	1 883	11 448	4 565	3,539	10	5 861	21 537	5 769	2 793	,,	,,	,,	,,
1944	108	29 674	3	2 052	11 249	5 597	3 980	181	6 612	22 787	6 887	2 919	,,	,,	,,	,,
1945	,,	35 750	,,	1 850	11 964	8 300	5 022	554	8 060	24 308	11 442	,,	24 171	7 722	3 694	2 072
1946	108	38 303	1	1 395	11 495	9 746	5 370	1 141	9 155	27 948	10 355	,,	24 992	7 268	3 677	2 662
6°) Collèges modernes de jeunes filles (cours secondaires ex-E. P. S.)																
1943	183	52 660	,,	224	290	46 339	132	5 174	501	39 916	12 744	7 883	,,	,,	,,	,,
1944	208	53 613	,,	263	295	35 209	10 721	6 250	875	40 601	13 012	9 396	,,	,,	,,	,,
1945	,,	60 139	,,	684	371	37 657	11 241	8 446	1 740	43 994	16 145	,,	31 698	7 748	7 145	2 694
1946	205	60 681	,,	922	813	36 260	11 400	9 151	2 135	45 016	15 665	,,	43 178	8 383	9 835	3 483

Source: Ministère de l'Education Nationale

Un Paris propre et français! Vive Paris! Un Paris propre, un Paris dont on pourra être fier. Ces maisons, ces bouges que le nom d'un quartier évoquait à lui seul: la Villette, la Chapelle, la rue Saint-Denis, avez-vous pensé parfois – non, peut-être, tellement ce fait, ce spectacle est « rentré dans les moeurs » – avez-vous pensé qu'elles étaient au contraire la cause de contamination de tant et tant d'honnêtes femmes, victimes de leur mari?

Vive Paris! Un Paris qui retrouvera son vrai visage français. Vous n'avez jamais su, n'est-ce pas, que ces maisons, que ces bouges étaient les repaires indiqués de la Gestapo?

Exploitation de la misère ouvrière.

Tableau 1.4 L'évolution du nombre des étudiantes à Paris et en province

Années universitaires	Paris			Province			Ensemble		
	Total	Filles	% F	Total	Filles	% F	Total	Filles	% F
1905–06	14 734	1 231	8,3	18 582	657	3,5	33 316	1 988	9,6
1910–11	17 326	2 121	12,2	23 864	1 833	7,7	41 190	3 954	14,7
1915–16	5 522	1 447	26,2	7 044	1 761	25,0	12 566	3 208	25,8
1920–21	21 232	3 200	15,1	28 195	4 100	14,5	49 727	7 300	6,0
1925–26	25 123	5 445	21,7	33 119	6 787	20,5	58 242	12 232	25,5
1930–31	31 886	8 487	26,6	46 438	11 701	25,2	78 324	20 188	21
1935–36	32 577	9 251	28,4	41 201	11 030	26,8	73 778	20 281	27,5
1940–41	23 352	9 020	38,6	49 963	15 811	32	72 715	24 831	34,1
1945–46	53 427	18 357	34,3	67 488	20 268	31,4	117 915	38 625	32,7
1950–51	58 958	20 227	35,3	75 135	25 384	33,8	134 093	43 611	34
1955–56	64 151	23 638	36,8	88 095	31 752	36,5	152 246	55 390	36,4
1960–61	72 449	31 028	42,8	130 926	52 540	40,1	203 375	83 568	41,1
1961–62	76 707	32 882	42,9	155 903	63 932	41	232 610	96 814	41,6

Source: P. Bourdieu et J. C. Passeron, *Les Héritiers*, Nouvelles Editions de Minuit, 1966.

Tableau 1.5 L'évolution du nombre d'étudiantes par discipline

	Droit		Sciences		Lettres		Medecine		Pharmacie		Ensemble	
	Total	Filles	Total	Filles	Total	Filles	Total	Filles	Total	Filles	Total	Filles
1905–6	10 152	16	3 910	98	3 723	243	8 627	508	3 347	77	29 759	942
1910–1	14 312	86	5 592	305	4 893	1 088	6 545	454	1 974	55	33 316	1 988
1915–6	17 292	150	6 096	453	6 237	2 149	9 933	1 148	1 632	54	41 190	3 954
1920–1	3 503	130	2 727	735	2 417	1 412	3 263	765	656	166	12 566	3 208
1925–6	17 376	861	10 918	1 326	7 892	3 182	11 366	1 417	2 197	511	49 727	7 297
1930–1	17 415	1 507	12 596	1 638	12 244	5 750	12 286	2 158	3 701	1 179	58 242	12 232
1935–6	20 871	2 576	15 495	3 110	18 386	9 106	18 086	3 387	5 486	2 009	78 324	20 188
1940–1	21 568	3 131	11 329	2 578	17 221	8 247	17 699	3 829	5 654	2 490	73 471	20 275
1945–6	21 541	4 385	15 158	4 308	19 702	10 650	13 691	3 230	6 293	3 324	76 385	25 897
1950–1	40 553	9 318	21 947	5 853	27 778	15 021	19 586	4 172	8 051	4 261	117 915	38 625
1955–6	36 888	9 669	26 156	6 489	35 156	19 232	29 083	6 508	6 810	3 713	134 093	45 611
1960–1	35 486	10 113	38 290	10 525	41 785	23 877	29 091	6 660	7 594	4 199	152 246	55 374
1961–2	33 634	9 792	68 062	21 928	63 395	38 962	30 587	7 724	8 697	5 162	203 375	83 568
1962–3	38 469	11 275	75 282	24 196	73 376	46 490	36 203	9 289	9 300	5 564	232 610	96 814
1963–4	45 511	12 939	88 175	*	85 063	*	37 633	10 194	10 174	6 081	266 556	*

Source: P. Bourdieu et J. C. Passeron, *Les Héritiers*, Nouvelles Editions de Minuit, 1966.

Vous qui vivez paisible et au fonds assez indifférente à l'importante décision du Conseil municipal de votre ville, de votre capitale, vous qui « couvez » votre fille, avez-vous jamais soupçonné tous les traquenards, les véritables guet-apens qui guettent nos jeunes?

Jeunes filles qui arrivent de la campagne, ouvrières étourdites et confiantes dans les promesses du cinéma, jeunes apprenties toutes seules dans la grande ville, petites manutentionnaires gîtant dans les taudis parisiens nourries de la misère d'un salaire lamentable, que de proies pour ces rabatteurs dont le

13

métier est de renouveler le triste bétail humain des maisons de tolérance.

Ce sont eux, les tenanciers, les souteneurs qu'il faut abattre et c'est ce qu'a décidé le courageux préfet de la Seine.

Enfin, nos filles seront défendues, enfin la santé de Paris va être défendue, enfin notre capitale va se libérer de l'esclavage le plus abject qui soit. Enfin nous pourrons être fiers de notre Paris.

Anne-Marie Richard, *Monde ouvrier*, 29 décembre 1945

Texte 1.10 *Gai, gai, marions-nous!*

Pardon, Monsieur, où et comment avez-vous connu votre femme?

C'est une question comme une autre. Je l'ai posée des dizaines de fois, ces jours-ci, dans la rue. J'ai passée la journée à interroger ici un facteur qui a connu sa femme en faisant sa tournée, là un petit jeune homme qui n'est que fiancé, ailleurs un monsieur très chic qui l'a rencontrée à Deauville, plus loin un patron qui a épousé sa secrétaire.

Et voici le tableau que l'on peut dresser, au terme de cette enquête, en comparant deux époques – 1900 et 1945 – deux époques qui semblent séparées par des siècles:

Comment ils ont connu leur femme	1900	1945
PAR RELATIONS (Famille, dot, présentations, baise-main, contrat de mariage et tutti quanti)	43%	4%
AU BAL (Surprise-parties, dancings, boîtes de nuit et divertissements nocturnes en général)	22%	9%
DEPUIS TRES LONGTEMPS (Amis d'enfance, cousins plus ou moins proches, etc.)	10%	10%
PENDANT LE TRAVAIL	8%	15%
EN VACANCES (Week-ends y compris et de même la promenade sur les boulevards – dans toutes les villes de France il y a toujours « la rue des jeunes gens »)	5%	18%
EN VOYAGE (Etant exclus les voyages bi-quotidiens Paris–banlieue qui sont classés sous la rubrique « travail »)	3%	9%
PAR CORRESPONDANCE (Petites annonces et l'institution moderne connue sous le nom générique et charmant de « marraines de guerre »)	2%	5%
EN COURS D'ETUDES (Les deux tourtereaux étant assis sur le même banc ou peu s'en faut)	1%	6%
DANS L'ARMEE (Et non pas à l'occasion de la guerre, ce qui exclut le cas où la gente demoiselle rencontre le beau permissionnaire)	0%	13%
SOCIETES SPORTIVES (Mouvements de jeunesse, scoutisme, Auberges de Jeunesse, Club Alpin, etc.)	0%	8%
DIVERS (Mariages entre gens de bonne compagnie mais non susceptibles d'être classés plus haut. Aménités échangées au cours ou à l'occasion d'un accident d'auto, rencontre à l'occasion d'une noce ou d'un baptême, décision soudaine et couronnée de succès d'épouser la première blonde possible rencontrée dans la rue, et tous les mariages eccentriques)	6%	3%

En conclusion, on peut classer les hommes – mais oui, mesdames! – d'après la façon dont ils se sont fait prendre. Comme les poissons qui mordent au ver et ceux qui n'aiment que la mouche artificielle.

Mais surtout, on s'avise que les mariages dits « de convenance » sont en voie de disparition complète, d'autres sont en plein essor: les vacances, les sociétés sportives sont les grands pourvoyeurs d'hymen de la génération d'aujourd'hui (« Je l'ai rencontrée à l'Auberge de Jeunesse . . . », « Elle était cheftaine de louveteaux »;[11] « J'étais le seul à ne pas danser ce soir-là parce que je tenais le piano. . . »). Apparemment, les relations de loisir conduisent plus souvent chez M. le Maire que certains esprits chagrins pourraient le supposer.

Et la prochaine enquête sur ce sujet, dans ces mêmes colonnes, vers 1990 permettra sans doute de confirmer les conclusions de celle-ci. . . .

Forces françaises, 11 novembre 1945

Texte 1.11   *Etes-vous une bonne épouse?*

Bien sûr! direz-vous et vous avez raison. Aussi n'allons-nous vous interroger que sur de petits riens. Ils ont quand même leur importance.

Bavardez-vous au cinéma?

Utilisez-vous son rasoir?

Essayez-vous de connaître le prix de ses cadeaux?

Attendez-vous qu'il soit couché pour lui demander s'il a bien fermé la porte à clé?

Insistez-vous qu'il « finisse » un plat que vous n'aimez pas?

Avez-vous des couteaux qui ne coupent pas?

Lui parlez-vous quand il lit le journal?

Lui dîtes-vous qu'il a le caractère de sa mère?

Laissez-vous tremper vos bas dans la cuvette du lavabo?

Lui dites-vous quand il vous consulte: C'est à vous de décider?

Achetez-vous des objets qui ne lui plaisent pas en disant « c'est une occasion »?

Lui reprochez-vous de laisser tomber de la cendre de cigarette?

Pressez-vous en haut le tube de pâte dentifrice?

S'il rapporte un livre ou un journal, vous empressez-vous de vous en emparer?

Rangez-vous ses affaires sans le prévenir?

Avez-vous à la maison une tenue negligée et mettez-vous le soir des bigoudis?

Lui dîtes-vous que ses amis sont plus travailleurs ou plus débrouillards que lui?

Combien de « OUI »? Moins de 5: très bien. De 6 à 11: moyen. De 12 à 15: médiocre. Au delà: le purgatoire devient un enfer . . . à moins que le mari ne soit un ange!

C.M. Laurent, *L'Humanité*, 27 juillet 1946

Texte 1.12   *La vogue de Saint-Germain-des-Prés*

Un article de *Samedi-Soir* a mis le feu aux poudres: Saint-Germain-des-Prés, le village des intellectuels et des artistes, est devenu un lieu de débauche où de jeunes désoeuvrés passent leurs nuits à se déhancher sur les rythmes étrangers (entendez le jazz) et traînent tout le jour dans des bars. A leur tête, le pape de l'existentialisme, Jean-Paul Sartre, et son gourou féminin, Simone de Beauvoir, surnommée aimablement « la Grande Sartreuse ». Mais les bourgeois aiment à s'encanailler. Aussi, depuis, les fidèles lecteurs de *Samedi-Soir* suivent chaque soir un itinéraire qui les mène du Flore au Montana, les cafés à la mode, avant de terminer la nuit dans les caves de la rue Dauphine. Ils y croisent l'égérie du village, une longue fille brune nommée Juliette Greco.

'Chronique de l'année 1946', *Paris Match*

Edith Piaf avec son mari, Jacques Pilis, Paris, 1955

Texte 1.13 *Saint-Tropez, la station à la mode*

Nouvelle destination des Français en vacances, Saint-Tropez attire une foule qui multiplie par trois la population locale. Les Parisiens de la rive gauche en font une annexe de Saint-Germain-des-Prés, autour de la cathédrale romane, des cafés où la philosophie existentialiste côtoie les femmes aux pantalons retroussés et aux cheveux raides.

'Chronique de l'année 1948', *Paris Match*

Texte 1.14 *Edith Piaf bouleverse l'Amérique*

New York, février
La petite robe noire a conquis l'Amérique. A leur tour, les Américains ne jurent plus que par la « môme Piaf », dont ils vont chaque soir écouter les chansons au Versailles, un des cabarets les plus chics de New York. Cette tournée outre-Atlantique avait pourtant bien mal commencé. En effet, Edith avait commis l'erreur de débarquer aux Etats-Unis entourée des neuf Compagnons de la chanson. Du coup, le public désorienté attendait un spectacle à la Broadway, avec boys, plumes et paillettes. De plus, Piaf ne ressemblait en rien à l'image que se faisaient les Américains de la Parisienne. Il a fallu un article enthousiaste du critique Virgil Thompson pour que le fiasco initial tourne au triomphe.

'Chronique de l'année 1948', *Paris Match*

2
Le Deuxième Sexe

When the first volume of *Le Deuxième Sexe* was published in June 1949, one or two chapters had already appeared in *Les Temps modernes* in May. It sold 22,000 copies in the first week. The second volume, however, which appeared in November of the same year, provoked scandalized reaction as well as acclaim. The French public of the time were no doubt not ready for a work of this kind. The climate of post-war austerity and a 'politique nataliste', which stressed the need to produce more children as a contribution to the re-building of France, were hardly conducive to thoughts of women's emancipation; the international political climate – the Cold War, Stalinist Russia, and the threat of the H-bomb – still less so.

Simone de Beauvoir and *Le Deuxième Sexe* were entirely linked to the existentialist movement. As the ally of Sartre, author of the controversial *L'Etre et le néant*, which was published in 1944 and described by the Catholic church as 'more dangerous than the Rationalism of the eighteenth century, and the Positivism of the nineteenth', de Beauvoir was bound to provoke furious criticism from that quarter and from the Right generally. Her book was immediately put on the Pope's blacklist and regarded, like its author, as the incarnation of godlessness and immorality. Some critics even suggested that Sartre, not de Beauvoir, was the author of *Le Deuxième Sexe*!

However, Simone de Beauvoir was surprised that the work received equal criticism from the Left. Communists ridiculed it, calling de Beauvoir a 'petite bourgeoise', and claiming that it was of no interest to working-class women. Non-Stalinist Marxists and Trotskyists dismissed it too, saying that 'le problème de la femme, c'est un faux problème' and that all would be resolved with the advent of the Revolution.

To this de Beauvoir replied bitterly 'ce qui arriverait aux femmes jusqu'à ce que la Revolution soit faite, ça ne les intéressait pas'.

In her autobiography *La Force des choses* Simone de Beauvoir describes the furious reactions that *Le Deuxième Sexe* provoked among large numbers of men, who flooded her with obscene letters and insults. What surprised her greatly was that François Mauriac should be among them.[1] He attacked her personally for her chapter on sexual initiation in *Les Temps modernes*, describing *Le Deuxième Sexe* as pornography and calling upon young people to condemn all works of its kind. De Beauvoir was particularly surprised that so many men should feel personally insulted by a work that she regarded primarily as intellectual and theoretical. The book even infuriated some of her friends, among them Camus, who accused her of ridiculing the French male.

One of the main criticisms by men of the time was that de Beauvoir had no right to express opinions about women without having experienced childbirth. In an interview some time later[2] she said *Le Deuxième Sexe* was a sociological work and that it was not necessary to experience everything one wrote about. However, the real implication of this attack was that it was felt that Simone de Beauvoir went against all natural and social laws by denigrating childbirth. The chapter on 'the mother', which begins with a section on birth control and abortion and describes pregnancy and motherhood in physiological and psychological terms, was one of those that received the most hostile criticism. French critics concentrated on de Beauvoir's perception of the negative aspects of maternity, her view that it was a trap which reduced women to their reproductive function and imprisoned them in the home.

Her stance on marriage – 'le principe du mariage est obscène' – provoked equal outrage, since marriage was the institution that sanctified woman's reproductive function. Whereas for the society of the time the family, marriage, and maternity were inextricably linked, so that any threat to one was a threat to the others, for de Beauvoir marriage and maternity were a matter of free choice and could thus be viewed separately. She stressed that she did not wish to discourage motherhood in itself, but only the concept of maternity as women's sole 'raison d'être'. For her, the family and woman's role in the family were at the root of women's oppression, and family structures had therefore to be done away with (though she freely admitted that she did not know what they could be replaced by). Within the framework of choice, de Beauvoir considered that maternity could be an 'engagement' like any other. This was misunderstood by many critics of the period who attacked her stand on maternity as purely negative.

Her views in favour of free contraception and abortion were regarded as a further outrage against public decency and morality, and, considering that legislation was not passed until more than twenty years later, these opinions were indeed well ahead of their time. They were taken as further evidence of de Beauvoir's vilification of motherhood and marriage.

Critics also took extreme exception to the outspokenness and explicit detail of the sections on women's sexuality, then widely regarded as a taboo subject. The same critics accused her of advocating immorality and free love. This she hotly denied – she advocated, in fact, a much higher ideal of love based on mutual autonomy and respect for the other's freedom. De Beauvoir explains in *La Force des choses* that what incensed her male critics most was the factual, objective tone of *Le Deuxième Sexe*, the fact that it was written not as an emotional cry from the heart, but by a woman who had enjoyed all the privileges society could offer.

The book did not only provoke criticism, however. There were a number of admirers, too, at the time of its publication, though very few who openly expressed support for its arguments. What de Beauvoir regarded as the most positive reaction was the considerable response from women who wrote letters expressing how they identified with the situations she described. Many of them told her about their problems or asked for help. De Beauvoir later said in her autobiographies and interviews that at the time of writing the book she had no idea of the extent of women's oppression. It was through hearing of these women's experiences and, indeed, experiencing the negative reactions of male readers after the publication of the book that she was able to depart from theory into practice.

This is the explanation Simone de Beauvoir offered many years later, in the 1970s, to female critics who reproached her for adopting too theoretical, non-militant a stand. In an interview with Alice Schwarzer entitled 'La Femme révoltée', she admitted that one of the insufficiencies of *Le Deuxième Sexe* was that it did not go beyond analysis, that it was purely a work of political philosophy and was neither militant nor feminist. Ironically, where previously she had been reproached for being too outspoken and offending public morality, now she was accused of not being sufficiently militant. However, she emphasized the fact that *Le Deuxième Sexe* was only a beginning, that as a result of the reaction it provoked, she was forced to develop her ideas further after 1949 and to place a far greater emphasis on practice than on theory.

Whereas in 1949 she was accused of insulting the French male, later criticism accused her of misogyny. Her refusal to recognize a feminine essence led many female critics to claim that she considered men and women to be completely alike and herself to be like a man. She responded by saying that, though there was an incontestable difference between 'les femmes' and 'les hommes', she considered there to be no essential difference between 'la femme' and 'l'homme'. She wished to emphasize the status of woman as human being and mistrusted any stress on 'différence', which she regarded as artificially created through social conditioning and education. She considered her worst critics to be the non-radical ones who advocated 'harmony' between the sexes and emphasized the 'métier de femme'. To these she replied 'être femme est un état, non une vocation'.

Other more radical critics attacked de Beauvoir for her poor opinion of women and for her portrayal of them either as cowards or as accomplices of men.

They attacked her pessimism as regards women's ability to change their own situation. In her autobiography *Tout Compte fait* she explains how the purpose of the book was to help people generally, and women in particular, to understand their situation, to demystify by exposing the truth. At the same time she wrote that she believed women's emancipation would only come about within the context of democratic socialism, as a result of the collective will to end patriarchy. She held the view that women's emancipation would follow automatically out of the victory of socialism rather than through a feminist struggle. It was not until many years later that de Beauvoir admitted that socialism had done no more for women than capitalism; this forced her to alter her views on the means of obtaining liberation.

Le Deuxième Sexe covers a wealth of material, and describes and analyses a multitude of aspects of woman's condition. It is divided into two volumes: the first begins with various different approaches to the subject of the feminine and woman's 'destiny', with an analysis of history and myth, and then covers women's personal development and education from childhood to sexual initiation; the second volume starts with a section called 'situation', which deals with various states of womanhood – the married woman, the prostitute, maturity, and old age. The second section, called 'justification', analyses ways in which women react to their 'situation', and the book ends with suggestions for achieving emancipation and liberation.

As regards the treatment of the subject matter of *Le Deuxième Sexe*, this was, as already mentioned, existentialist in nature. Existentialism was very much a product of the climate of war-torn France and the subsequent euphoria of the Liberation. The struggle for liberty defined its spirit and its morality – a morality which refused all previous norms, which defined living as the will to live, and tried to remake existence. Taking inspiration from the spirit of the French Resistance movement, it stressed authenticity of action, or 'engagement', the assertion of individual freedom, while taking into account the freedom of others. To flee from the anguish of freedom of choice was to lapse into bad faith, or 'mauvaise foi'.

Existentialism was a trend as well as a philosophy, in the sense that its – mostly young – adherents dressed in the necessary black clothes and frequented certain bars and cafés. Sartre and de Beauvoir were regarded as the model existentialist couple, unmarried but committed, and attempting to lead their lives according to their own ideas. De Beauvoir revealed certain divergences, however, from Sartrean existentialism in her exposition of the women's issue. She explained[3] that whereas Sartre believed that it was always possible to assert one's freedom, she insisted that there were situations where freedom of choice could not be exercised, or where it was an act of self-delusion to believe that it could. In the context of women, she felt that the vast majority of them found themselves trapped in situations like rats and were thus forced into a state of 'mauvaise foi', i.e. a game of duplicity or of complicity with men. Hence, the idea of 'situation' as found in *Le Deuxième Sexe* is an entirely Beauvoirian one.

The concept of woman as 'l'autre', or other, is also central to de Beauvoir's existentialist stance. As the object of male domination, woman loses her autonomy as free subject. De Beauvoir defines autonomy in terms of the freedom to transcend one's situation. The male as 'essential being' is able to fulfil himself creatively by 'risking life'. Women, by 'giving life', are denied such transcendence. Because women are dispersed and kept apart by their reproductive and domestic function, they do not enjoy any form of solidarity, and their isolation forces them into attitudes of duplicity. Meanwhile, the male in his quest for fulfilment seeks to maintain the slavery of the other in order to reserve the creative area for himself.

Simone de Beauvoir calls upon women to examine and analyse their oppression within the framework of choice. She claims that there is no historical explanation for women's oppression, but that it has resulted from the mere biological fact of being women. She describes women as a caste, rather than as a minority group, who have become oppressed as a result of historical circumstances. For women, it is not a case of destroying the oppressor or of restoring what was, since they never had any power in the first place, but of abolishing the social consequences of sexual difference. In order to do this de Beauvoir sought to expose the myth of the 'eternal feminine', to demonstrate that women are not essentially different but have become different as a result of conditioning and education, and of an artificial social construction created by men according to their needs: 'On ne naît pas femme, on le devient'. De Beauvoir sees the demystification of this myth as the first step away from the constraints imposed by convention and towards freedom of action and emancipation.

The principal themes of *Le Deuxième Sexe* – marriage, maternity, biology, and work – are intimately bound up with de Beauvoir's existentialist concepts of freedom of choice, enslavement, or transcendence. De Beauvoir exhorts women to beware of marriage and maternity, even when freely entered into, as traps, since they perpetuate traditional roles and values. She advocates work as the key to salvation, as it is only through work that women can gain independence and autonomy, and strive towards 'transcendance' on an equal footing with men. Housework, which is essentially repetitive and non-creative, is regarded as a negation of the concept of transcendence, and de Beauvoir was consequently against any suggestions of housewives being paid for such work.

De Beauvoir's attitude to female biology is a little more problematical, since she devotes whole pages to detailed descriptions of the traumas of puberty, sexual initiation, and motherhood, while at the same time exhorting women to regard biology as insignificant. In existentialist terms she claims 'le corps n'est pas une chose mais une situation', and that 'C'est par la manière dont une société assume ces données biologiques qu'elle en constitue la vérité pour la femme'.[4] Thus, women should strive to free themselves from their biological destiny through work and commitment to activities outside the home.

It is easy to see pitfalls in the last argument, as it is to question other arguments in *Le Deuxième Sexe*. It is inevitable in a book of such magnitude, which covers so many diverse aspects of women's condition, embracing history, sociology, psychology, biology, and literature, that it should have provoked such controversy. But it is also because of its vast scope and the detail of its analysis that *Le Deuxième Sexe* has had such a tremendous impact. The fact that it was also so far ahead of its time in terms of the type and the directness of the questions it posed, assured it a more positive following several years after it was published than in 1949. Its influence on the women's movement (dealt with in chapter five) was immense and unique.

DOCUMENTS

RECEPTION

Texte 2.1

Le premier volume fut bien reçu: on en vendit vingt-deux mille exemplaires dans la première semaine. On acheta aussi beaucoup le second, mais il scandalisa. Je fus stupéfaite du bruit que suscitèrent les chapitres imprimés dans *Les Temps modernes*. . . . On me reprocha tant de choses: tout! D'abord, mon indécence. Les numéros juin–juillet–août des *Temps modernes* s'enlevèrent comme des petits pains: mais on les lisait, si j'ose dire, en se voilant la face. A croire que Freud et la psychoanalyse n'avaient jamais existé. Quel festival d'obscénité, sous prétexte de fustiger la mienne! Le bon vieil esprit gaulois coula à flots. Je reçus, signés ou anonymes, des épigrammes, épîtres, satires, admonestations, exhortations que m'adressaient, par exemple, des « membres très actifs du premier sexe ». . . .

La violence de ces réactions et leur bassesse m'ont laissée perplexe. Chez les peuples latins, le catholicisme a encouragé la tyrannie masculine et l'a même inclinée vers le sadisme; mais si elle s'allie chez les Italiens à de la muflerie, chez les espagnols à de l'arrogance, la chiennerie est proprement française. Pourquoi? Sans doute, avant tout parce que les hommes en France se sentent économiquement menacés après la concurrence des femmes; pour maintenir contre elles l'affirmation d'une supériorité que les mœurs ne garantissent plus, le moyen le plus simple est de les avilir. Une tradition polissonne fournit tout un arsenal qui permet de les réduire à leur fonction d'objets sexuels: dictons, images, anecdotes et le vocabulaire français, repris par des mâles vulnérables et rancuneux.

En novembre, il y eut une nouvelle levée de

boucliers. Les critiques tombaient des nues; il n'y avait pas de problème: les femmes étaient de tout temps les égales des hommes, elles leur étaient à jamais inférieures, tout ce que je disais, on le savait déjà, il n'y avait pas un mot de vrai dans ce que je disais. . . . En fait, je n'ais été en butte aux sarcasmes qu'après *Le Deuxième Sexe*; avant on me témoignait de l'indifférence ou de la bienveillance. Ensuite, c'est souvent en tant que femme qu'on m'a attaquée, parce qu'on pensait m'atteindre en un point vulnérable: mais je savais fort bien que cette hargne visait en vérité mes positions morales et sociales. . . .

Je suscitai des colères même parmi mes amis. L'un d'eux, un universitaire progressiste, s'arrêta de lire mon livre et le lança à l'autre bout de la pièce. Camus m'accusa, en quelques phrases moroses, d'avoir ridiculisé le mâle français. Méditerranéen, cultivant un orgueil espagnol, il ne concédait à la femme que l'égalité dans la différence et évidemment, comme eût dit George Orwell, c'était lui le plus égal des deux. Il nous avait avoué gaiement autrefois qu'il supportait mal l'idée d'être jaugé, jugé par une femme. Elle était l'objet, lui, la conscience et le regard; il en riait: mais il est vrai qu'il n'admettait pas la réciprocité.

Extraits de S. de Beauvoir, *La Force des choses*, Gallimard, 1963

REVIEWS

Texte 2.2

Or, cet ouvrage, remarquable en beaucoup de points, propre à dessiller bien des yeux et à nettoyer bien des mensonges, n'est pas dépourvu de ces partis pris masqués en vérités premières. On peut passer peut-être sur le ton de ressentiment qui plus d'une fois le traverse: l'auteur est du côté de ses victimes, on ne reproche pas aux victimes leurs grimaces. On peut penser cependant que mieux maîtrisé, le ressentiment eût moins gêné la lucidité de l'auteur. Il eût dénoncé les hypocrisies du mariage inauthentiquement vécu, et montré sous l'idéalisation mensongère que la réussite du mariage est rare et fragile, comme celle de toutes les hautes vocations de l'homme: il n'eût pas consenti à des formules au moins sottes: que « le principe du mariage est obscène parce qu'il transforme en droits et devoirs un échange qui doit être fondé sur un élan spontané »; que la maternité sans contrôle aboutit à grossir l'Assistance publique et les enfants martyrs; que les parents « sont pour l'enfant la compagnie la moins souhaitable »; que l'appartenance réciproque de la mère et de l'enfant est une « double et néfaste oppression ». Il n'eût pas à longueur de pages et obstinément confondu l'amour conjugal et les perversions du couple moyen. Ces outrances ne seraient que des maladresses d'importance secondaire si elles ne trahissaient une seconde inspiration de l'ouvrage, notablement différente de celle que nous évoquions d'abord, et qui reste tout au long en contraste avec la première. Tout à l'heure, il s'agissait d'appeler les partenaires à un don généreux et sans réserve, mais ailleurs ce libre consentement doit être précédé d'une suffisance parfaite de chacun: qui donc jamais passa de la suffisance à l'amour? Ce livre est trop constamment le livre d'une femme seule et volontaire, qui veut tout décider avec une suffisance stérile: l'amour, l'enfant, sa vie. On pourrait reprendre le jeu de mots de Bergson; par crainte des possivités de la grâce féminine, elle refuse toute grâce; en garde constante au bord des libéralités de la vie, comment recevrait-elle les dons de la vie? Ici intervient sans doute le registre de valeurs sous-jacent à l'oeuvre.

On sait que l'existentialisme prétend refuser toute valeur pour les poser toutes au gré de l'existant. Il n'y a d'autre valeur pour lui que la capacité de créer des valeurs, c'est-à-dire la liberté. Mais cette liberté sans contenu ni direction, il est bien difficile de ne pas la confondre avec le courant spontané de la vie. Laissée seule avec elle-même, la vie prolifère les problèmes comme les formes. Ce sont alors des problèmes réels et déchirants, que S. de Beauvoir fouille avec raison du phare de la lucidité. Elle n'a pas moins raison de dénoncer la facilité avec laquelle on les élude dans le vague des idées nobles. Mais il y a peut-être un moyen de transcender sans éluder, qui lui épargnerait si grande peine. La question se pose de savoir si les problèmes biologiques et sociologiques ne se résolvent pas de fait et exclusivement à niveau supérieur d'existence: S. de Beauvoir indique ce niveau, mais ne l'alimente point. Faute d'y parvenir, ou faute d'y trouver nourriture (comme ici) la réflexion retombe inévitablement au plan où le problème s'incruste et fait cancer. On voit mal comment les maladies du couple seront moins nombreuses et moins malignes parce que la femme multipliera ses choix sexuels, dissociera l'amour physique de l'association conjugale, recourra au besoin de l'insémination artificielle, fera les métiers de l'homme, toutes revendications affirmées par de Beauvoir.

C'est donc moins sur le contenu de son livre qu'à ses limites que notre critique porterait son exigence: mais l'un, on vient de le voir, n'est pas étranger à l'autre. Et il est à craindre que les femmes inquiètes qui se jetteront sur ces livres en sortent plus inquiètes encore, compliquées et engluées de problèmes qu'ils les auront poussées à cristalliser en les aidant à les formuler, alors qu'un effort de dépassement les eût emportées dans son courant large et calme.

Extrait d'un article d'Emmanuel Mounier dans *L'Esprit*, décembre 1949

Texte 2.3

La femme, reléguée au rang de l'Autre, s'exaspère dans son complexe d'infériorité. Il y a des choses de l'homme auxquelles elle restera toujours étrangère et dont elle ne connaîtra jamais la réalité. Sans doute l'homme pourrait-il en dire autant d'elle. Seulement, de part et d'autre de cette barrière, l'homme se sent en état de suprématie, la femme en état d'humiliation.

Tels, du moins Mme de Beauvoir les représente-t-elle, et avec tant de ténacité qu'on se demande si elle n'aurait pas grand besoin elle-même que l'existentialisme la délivrât d'une véritable obsession. Je ne saurais décemment vous dire ici toutes les raisons qu'elle aligne de protester contre la prédominance masculine. Des termes de salle de garde donnent à cette revendication son expression précise et minutieuse. Pour moi, qui ne tiens pas du tout les femmes pour inférieures, il m'est pénible de penser que c'en est une qui a écrit tel chapitre de cet ouvrage, comme celui de « l'initiation sexuelle ». C'est moi qui suis gêné pour elle. . . . Ce malaise ferait partie, à ses yeux, du respect pour la femme qui

sert de voile à son asservissement. Elle avertit ses compagnes de n'en être pas dupes. Le système est bien dressé. Il ne permet à nulle faiblesse d'y ouvrir une brèche. . . .

Comment lui faire comprendre que c'est au bout du don de soi que sont les enrichissements infinis? Et en ce sens la femme, vouée par sa nature a plus de don que l'homme, est plus grande créancière que lui de ces richesses qui ont quelque chose de sacré. C'est ce que révère, au delà de toute galanterie, ce culte de la femme qui est l'honneur de notre civilisation, et que Mme de Beauvoir voudrait démolir. Il ne sert à rien de le lui dire. Les mots même que j'emploie ici, elle les met au ban de son vocabulaire. La nature? Allons donc! « Dans la collectivité humaine rien n'est naturel; entre autres la femme est un produit élaboré par la civilisation ». Essaierez-vous de parler, non plus de l'amante ou de l'épouse, mais de la mère? Mme de Beauvoir réplique par des statistiques de l'avortement. Ce ne sont ni la science, ni l'esprit, ni le talent qui lui manquent, pour essayer de ruiner le monde de l'amour, et mettre en place. . . . Mais quoi donc au juste? . . .

Cette tentative de destruction de la femme par une femme de lettres est d'abord pénible, et m'a laissé plus affligé de lassitude que de dégoût. Et puis, en m'avisant qu'elle repose sur une éviction totale de l'amour je me suis dit qu'elle soutient une trop forte gageure. Il suffirait, après tout, ces gros livres refermés, de rencontrer un couple d'amoureux et de cueillir un rayon de la lumière qu'échangent leurs regards.

Extrait d'un article d'André Rousseaux dans *Le Figaro littéraire*, novembre 1949

CRITICISM

Texte 2.4

On m'attaqua surtout sur le chapitre de la maternité. Beaucoup d'hommes ont déclaré que je n'avais pas le droit de parler des femmes parce que je n'avais pas enfanté: et eux? Ils ne m'en opposaient pas moins des idées bien arrêtées. J'aurais refusé toute valeur au sentiment maternel et à l'amour: non. J'ai demandé que la femme les vécût en vérité et librement, alors que souvent ils lui servent d'alibi et qu'elle s'y aliène, au point que l'aliénation demeure, le cœur s'étant tari. J'aurais prêché la licence sexuelle; mais je n'ai jamais conseillé à personne de coucher avec n'importe qui, n'importe quand; ce que je pense c'est que, dans ce domaine, les choix, les consentements, les refus ne doivent pas obéir à des institutions, des conventions, des intérêts; si les raisons ne sont pas du même ordre que l'acte qu'elles motivent, on aboutit à des mensonges, à des distorsions, à des mutilations.

Extrait de S. de Beauvoir, *La Force des choses*, Gallimard, 1963

Texte 2.5

Mais le principe du mariage est obscène parce qu'il transforme en droits et devoirs un échange qui doit être fondé sur un élan spontané; il donne aux corps en les vouant à se saisir dans leur généralité un caractère instrumental, donc dégradant; le mari est souvent glacé par l'idée qu'il accomplit un devoir, et la femme a honte de se sentir livrée à quelqu'un qui exerce sur elle un droit. . . .

Les avocats de l'amour conjugal plaident volontiers qu'il n'est pas un amour et que cela même lui donne un caractère merveilleux. Car la bourgeoisie a inventé dans ces dernières années un style épique: la routine prend figure d'aventure, la fidélité, d'une folie sublime, l'ennui devient sagesse et les haines familiales sont la forme la plus profonde de l'amour. En vérité, que deux individus se détestent sans pourvoir cependant se passer l'un de l'autre n'est pas de toutes les relations humaines la plus vraie, la plus émouvante, c'en est la plus pitoyable. L'idéal serait au contraire que des êtres humains se suffisant parfaitement chacun ne soient enchaînés l'un à l'autre que par le libre consentement de leur amour.

Le Deuxième Sexe, vol. II, 'La Femme mariée', Gallimard, 1949

Texte 2.6

. . . il n'existe pas d'« instinct » maternel: le mot ne s'applique en aucun cas à l'espèce humaine. L'attitude de la mère est définée par l'ensemble de sa situation et par la manière dont elle l'assume.

. . . « Des enfants: c'est l'obligation de former des êtres heureux ». Une telle obligation n'a rien de naturel: la nature ne saurait jamais dicter de choix moral; celui-ci implique un engagement. Enfanter, c'est prendre un engagement; si la mère ensuite s'y dérobe, elle commet une faute contre une existence humaine, contre une liberté; mais personne ne peut le lui imposer. Le rapport des parents aux enfants, comme celui des époux, devrait être librement voulu.

Le Deuxième Sexe, vol. II, 'La Mère', Gallimard, 1949

Texte 2.7

Il est peu de sujets sur lesquels la société bourgeoise déploie plus d'hypocrisie: l'avortement est un crime répugnant auquel il est indécent de faire allusion. Qu'un écrivain décrive les joies et les souffrances d'une accouchée, c'est parfait; qu'il parle d'une avortée, on l'accuse de se vautrer dans l'ordure et de décrire l'humanité sous un jour abject: or, il y a en France chaque année autant d'avortements que de naissances. C'est un phénomène si répandu qu'il faut le considérer comme un des risques normalement impliqués par la condition féminine. Le code s'obstine cependant, à en faire un délit: il exige que cette opération délicate soit exécutée clandestinement. Rien de plus absurde que les arguments invoqués contre la législation de l'avortement. On prétend que c'est une intervention dangereuse. . . . C'est au contraire sous sa forme actuelle qu'il fait courir à la femme de grands risques. Le manque de compétence des « faiseuses d'anges »,[1] les conditions dans lesquelles elles opèrent, engendrent quantité d'accidents, parfois mortels. La maternité forcée aboutit à jeter dans le monde des enfants chétifs, que leurs parents seront incapables de nourrir, qui deviendront les victimes de l'Assistance publique ou des « enfants martyrs ». Il faut remarquer d'ailleurs que la société si acharnée à défendre les droits de l'embryon se désintéresse des enfants dès qu'ils sont nés. . . .

Les Deuxième Sexe, vol. II, 'La Mère', Gallimard, 1949.

Texte 2.8

Le « birth-control » et l'avortement légal permet-traient à la femme d'assumer librement ses mater-nités. En fait, c'est en partie une volonté délibérée, en partie le hasard qui décident de la fécondité féminine. Tant que l'insémination artificielle n'est pas devenue une pratique courante, il arrive que la femme souhaite la maternité sans l'obtenir – soit parce que son mari est stérile, ou qu'elle est mal conformée. Et, en revanche elle se trouve souvent contrainte à engendrer contre son gré. Grossesse et maternité seront vécues de manière très différente selon qu'elles se déroulent dans la révolte, dans la résignation, la satisfaction, l'enthousiasme.

Le Deuxième Sexe, vol. II, 'La Mère', Gallimard, 1949

TREATMENT

Texte 2.9

La perspective que nous adoptons, c'est celle de la morale existentialiste. Tout sujet se pose con-crètement à travers des projets comme une transcen-dance; il n'accomplit sa liberté que par son perpétuel dépassement vers d'autres libertés; il n'y a d'autre justification de l'existence présente que son expan-sion vers un avenir indéfiniment ouvert. Chaque fois que la transcendance retombe en immanence il y a dégradation de l'existence en « en soi », de la liberté en facticité; cette chute est une faute morale si elle est consentie par le sujet; si elle lui est infligée, elle prend la figure d'une frustration et d'une oppression; elle est dans les deux cas un mal absolu. Tout individu qui a le souci de justifier son existence éprouve celle-ci comme un besoin indéfini de se transcender. Or, ce qui définit d'une manière singulière la situation de la femme, c'est que, étant comme tout être humain, une liberté autonome, elle se découvre et se choisit dans un monde où les hommes lui imposent de s'assumer comme l'Autre: on prétend la figer en objet, et la vouer à l'immanence puisque sa transcendance sera perpétuellement transcendée par une autre con-science essentielle et souveraine. Le drame de la femme, c'est ce conflit entre la revendication fondamentale de tout sujet qui se pose toujours comme l'essentiel et les exigences d'une situation qui la constitue comme inessentielle. Comment dans la condition féminine peut s'accomplir un être humain? Quelles voies lui sont ouvertes? Lesquelles abou-tissent à des impasses? Comment retrouver l'in-dépendance au sein de la dépendance? Quelles circonstances limitent la liberté de la femme et peut-elle les dépasser? Ce sont là les questions fondamentales que nous voudrions élucider. C'est dire que, nous intéressant aux chances de l'individu, nous ne définirons pas ces chances en termes de bonheur, mais en termes de liberté.

Le Deuxième Sexe, vol. I, 'Introduction', Gallimard, 1949

Texte 2.10

Tout mythe implique un Sujet qui projette ses espoirs et ses craintes vers un ciel transcendant. Les femmes ne se posant pas comme Sujet, n'ont pas créé de mythe viril dans lequel se reflèteraient leurs projets; elles n'ont ni religion ni poésie qui leur appartiennent en propre: c'est encore à travers les rêves des hommes qu'elles rêvent. . . . la femme n'a qu'un rôle secondaire. Sans doute, il existe des images stylisées de l'homme en tant qu'il est saisi dans ses rapports avec la femme: le père, le séducteur, le mari, le jaloux, le bon fils, le mauvais fils; mais ce sont aussi les hommes qui les ont fixées, et elles n'atteignent pas à la dignité du mythe; elles ne sont guère que des clichés. Tandis que la femme est exclusivement définie dans son rapport avec l'homme.

. . . elle est considérée non positivement, telle qu'elle est pour soi; mais négativement, telle qu'elle apparaît à l'homme. Car s'il y a d'autres Autre que la femme, il n'en reste pas moins qu'elle est toujours définie comme Autre. Et son ambiguïté, c'est celle même de l'idée d'Autre: c'est celle de la condition humaine en tant qu'elle se définit dans son rapport avec l'Autre. On l'a dit déjà, l'Autre c'est le Mal; mais nécessaire au Bien; c'est par lui que j'accède au Tout, mais c'est lui qui m'en sépare; il est la partie de l'infini et la mesure de ma finitude. Et c'est pourquoi la femme n'incarne aucun concept figé; à travers elle s'accomplit sans trêve le passage de l'espoir à l'échec, de la haine à l'amour, du bien au mal, du mal au bien.

Sous quelque aspect qu'on la considère, c'est cette ambivalence qui frappe d'abord.

L'homme recherche dans la femme l'Autre comme Nature et comme son semblable. Mais on sait quels sentiments ambivalents la Nature inspire à l'homme. Il l'exploite, mais elle l'écrase, il naît d'elle et il meurt en elle; elle est la source de son être et le royaume qu'il soumet à sa volonté; c'est une gangue matérielle dans laquelle l'âme est prisonnière, et c'est la réalité suprême: elle est la contingence et l'Idée, la finitude et la totalité; . . . la femme résume la Nature en tant que Mère, Epouse, et l'Idée; ces figures tantôt se confondent et tantôt s'opposent et chacune d'elles a un double visage.

Le Deuxième Sexe, vol. I, 'Mythes', Gallimard, 1949

Texte 2.11

Le maître et l'esclave aussi sont unis par un besoin économique réciproque qui ne libère pas l'esclave. . . . Or, la femme a toujours été, sinon l'esclave de l'homme du moins sa vassale; les deux sexes ne se sont jamais partagé le monde à égalité; et aujourd'hui encore, bien que sa condition soit en train d'évoluer, la femme est lourdement handicapée. En presque aucun pays son statut légal n'est identique à celui de l'homme et souvent il la désavantage considérablement. . . . Outre les pouvoirs concrets qu'ils possèdent, ils sont revêtus d'un prestige dont toute l'éducation de l'enfant maintient la tradition: le présent enveloppe le passé, et dans le passé toute l'histoire a été faite par les mâles. Au moment où les femmes commencent à prendre part à l'élaboration du monde, ce monde est encore un monde qui appartient aux hommes: ils n'en doutent pas, elles en doutent à peine. Refuser d'être l'Autre, refuser la complicité avec l'homme, ce serait pour elles renoncer à tous les avantages que l'alliance avec la caste supérieure peut leur conférer. . . . En effet, à côté de la prétention de tout éthique, il y a aussi en lui la tentation de fuir sa liberté et de se constituer en chose: c'est un chemin néfaste car passif, aliéné, perdu, il est alors la proie de volontés étrangères, coupé de sa transcendance, frustré de toute valeur. Mais c'est un chemin facile: on évite ainsi l'angoisse et la tension de l'existence authentiquement assumée. L'homme qui constitue la femme comme un Autre rencontrera donc en elle de profondes complicités. Ainsi, la femme ne se revendique pas comme Sujet parce qu'elle n'en a pas les moyens concrets, parce qu'elle éprouve le lien nécessaire qui la rattache à l'homme sans en poser la réciprocité, et parce que souvent elle se complaît dans son rôle d'Autre.

Le Deuxième Sexe, vol. I, 'Mythes', Gallimard, 1949

Texte 2.12

Les femmes d'aujourd'hui sont en train de détrôner le mythe de la féminité; elles commencent à affirmer concrètement leur indépendance; mais ce n'est pas sans peine qu'elles réussissent à vivre intégralement leur condition d'être humain. . . . Quand j'emploie les mots « femme » ou « féminin » je ne me réfère évidemment à aucun archétype, à aucune immuable essence; après la plupart de mes affirmations il faut sous-entendre « dans l'état actuel de l'éducation et des mœurs ». Il ne s'agit pas ici d'énoncer des vérités éternelles mais de décrire le fond commun sur lequel s'enlève toute existence féminine singulière.

Le Deuxième Sexe, vol. II, 'Introduction', Gallimard, 1949

Texte 2.13

On ne naît pas femme: on le devient. Aucun destin biologique, psychique, économique ne définit la figure que revêt au sein de la société la femelle humaine; c'est l'ensemble de la civilisation qui élabore ce produit intermédiaire entre le mâle et le castrat qu'on qualifie de féminin. Seule la médiation d'autrui peut constituer un individu comme un Autre. En tant qu'il existe pour soi, l'enfant ne saurait se saisir comme sexuellement différencié.

Le Deuxième Sexe, vol. II, 'Formation', Gallimard, 1949

Texte 2.14

Un monde où les hommes et les femmes seraient égaux est facile à imaginer car c'est exactement celui qu'avait promis la révolution soviétique, les femmes élevées et formées exactement comme les hommes travailleraient dans les mêmes conditions et pour les mêmes salaires; la liberté érotique serait admise par les mœurs, mais l'acte sexuel ne serait plus considéré comme un 'service' qui se rémunère; la femme serait obligée de s'assurer un autre gagne-pain; le mariage reposerait sur un libre engagement que les époux pourraient dénoncer dès qu'ils voudraient; la maternité serait libre, c'est-à-dire qu'on autoriserait le birth-control et l'avortement et qu'en revanche on donnerait à toutes les mères et à leurs enfants exactement les mêmes droits, qu'elles soient mariées ou non; les congés de grossesse seraient payés par la collectivité qui assumerait la charge des enfants, ce qui ne veut pas dire qu'on retirerait ceux-ci à leurs parents mais qu'on ne les leur abandonnerait pas.

Mais suffit-il de changer les lois, les institutions, les mœurs, l'opinion et tout le contexte social pour que femmes et hommes deviennent vraiment des semblables? «Les femmes seront toujours des femmes», disent les sceptiques; et d'autres voyants prophétisent qu'en dépouillant leur féminité elles ne réussiront pas à se changer en hommes et qu'elles deviendront des monstres. C'est admettre que la femme d'aujourd'hui est une création de la nature; il faut encore une fois répéter que dans la collectivité humaine rien n'est naturel et qu'entre autres la femme est un produit élaboré par la civilisation; l'intervention d'autrui dans sa destinée est originelle: si cette action était autrement dirigée, elle aboutirait à un tout autre résultat. La femme n'est définie ni par ses hormones ni par de mystérieux instincts mais par la manière dont elle ressaisit, à travers les consciences étrangères, son corps et son rapport au monde; l'abîme qui sépare l'adolescente de l'adolescent a été creusé de manière concertée dès les premiers temps de leur enfance; plus tard, on ne saurait empêcher que la femme ne soit ce qu'elle a été faite et elle traînera toujours ce passé derrière elle; si on en mesure le poids, on comprend avec évidence que son destin n'est pas fixé dans l'éternité. Certainement, il ne faut pas croire qu'il suffise de modifier sa condition économique pour que la femme soit transformée; ce facteur a été et demeure le facteur primordial de son évolution; mais tant qu'il n'a pas entraîné les conséquences morales, sociales, culturelles, etc. qu'il

annonce et qu'il exige, la femme nouvelle ne saurait apparaître. . . . Elle ne saurait y parvenir que grâce à une évolution collective. Aucun éducateur isolé ne peut aujourd'hui façonner un « être humain femelle », qui soit l'exact homologue de « l'être humain mâle ».

Le Deuxième Sexe, vol. II, 'Vers la Libération', Gallimard, 1949

THEMES

Texte 2.15

La destinée que la société propose traditionellement à la femme, c'est le mariage. La plupart des femmes, aujourd'hui encore, sont mariées, l'ont été, se préparent à l'être ou souffrent de ne l'être pas. C'est par rapport au mariage que se définit la célibataire, qu'elle soit frustrée, révoltée ou même indifférente à l'égard de cette institution.

Le Deuxième Sexe, vol. II, 'La Femme mariée', Gallimard, 1949

Texte 2.16

C'est par la maternité que la femme accomplit intégralement son destin physiologique; c'est là sa vocation « naturelle » puisque tout son organisme est orienté vers la perpétuation de l'espèce. Mais on a dit déjà que la société humaine n'est jamais abandonnée à la nature. Et en particulier depuis environ un siècle, la fonction réproductrice n'est plus commandée par le seul hasard biologique, elle est contrôlée par des volontés.

Le Deuxième Sexe, vol. II, 'La Mère', Gallimard, 1949

Texte 2.17

Détrônée par l'avènement de la propriété privée, c'est à la propriété privée que le sort de la femme est lié à travers les siècles: pour une grande partie son histoire se confond avec l'histoire de l'héritage. . . . Puisque l'oppression de la femme a sa cause dans la volonté de perpétuer la famille et de maintenir intact le patrimoine, dans la mesure où elle échappe à la famille, elle échappe donc, aussi à cette absolue dépendance; si la société, niant la propriété privée, refuse la famille, le sort de la femme s'en trouve considérablement amélioré.

Le Deuxième Sexe, vol. I, 'Histoire', Gallimard, 1949

Texte 2.18

. . . le travail que la femme exécute à l'intérieur du foyer ne lui confère pas une autonomie; il n'est pas directement utile à la collectivité, il ne débouche pas sur l'avenir, il ne produit rien. Il ne prend son sens et sa dignité que s'il est intégré à des existences qui se dépassent vers la société dans la production ou l'action: c'est dire que, loin d'affranchir la matrone il la met dans la dépendance du mari et des enfants; c'est à travers eux qu'elle se justifie: elle n'est dans leurs vies qu'une médiation inessentielle. Que le code ait effacé de ses devoirs « l'obéissance » ne change rien à sa situation; celle-ci ne repose pas sur la volonté des époux mais sur la structure même de la communauté conjugale. Il n'est pas permis à la femme de faire une œuvre positive et par conséquent de se faire reconnaître comme une personne achevée.

Le Deuxième Sexe, vol. II, 'La Femme mariée', Gallimard, 1949

Texte 2.19

C'est par le travail que la femme a en grande partie franchi la distance qui la séparait du mâle; c'est le travail qui peut seul lui garantir une liberté concrète. Dès qu'elle cesse d'être une parasite, le système fondé sur sa dépendance s'écroule; entre elle et l'univers il n'est plus besoin d'un médiateur masculin.

La malédiction qui pèse sur la femme vassale, c'est qu'il ne lui est permis de rien faire: alors, elle s'entête dans l'impossible poursuite de l'être à travers le narcissisme, l'amour, la religion; productrice, active, elle reconquiert sa transcendance; dans ses projets elle s'affirme concrètement comme sujet; par son rapport avec le but qu'elle poursuit, avec l'argent et les droits qu'elle s'approprie, elle éprouve sa responsabilité.

Le Deuxième Sexe, vol. II, 'La Femme indépendante', Gallimard, 1949

Texte 2.20

Ces données biologiques sont d'une extrême importance: elles jouent dans l'histoire de la femme un rôle de premier plan, elles sont un élément essentiel de sa situation. . . . Car le corps étant l'instrument de notre prise sur le monde, le monde se présente tout autrement selon qu'il est appréhendé d'une manière ou d'une autre. . . . ce que nous refusons, c'est l'idée qu'elles constituent pour elle un destin figé. Elles ne suffisent pas à définir une hiérarchie des sexes. . . .

Enfin une société n'est pas une espèce: en elle l'espèce se réalise comme existence; elle se transcende vers le monde et vers l'avenir; ses mœurs ne se déduisent pas de la biologie; les individus ne sont jamais abandonnés à leur nature. . . . Ce n'est pas en tant que corps, c'est en tant que corps assujetti à des tabous, à des lois, que le sujet prend conscience de lui-même et s'accomplit: c'est au nom de certaines valeurs qu'il se valorise. Et encore une fois ce n'est pas la physiologie qui saurait fonder des valeurs: plutôt, les données biologiques revêtent celles que l'existant leur confère.

Le Deuxième Sexe, vol. I, 'Destin', Gallimard, 1949

3
The 1950s

In the 1950s the social patterns that had begun to develop in post-war France became more pronounced. France became a consumer society – in fact, consumerism is the key to an understanding of the decade and of the evolution of the condition of women.

The culture of consumerism was fed, on the one hand, by increasing productivity and technical progress, linked to and aided by the advent of advertising and the expansion of the media. On the other hand, the acceleration of the process of urbanization (between 1954 and 1957 six times more people moved to the cities than between 1945 and 1949, the majority to the Paris area), which brought with it changes in working and living patterns, created new consumer needs. For example, because of the increased distance between the place of work and new urban housing agglomerations, more and more people desired a car. Similarly, the massive government housing programmes of the early 1950s, introduced to tackle the appalling problems of slums and homelessness (in 1953 100,000 HLMs[1] were built; by 1959 this had risen to 300,000), meant that there was a growing need for articles for the home. This was made greater by the media's emphasis on home comforts. The phenomenon of clocking-in, the division of the day according to defined shifts or timetables, characteristic of the modern work patterns that replaced the looser patterns of agricultural work and traditional craftsmanship, put a new accent on time-saving. Hence the appearance of an increasing diversity of household gadgets and time-saving devices.

The idea of leisure also came into its own at this time. Holidays became more common with the introduction of a third week of paid holiday in 1956. The possession of a television, however, was still quite rare in France, compared to Britain and the United States. Although in 1956 half the French population could receive television, only 10 per cent owned a television set in 1959.

A far greater, indeed dominant, influence in the 1950s was that of French and American cinema. This can be explained by the need for a spiritual dimension to life, a craving for dreams and ideals, as well as by the need to escape from urban living. However, by parading the standards and values of the modern American lifestyle, Hollywood cinema, with its luxurious interiors and the perfect but artificial beauty of its stars, helped to bring the wheel of the consumer culture full circle. Women's magazines wrote about the lives and loves of Hollywood stars; beauty products mimicked those of the stars; pictures of stars were used in advertisements to sell the products. To say that 'Cutex' nail varnish was 'américain' was sufficient encouragement to buy it. In this way the cinema was the vehicle of dreams as well as of consumerism, and the two were inextricably linked.

The cinema was also influential in another way, in that it provided models of rebellion for the youth cults, such as the 'Blousons Noirs' (French equivalent of Teddy-boys), which were beginning to emerge in the 1950s. While the older generation found a means of escape through the distant, regal charms of actresses like Grace Kelly, the adolescent generation found more down-to-earth models to identify with, and to imitate – notably James Dean and Brigitte Bardot. More importantly, these stars represented a rebellion against traditional values, and a new authenticity of action and behaviour. They appealed to a generation who were suffering directly, or indirectly through their parents, from the upheavals of the post-war period.

France, which had already been divided during the war and its aftermath between the collaborationist elements and the Resistance forces of liberation, now found itself again violently torn over the Algerian crisis. Problems began to come to a head in 1954, the year which also marked the end of the French war in Indo-China. Amid opposing slogans of 'Algérie algérienne' and 'l'Algérie, c'est la France',[2] a state of emergency was declared in April 1955. At this time French public opinion, still reeling from the loss of Indo-China and the imminent loss of other colonies, was 47 per cent in favour of French Algeria. However, after the battle of Algiers of March 1957, General de Gaulle began to make preparations for Algeria's independence, though events had to wait until 1962 for independence to be declared officially. The whole Algerian episode was ridden with such guilt and hypocrisy as a result of the terrible violence on both sides, and torture on the side of the French, perpetrated by some of the same people who had fought in the French Resistance, that France felt the scars for years afterwards. The period was also marked by chronic political instability, with one government in France toppling after another.

Clearly, it was not a time for major political or legislative change for women. However, these and other factors did exert their influence on women's condition in the 1950s. Technical progress and urbanization were key influences. Increased spending on the home, the car, and leisure activities meant that women went out to work in ever greater numbers. This made women more independent in two main ways: first, by making them more financially independent – in 1952 a woman could open a savings account without her husband's signature, although this did not yet apply to bank accounts; second, by making them more mobile. This was true in a literal sense, too, as more and more women learnt to drive – almost ten times more women had driving licences in 1959 than in 1949.

In addition, the proliferation of new household gadgets helped to alleviate the burden of housework. Washing, cleaning, and cooking were made considerably easier and quicker by the use of automatic washing machines, vacuum-cleaners, and the much-publicized 'cocotte-minute'. The advent of fridges, food conserves, and instant soups meant that food could be preserved longer and time saved. Patterns of shopping were also altered by the appearance of 'le self-service'.

Women continued to go out to work even after the birth of their children. Family allowances therefore had the effect of increasing the birth rate but not of keeping women in the home. In fact, the population rose dramatically in the 1950s, still more than in the post-war period, reaching 42,777,000 in 1954, as compared to 40,503,000 in 1946. This was partly due to the enormously reduced infant mortality rate. Between 1946 and 1950 this stood as high as 6.4 per 1,000 births. By 1956 it had been halved to an average of 3.2. It was also a time for experimentation in childbirth techniques, notably that of 'l'accouchement sans douleur' and the introduction of anaesthetics to alleviate the pains of childbirth. Roman Catholic opposition to the idea of painless childbirth, fed by the biblical belief that woman was made to suffer – 'tu enfanteras dans la douleur' – was defused by Pope Pius XII's public declaration of approval of the method in 1956, four years after its introduction in France.

The increase in the number of working women with children meant the growing use of a 'nourrice', or child-minder. Because of the movement to the cities from the land, families became separated from grand-parents who had traditionally helped to care for the children. This state of affairs was held partly to blame for the 'new' phenomenon of juvenile delinquency in urban areas.

We can see that the above factors effected visible and tangible changes in the reality of woman's everyday life as housewife, worker, and mother. On the other hand, the cinema, which exerted an equally powerful influence on women's condition, did so on the level of the imaginary and the unconscious. According to a contemporary survey,[3] it was estimated that 80 per cent, of French cinema fans were women. It is not surprising, therefore, that the notion of identification with stars had a feminine character. Edgar Morin in *Les Stars* describes two types of star-worship, one taking the form of adulation of a star of the opposite sex, the other of identification with a star of one's own sex and, generally, of one's own age. He estimated that the latter was far more common – 65 per cent of fans preferred stars of their own sex, copied their behaviour, clothes, and make-up – in fact, adored what they themselves wanted to be.

As cinema stars became closer to everyday life and were no longer imbued with the distant and sublime qualities of queens and goddesses, but involved in the mundane roles of wife or mother, they became easier to identify with. However, their superiority lay in the ideal perfection of their beauty. Unlike the older generation of stars, whose beauty was unattainable, bestowed by some other-earthly power, the glamour of the 1950s stars was largely artificial, created with the aid of haircare, make-up, and fashion. Thus the idea came about that an image or persona could be manufactured. Women were persuaded by means of advertising and the media that through the use of artifice – the essential ingredient being make-up – they could strive to look like the stars they admired on screen. Beauty products previously only used in Hollywood, such as Max Factor and Elizabeth Arden, were advertised for general use, with pictures of Lauren Bacall or Grace Kelly. Similarly, fashions were advertised with the pictures of Brigitte Bardot or Jeanne Moreau. It was not only the face that made the star, but also her style and whole outward behaviour – the way she spoke, walked, sat, or lit a cigarette. The seduction of advertising consisted in persuading the female public that beauty could be conjured out of a hat, by the simple purchase of a particular beauty cream or set of clothes. The notion of magic was also used to seduce women into buying or using machines – for example, in the advertisement: 'Ma secrétaire, est-elle ensorcelée? L'I.B.M. électrique l'a transformée!'

An essential vehicle of star-culture in the 1950s was women's magazines. Stories concentrated on the lives of the stars off-screen, rather than on their film persona. There was less and less separation between the real and the imaginary, the life of the star on- and off-screen. A star had to lead a life of stardom at all times. This was especially the case as regards love. The most glamorous, romantic love affairs were always those between stars, for example, that of Simone Signoret and Yves Montand. Increasingly, the star provided the model of romantic love. A star was allowed everything, from whirlwind marriages to adulterous affairs. Weddings and divorces were greeted with equal publicity. This contrasted greatly with the realities of love for most women in the 1950s. However, it encouraged women to think that it was no longer the institution of marriage that legitimized love and sexuality, but that love was the all-important thing. This raised women's expectations and led to analyses of their attitudes to marriage and love. In 1959 Elle published the results of the first comprehensive survey of French women's attitudes to love, called 'La Française et l'amour'. This showed that while a large proportion of younger women seemed to believe in a romantic notion of 'le grand amour', a majority of the older generation did not. Marriage was still the traditional state women were expected to enter, with or without love. This contradiction in attitudes to love and marriage was reflected in the contents of women's magazines – stories of star-struck lovers juxtaposed with recipes and advice on how to be a good housewife.

Women's magazines and the media generally became influential as instruments of education as well as culture. For instance, statistics published by Elle in 1951 indicating that 25 per cent of French women never brushed their teeth, and 39 per cent washed once a month, caused consternation. The combination of advertising for shampoos and soaps, and continued hygiene campaigns in schools helped to improve the situation. Indeed, the media and school increasingly replaced the family as sources of learning. This widened the gap between parents and their children, who were offered new models of comparison and hence became more critical of the attitudes of their own parents.

Changes in the portrayal of women, particularly in the French cinema of the 'Nouvelle Vague' after 1956, exerted another deep influence on the younger generation. Roger Vadim's Et Dieu créa la femme came out in 1956, starring Brigitte Bardot as the adolescent heroine Juliette – its effect was devastating. The cinema-going public, which was used to portrayals of romantic, vulnerable women, was suddenly confronted with a female character who defied all traditional morality. Brigitte Bardot represented a sexually emancipated 'femme-enfant' who shocked because her sexual encounters were indulged in without any feelings of guilt or responsibility. Acting purely from nature and instinct, she emerged unscathed, letting her lovers bear the brunt of her behaviour. In fact, it was the man who became 'l'homme objet'. This apparent reversal of roles, with Juliette's boyfriend Antoine turned into a figure of ridicule when he brags to his friends about conquering her, set a new trend in female revolt.

The 'Nouvelle Vague' tried to capture a specifically adolescent public – teenagers who through the major social changes of the period had become disaffected from their parents and no longer wanted to spend their evenings at home with them. French directors were interested in female heroines rather than in discontented adolescent males, as in the American cinema. However, when Nicholas Ray's *Rebel without a Cause* and Eliza Kazan's *East of Eden* were both released in 1955, James Dean caused a sensation in France as well as the United States. Indeed, a main source of Brigitte Bardot's appeal was that she was like a female James Dean, with her almost masculine aura of independence and rebelliousness. At the same time, she exuded sex-appeal even when wearing jeans. She became a symbol, almost a product, of the collective imagination of adolescent females, who yearned for lives of action and intense experience rather than those of passivity and compromise led by their mothers.

Another film, Louis Malle's *Les Amants* of 1958, achieved a 'succès de scandale' with its depiction of new areas of sexual frankness by the actress Jeanne Moreau. Other films of the time, however, notably by Chabrol and Truffaut, reverted to female stereotypes of sensuous girls tortured by Catholic obsessions of guilt and punishment, giving prominence to the mother as the castigating figure. Similarly, a film by Marcel Carne, *Les Tricheurs*, released in 1958, related the story of a teenage girl who gets pregnant and marries a boyfriend she does not like. The unsympathetic treatment of the girl in the film aroused great discussion as being counter-progressive.

These conflicting currents in the cinema reflected the real-life conflicts between adolescents and their parents. Young people's desire for change, inspired by the imaginary world of the cinema, found outlets to a certain extent in fashion and, more negatively, in loutish behaviour, like that of Zazie in *Zazie dans le Métro*,[4] or in crime and violence, as in the case of the 'Blousons Noirs'. These new adolescent attitudes were constantly being restrained, however, by the traditional values of the parents. And despite the general atmosphere of cultural change, young girls continued to compromise their ideal and ended up by marrying young and doing more or less what their mothers had done. Nevertheless, the 1950s had all the symptoms and contained all the vital ingredients for the real revolt that was to occur later, at the end of the 1960s.

DOCUMENTS

Texte 3.1 *Ces idées, ces héros, ces objets, expliquent l'histoire d'une décade*

1. LE MICROSILLON tourne en France, depuis 1951. La vente des électrophones (50,000 en 56) décuple.
2. LE TRANSISTOR est vendu en France en 1957.
3. LE PERMIS DE CONDUIRE a été attribué à près de 200,000 femmes dans l'année. En 1949, à 26,000 femmes seulement.
4. L'ACCOUCHEMENT SANS DOULEUR naît à Paris en 1952. Les méthodes et les centres officiels de préparation se multiplient. Et, depuis le 2 février 1955, les mamans ont obtenu un congé-payé et post-natal de 14 semaines au lieu de 12.
5. LE SELF-SERVICE se répand en France en 1953. Un seul ticket de caisse totalise vos achats.
6. LE MUR DE SON est franchi pour la première fois en France le 28 octobre 1952 sur « Mystère II ».
7. LES TEXTILES ARTIFICIELS, à partir de 1950, se perfectionnent et se répandent.
8. BRIGITTE BARDOT épouse en décembre 1952 Roger Vadim, qui en fait « B.B. ». Avec le premier film de Vadim, B.B. lance la nouvelle vague, qui s'illustrera avec Resnais, Malle, Truffaut, Chabrol.
9. LE POTAGE EN SACHET a juste 10 ans et se mange bien.
10. JAMES DEAN, héro de « La Fureur de Vivre » devient le héros d'une certaine jeunesse internationale, romantique, nonchalante et violente. A 24 ans, le 30 septembre 1959, l'idole se tue au

volant d'un bolide. Les blousons noirs prennent le deuil.

11. DE GAULLE devient le premier président de la Vième République et de la Communauté. La nouvelle Constitution a été adoptée par référendum le 28 septembre 1958. Pour la France, l'Algérie et les pays d'Outre-mer, il y avait eu 31,066, 522 « oui », soit 84,9% inscrits.

12. LE PRET A PORTER s'industrialise, s'améliore, s'épanouit à partir de 1950.

13. LE COLLANT des danseuses est adopté par toutes les jeunes filles et les femmes frileuses depuis 1956.

14. LE TAILLEUR CHANEL habille les femmes du monde entier. Mme Chanel a fait sa rentrée et sa révolution dans le monde de la couture en 53, après 15 ans d'absence.

15. LE MIXER, précédé de la machine à laver et suivi du moulin à café électrique, tourbillonne en France depuis 9 ans.

16. UN LIVRET DE CAISSE D'EPARGNE peut être ouvert par une femme mariée sans « l'assistance » de son mari depuis le 27 juin 1952.

17. BONJOUR TRISTESSE, sorti en mars 1954, atteint aujourd'hui un tirage de 4 millions d'exemplaires. Encouragées par le succès de cette romancière de 18 ans, jeunes filles et dames écrivent un tiers des romans qui paraissent en France.

18. LA MATIERE PLASTIQUE enchante les ménagères. Mais, de 1950 à 1959, le budget de la ménagère a beaucoup varié, le pain: 35 fr. en 50, 56 fr. en 59; le litre de lait: 37 fr. en 50, 59 fr. en 59.

Extrait de *Elle*, décembre 1959

Texte 3.2 *L'accouchement sans douleur*

L'année 1955 a marqué, du moins en France, une étape importante dans le combat mené contre la plus vieille condamnation du monde: « Tu enfanteras dans la douleur ». La Journée nationale de l'accouchement sans douleur, organisée le 18 mai, lui apporta, notamment, la publicité qui s'attache aux grandes manifestations publiques. Quelques mois auparavant, le journaliste Louis Dalmas avait réalisé

'Grâce à VEDETTE . . . vous voici . . . libérée' *Paris Match*, 1959

'Madame, soyez pratique!', *Paris Match*, 1959

une grande « première mondiale » en faisant entendre aux auditeurs de la Radiodiffusion française l'enregistrement de la naissance « sans douleur » de Gérard Verne.

Une page était tournée. Le grand public ne pouvait plus douter qu'une femme pût accoucher sans douleur. Une lourde hypothèque était enfin levée.

Les douleurs de l'enfantement venaient de perdre leur légitimité! La vieille condamnation avait tenu moins longtemps que sa sœur: « Tu gagneras ton pain à la sueur de ton front ». Il est vrai que celle-ci, au cours des âges, avait toujours trouvé des malins pour y échapper. . . . Quoi qu'il en soit, un point était marqué et bien marqué. On systématisa cependant un peu trop l'emploi des anesthésiques.

'Pour satisfaire la maîtresse de maison et le "gourmet"', *Paris Match*, 1959

33

... en 1951, un médecin français, le docteur Lamaze, en voyage en U.R.S.S., rencontra un psychiatre de Kharkov, Velvoski, dans un hôpital de Leningrad, qui fit part de la « méthode psychothérapique d'analgésie de l'accouchement »: il l'avait lui-même mise au point et commençait à l'appliquer avec succès. Revenu en France, le docteur Lamaze en devint le propagandiste zélé. En 1955, dans la clinique des Bleuets, il avait déjà pratiqué heureusement plus de mille accouchements sans douleur. ...

La cause était entendue. Les querelles d'école ne pouvaient plus faire revenir en arrière, d'autant que la mortalité des femmes, qui était dans les années 30 de 6,71 pour mille, était tombée pour les accouchements à 0,47. ...

Le Pape lui-même allait intervenir en faveur de ces nouvelles méthodes: en donnant la vie, les femmes n'avaient plus désormais à payer le tribut de souffrance que seules la peur et l'ignorance leur avaient stupidement imposé. L'Association internationale pour l'accouchement naturel allait être créée sans provoquer la moindre contestation: le « joli mal» était redevenu un bien, sans restriction.

'Mode et modes de vie', *Paris Match*, 1955

Texte 3.3 *Cinéma et destins de femmes*

Modèles féminins des années cinquante

A l'aube des années soixante, la société française connaît des changements sociaux, politiques et économiques liés à l'élargissement des classes moyennes d'une part, et à l'incertitude de l'époque d'autre part. Au sortir de la guerre, les équilibres mondiaux paraissent en effet bien fragiles, et ce d'autant plus que les conflits politiques sont multiples: guerre de Corée, guerre d'Indochine, guerre d'Algérie. ... Aussi dans une époque marquée par la guerre froide, les guerres coloniales, la peur du danger nucléaire, et par la naissance de la société de consommation, l'aspiration des masses au bien-être matériel, signe extérieur de sécurité, ne peut-elle surprendre. Mais l'élargissement des classes moyennes fait non seulement apparaître l'aspiration à la mobilité sociale, elle fait aussi surgir des conflits de

rupture entre les générations et entre systèmes de valeur.

Le cinéma témoigne de ce conflit. ... Le cinéma, en particulier américain, tout en offrant des modèles de réussite sociale, devient porteur d'un phénomène d'identification aux stars du cinéma, qui frappe ... par la jeunesse de ses protagonistes. De façon peut-être confuse, les nouveaux héros de l'écran, Marlon Brando, Montgomery Clift, dénonçaient la société conformiste des parents, et celui qui sut peut-être le mieux incarner et exprimer l'esprit de révolte des années cinquante fut James Dean. Les garçons, mais aussi, comme nous le verrons, des filles, voyaient en lui l'incarnation de leur révolte, à sa façon d'être émotif, vrai, se laissant aller aux larmes comme à la colère, et en opposition avec certaines des valeurs traditionnelles du monde confortable et rangé des parents. ...

Quant aux femmes qui étaient adolescentes dans les années cinquante, elles se sont trouvées à la fois soumises aux mêmes normes que celles auxquelles obéissaient leurs mères (virginité, mariage) et, dans leur révolte contre le monde des adultes, confrontées à la nécessité de se construire une nouvelle identité de sexe, c'est-à-dire de se trouver une nouvelle manière d'être femme. Ce n'est pas le lieu ici d'analyser d'où procédait cette nécessité, mais on peut dire, rapidement, qu'elle était liée, comme on l'a déjà indiqué, à une modification de la composition sociale de la société française, ainsi qu'à une transformation des techniques et au développement de certains secteurs économiques où les femmes peuvent trouver un emploi relativement qualifié et stable. ...

La naissance d'une star comme B.B., et l'effet de choc qu'elle produisit, est alors significatif à plus d'un titre. D'abord, son allure juvénile qui suggérait une certaine arrogance enfantine. Elle semblait toujours à deux doigts d'exploser de colère. Sa façon de bouder et de réagir témoignaient de sa révolte contre la société et contre le rôle de la femme traditionnelle. Elle est apparue à un moment où le cinéma français était encore largement marqué par les modèles de femmes à l'esprit petit-bourgeois ... sans aucune autonomie personnelle, sans autre aspiration que celle de la continuité du monde d'hier, les femmes étaient représentées comme vivant une existence qui était entièrement définie et rythmée par les événements extérieurs et par leur homme, et dépourvues de prise sur leur destin. La négation de soi pour l'amour d'un homme et par conformisme telle que le cinéma français la présentait, était aussi un leitmotiv pour le cinéma américain. . . .

Le cinéma présente en même temps une image inverse et négative de ce premier type de femmes avec des personnages comme ceux qu'incarnent Mary Astor, Bette Davies . . . et Lana Turner: femmes hantées par la soif du pouvoir, la recherche de l'amour-passion, et de la richesse. Guidées par l'avarice ou par la haine contrôlée, l'issue, pour ces femmes, était généralement fatale, marquée par la déchéance sociale, mentale et même physique. Voulant tout pour elles, elles ne pouvaient que tout perdre.

Entre les deux . . . se situe la créature de rêve, l'aventurière sensuelle, sophistiquée, libre et énigmatique qui, consciente des hommes et de leurs faiblesses, agit selon son caprice. Ce sont les Greta Garbo, les Marlène Dietrich. . . . Jusqu'à ce qu'elles soient prises au piège d'une liaison tragique ou jusqu'à ce qu'elles se soumettent à l'homme qu'elles aiment, elles frappent par une distance provocante, par leur indépendance d'esprit et de corps. Elles se situent aux antipodes de la femme à la cervelle d'oiseau . . . les pin-up, les Betty Grable ou Marilyn Monroe sont futiles, mais qu'importe! Elles rendent leur homme heureux et voilà ce qui compte.

En revanche, B.B., dans ses films, affirme une indépendance d'esprit en utilisant son corps pour provoquer, punir et récompenser à sa guise en fonction de son désir à elle. . . . B.B. a suscité à la fois la haine de ses contemporains, qui jugèrent ses films obscènes et lubriques, et l'idolâtrie. Elle fut l'une des stars les plus controversées; la plus malmenée et la plus adulée. Partout on a imité sa crinière blonde et sa fameuse moue, l'industrie cosmétique fut révolutionnée par ses rouges à lèvres blancs ou nacrés, mais on n'a pas hésité à décrier en même temps ses mœurs jugées débridées, sa prétendue vulgarité et son immoralité.

. . . ces modèles, comment se sont-ils inscrits dans la vie de celles qui, adolescentes à l'époque, y étaient confrontées? Jusqu'à quel point ont-ils marqué leurs destins de femmes?

Pour répondre à ces questions nous avons interviewé un échantillon dynamique de femmes . . . et les avons incité à parler . . . de leur adolescence, de leurs rêves d'adolescentes. . . .

Conflit entre deux systèmes de valeur

Ce qui est de l'ordre de l'émergence d'une nouvelle structure sociale est en même temps vécu subjectivement comme un désir. « Je n'avais pas du tout le désir de mener le même genre de vie que celui de ma mère, je voulais sortir de ce milieu », dit une femme. Une autre répète toujours le vieux conflit: « Ma mère vit encore, on fait exprès de la choquer, mais elle en parle très très peu . . . la sexualité était vraiment tabou, on n'en parlait pas . . . et B.B. était l'explosion de ce qu'il ne fallait pas. » Comme pour d'autres femmes interviewées, le conflit avec la mère ou avec les normes prévalentes au moment de leur adolescence se symbolisait autour d'une identification à B.B.: « Par exemple, ma mère, au moment où j'étais adolescente, si je m'habillais un peu osée à son regard, elle me disait (c'était une injure): Tu te prends pour B.B.»

Le modèle américain

Trente ans après, les femmes se souviennent surtout, mais pas seulement, du cinéma américain. On trouve en effet, dans le cinéma américain de ces années-là une problématique de la mobilité sociale toujours envisagée en termes de réussite (à la fois sociale et morale) qui est absente du cinéma français, où les groupes sociaux apparaissent sous la forme d'essences stables, et qui répond en même temps à une préoccupation réelle de la société française en train de se transformer. L'Amérique est donc l'image de l'innovation, mais celle aussi de l'abondance et de la liberté. . . .

L'Amérique, c'est à la fois le pays du grand amour et le monde de la richesse . . . « de grandes histoires d'amour avec des hommes beaux et passionnés qui représentaient une certaine image idéale de l'homme, image trop immatérielle pour nous ». . . . Et encore: « L'Amérique, ça faisait rêver, on avait l'impression que là-bas tout le monde était riche, idéal. »

Il apparaît en effet dans nos interviews que ces grands stars ne pouvaient offrir de modèles identificatoires aux femmes des années cinquante. Nous touchons là un point important qui concerne l'écart entre une identité réelle de femme et l'image de la féminité, objet supposé de fantasmes masculins et d'angoisse pour les femmes qui vivent cette image comme un manque irréparable et une distance infranchissable. Les stars hollywoodiennes incarnent donc une féminité de rêve. « On avait vraiment envie de leur ressembler et de séduire à notre tour. On essayait de copier, surtout sur le plan physique », apparaît en même temps comme quelque chose de fabriqué et d'inaccessible: « il me semble qu'on ne s'identifiait pas à Grace Kelly, ça nous semblait plutôt inaccessible, elle jouait des rôles de princesse, on était plus réaliste que ça, on savait qu'on aurait à travailler. »

B.B.

Par opposition à ces stars, Brigitte Bardot va remplir la fonction d'une femme à laquelle une adolescente des années cinquante peut, partiellement au moins, s'identifier. . . . Chacune se souvient avoir imité (ou avoir vu imiter) B.B. . . . elle représente l'image d'une femme à venir, qui rompt avec les normes traditionnelles et inaugure un nouveau rapport au désir. Rupture d'autant plus forte qu'elle est vécu par un personnage qui se présente d'abord comme une « jeune fille », c'est-à-dire, ce type de femme considérée jusqu'alors comme une étrangère à la sexualité. Le personnage B.B. opère donc une rupture dans la représentation des âges de la vie. On comprend alors son importance dans l'élaboration d'une culture de « Jeunes » qui va se manifester dans le vêtement, la musique, la danse. Les changements projetés sur l'image de B.B. concernent cependant à peu près uniquement la sexualité, et c'est toujours à l'idée d'une sexualité plus 'libre' en même temps scandaleuse, qu'elle est assimilée.

Si l'image que donnait à voir B.B. d'une jeune fille révoltée, mais libre, frappait et choquait par sa nouveauté, si les adolescentes étaient prêtes à en revêtir au moins l'aspect extérieur, les vêtements, la coiffure, la moue, elles n'étaient cependant pas prêtes à la suivre jusqu'au bout: « On avait ses premières aventures sexuelles avec un garçon qu'on aimait vraiment et qu'on pensait épouser, parce qu'on se mariait! » On suivait le mouvement, si on voulait vivre ensemble, on se mariait! . . . Les adolescentes des années cinquante finissent donc par se marier comme leurs mères et les femmes que nous avons interviewees se sont mariées très jeunes, à de rares exceptions près.

Avoir une vie professionnelle

Or les adolescentes des années cinquante vont aussi avoir à affronter des préoccupations professionnelles. Car si certaines de leurs mères et de leurs grand-mères avaient travaillé, soit d'une manière temporaire, soit d'une manière non reconnue socialement, elles vont pouvoir envisager d'avoir un métier ou une profession comme les hommes. . . .

Il ressort des interviews que pour les femmes des années cinquante, notamment pour celles d'entre elles qui ont rêvé d'une carrière, et l'ont accomplie, c'est du côté des vedettes masculines que vont surgir les modèles identificatoires . . . ce sont surtout James Dean et Marlon Brando qui vont servir de modèles. . . . Cette identification est présentée comme la condition de ce que l'on pourrait appeler une volonté professionnelle: « je me voyais beaucoup plus en Robin des Bois[1] qu'en Marlène . . . les rôles d'hommes étaient quand même plus actifs, parce qu'il y avait très peu de femmes actives qui prenaient en main leur situation. »

Les personnages qu'incarnent ces acteurs . . . exhibent leur partie féminine, mais sans être efféminés. Ils sont actifs, mais possèdent, comme les femmes qui s'identifient à eux, des éléments d'instabilité: ce sont des adolescents révoltés, en proie parfois à des accès de colère, et manifestant donc une hystérie, mais qui est montrée comme positive, parce que la rupture qu'ils opèrent avec leur environnement social s'inscrit dans une histoire.

Comme pour B.B., l'indentification va commencer ici avec le vêtement. A travers le jean uniforme émerge un sujet acteur de son histoire, mais qui s'offre en même temps comme objet ou désir de l'autre. James Dean et Marlon Brando, sex-symbols masculins, acceptaient de reconnaître en eux une certaine passivité, cette passivité attribuée traditionnellement aux femmes. Ils offrent alors aux femmes une possibilité analogique de se construire une nouvelle identité de sujet actif, mais pleinement sexué: elles peuvent devenir femmes (et non pas nonnes, matrones ou viragos) comme ils sont hommes.

Brigitte Bardot dans *Et Dieu créa la Femme*, de Roger Vadim, 1956

'Ces services de la Société Générale intéressent les femmes avant tout', *Paris Match*, **1959**

Extrait de Verena Aebischer et Sonia Dayan-Herzbrun, 'Cinéma et destins de femmes', *Cahiers Internationaux de Sociologie*, vol. LXXX, Universités de Paris VII et de Paris X–Nanterre, 1986.

Texte 3.4 *Brigitte Bardot et le syndrome de Lolita*

La veille du Jour de l'An Brigitte Bardot est apparue à la télévision. Elle portait comme d'habitude des blue-jeans, un chandail et avait les cheveux en broussaille. Allongée sur un sofa, elle pinçait les cordes d'une guitare. « Ce n'est pas bien difficile », dirent les femmes, « je pourrais en faire autant. Elle n'est même pas jolie. Elle a l'air d'une femme de chambre. » Les hommes ne pouvaient s'empêcher de la dévorer des yeux, mais eux aussi ricanaient. Sur une trentaine de spectateurs, deux ou trois seulement la trouvaient charmante. Elle fit une excellente démonstration de ballet classique. « Elle sait danser », durent admettre les autres à regret. Une fois de plus je pus constater que Brigitte Bardot n'était pas aimée dans son propre pays.

Quand on a projeté *Et Dieu créa la femme* dans les cinémas des Champs-Elysées, ce film qui avait coûté cent quarante millions de francs en rapporta moins de soixante. Aux Etats-Unis les recettes atteignirent quatre millions de dollars, l'équivalent de la vente de 2,500 Dauphines.[2] B.B. est considérée à présent comme un produit d'exportation aussi important que les automobiles Renault.

Elle est la nouvelle idole de la jeunesse américaine. C'est une grande vedette internationale, mais ses concitoyens continuent à la bouder. Semaine après semaine la presse nous tient au courant de ses caprices, de ses affaires de cœur, ou nous offre une nouvelle interprétation de sa personnalité, mais la plupart de ces articles et de ces cancans sont malveillants. Tous les jours Brigitte reçoit trois cents lettres d'admirateurs filles ou garçons, et tous les jours des mères indignées écrivent aux éditeurs des journaux, au maire et au curé pour protester contre son existence. Quand trois jeunes gens de bonne famille assassinèrent un vieillard endormi dans un train, à Angers, l'association de parents d'élèves dénonça B.B. au député-maire de la ville. C'est elle,

'Il est Français. She comes from New York', *Paris Match*, **1959**

'Chanel avec son père. Tailleur tweed pied-de-coq', *Marie-Claire*, 1959

dirent-ils, qui est la vraie responsable du crime. La projection de *Et Dieu créa la femme* à Angers a immédiatement perverti la jeunesse. Je ne m'étonne pas que les professionnels du moralisme de tous les pays aient tenté de faire interdire ses films. De tout temps les nobles penseurs ont indentifié la chair et le péché et ont caressé le rêve de jeter au feu les œuvres d'art, les livres et les films qui traitent la chair avec trop de complaisance ou de franchise. Mais la pudibonderie officielle n'explique pas l'hostilité singulière du public français envers B.B.. . . . Pourquoi ce personnage . . . soulève-t-il une telle animosité?

Si nous voulons comprendre ce que B.B. représente, il est inutile de connaître la jeune femme qui s'appelle Brigitte Bardot. Ses admirateurs et ses détracteurs ont affaire à une créature imaginaire qu'ils voient sur l'écran à travers une énorme publicité. Sa légende est nourrie de sa vie privée autant que de ses rôles. Cette légende reprend un

ancien mythe que Vadim essaie de rajeunir. Il a inventé une version résolument moderne de « l'éternel féminin » et, ce faisant, a lancé un nouveau genre d'érotisme. C'est cette nouveauté qui séduit les uns et choque les autres. . . .

Brigitte Bardot est le plus parfait spécimen de ces nymphes ambiguës. Vu de dos, son corps mince et musclé de danseuse est presque androgyne. La féminité triomphe dans sa gorge ravissante. Les longues tresses voluptueuses de Mélisande glissent sur ses épaules, mais sa coiffure est celle d'une gitane. . . . Elle se promène pieds nus, dédaigne les vêtements élégants, les bijoux, les gaines, les parfums, le maquillage, tous les artifices. Cependant sa démarche est lascive et un saint vendrait son âme au diable rien que pour la voir danser. . . .

Elle est sans mémoire, sans passé, et, grâce à cette ignorance, elle garde la parfaite innocence qui est ingérente au mythe de l'enfance.

La légende créée par la publicité autour de Brigitte

Bardot l'a longtemps identifiée avec ce personnage enfantin et troublant. Vadim l'a présentée comme un « phénomène naturel ». « Elle ne joue pas, » disait-il, « elle existe. » « C'est exacte, » confirme B.B. « La Juliette de *Et Dieu créa la femme*, c'est moi, exactement. Quand je suis devant la caméra, je suis simplement moi-même. ». . .

Elle est fantasque, changeante, imprévisible dans ses humeurs, et bien qu'elle conserve la limpidité de l'enfance, elle en a également gardé le mystère. Tout compte fait, une étrange créature, et cette image ne s'écarte pas du mythe traditionnel de la féminité. Les rôles que les scénaristes lui ont écrits ont aussi leur côté conventionnel. Elle se présente comme une force de la nature, dangereuse tant qu'elle demeure indomptée, mais il appartient à l'homme de la domestiquer. Elle est douce, elle a bon cœur. Dans tous ses films elle aime les animaux. Si jamais elle fait souffrir quelqu'un, ce n'est jamais volontairement. Sa légèreté et sa mauvaise conduite sont excusables à cause de sa jeunesse et à cause des circonstances. Juliette a eu une enfance malheureuse; Yvette dans *L'amour est mon métier*, est une victime de la société. Si elles s'égarent, c'est parce que personne ne leur a jamais montré le droit chemin, mais un homme, un homme viril peut les y ramener. Le jeune mari de Juliette décide d'agir comme un homme, il lui flanque une bonne gifle. Juliette est aussitôt transformée en épouse heureuse, répentante et soumise. . . .

B.B. n'essaie pas de scandaliser. Elle n'exige rien. Elle n'est pas plus consciente de ses droits que de ses devoirs. Elle suit ses inclinations. Elle mange quand elle a faim et fait l'amour avec la même simplicité. Le désir et le plaisir lui semblent plus vrais que les conventions. Elle fait ce qui lui plaît et c'est ce qui est troublant. Elle ne pose pas de questions mais elle apporte des réponses dont la franchise peut être contagieuse. Les fautes morales peuvent être corrigées, mais comment pourrait-on guérir B.B. de cette éblouissante vertu: l'authenticité? C'est sa substance même. Ni les coups ni les raisonnements ne peuvent la lui ôter. Elle regrette non seulement l'hypocrisie et les reproches, mais aussi la prudence, le calcul et n'importe quelle préméditation. Pour elle, l'avenir est encore une de ces inventions d'adulte auxquelles elle ne se fie pas. « Je vis comme si j'allais mourir à n'importe quel moment, » dit Juliette. Et Brigitte nous confie: « Chaque fois que je suis amoureuse, je crois que c'est pour toujours. » Vivre dans l'éternité, c'est une autre façon de rejeter le temps. Elle affiche une grande admiration pour James Dean. Nous trouvons en elle, adoucis, certains traits, qui prennent, dans le cas de Dean, une tragique intensité: la rage de vivre, la passion de l'absolu, le sentiment de la mort imminente. Elle incarne aussi, mais à un autre niveau, les idées que certains jeunes de notre temps opposent aux valeurs sûres, aux vains espoirs et aux contraintes. C'est pourquoi une nombreuse arrière-garde à l'esprit traditionaliste déclare que « B.B. est le produit et la representante de l'immoralité d'une époque. »

Extrait de 'Brigitte Bardot et le syndrome de Lolita', *Esquire*, août 1959, publié dans C. Francis et F. Gontier (eds), *Les Ecrits de Simone de Beauvoir*, Gallimard, 1979.

Texte 3.5 *Les Français retrouvent leur cinéma*

France

Les années noires de l'Occupation n'auront été qu'une parenthèse. Le cinéma a retrouvé toute sa vitalité. Cette année 1952 aura été particulièrement riche, puisqu'on ne compte pas moins de 90 films français sortis sur les écrans.

'Chronique de l'année 1952', *Paris Match*

Scandale autour des 'Amants'

France, septembre

En filmant les ébats adultères du personnage interprété par Jeanne Moreau, Louis Malle a débarrassé le cinéma de son dernier tabou. Mais, plus que l'acte sexuel, ce qui a choqué les spectateurs de son film *Les Amants*, c'est le réalisme des sentiments. Deux amoureux vivent leur coup de foudre sans se soucier des règles sociales, et le contact de leurs épidermes est la manifestation sensible de leur absolue liberté. Délivrée de son poids de scandale, l'infidélité n'est plus qu'une des formes de la passion. Loin d'une Martine Carol à l'impudeur provocante, Jeanne Moreau incarne « la » femme amoureuse.

'Chronique de l'année 1958', *Paris Match*

41

Jeanne Moreau dans *Les Amants*, **de Louis Malle, 1958**

Texte 3.6   *Le pouvoir de la nuit*

– C'est l'histoire d'une nuit d'amour dans un parc, un coup de foudre à l'éclat brut; au matin, nos amants partent ensemble, mais l'aube est cruelle pour les visages; ils ne se séparent pas, mais comprennent qu'ils viennent de vivre le meilleur, et que leur vie quotidienne devra rester fidèle à un tel souvenir. Je précise qu'il n'entre à ce moment dans leurs sentiments ni honte, ni remords, ni même sentiment du péché, mais seulement un peu d'inquiétude pour un avenir qui devra se maintenir à la hauteur du présent, puisque de toute manière le passé ne compte plus! S'il avait fallu trouver un autre titre aux *Amants* nous aurions peut-être choisi: « Le Pouvoir de la nuit ».

   Quand Malle résume son film comme « l'histoire d'une nuit d'amour dans un parc », il définit certes l'essentiel de son entreprise, mais il en oublie modestement le contexte dont l'existence est capitale. La nuit d'amour et son dénouement n'auraient pas l'émouvante résonance qu'ils ont, s'ils n'étaient précédés de ce premier film, éblouissant d'esprit et de justesse sociale, sur l'existence de l'héroïne avant le coup de foudre. Nous apprenons donc d'abord qui est Jeanne, provinciale de trente ans, mariée depuis huit ans à Henri Tournier, directeur d'un journal dijonnais, mère d'une petite fille et habitant une très belle maison au milieu d'un parc superbe. Jeanne, c'est d'abord Madame Bovary style 1954 (car Malle prend soin de préciser que son histoire se déroule au printemps de 1954); Jeanne s'ennuie et se croit délaissée par son mari, trop absorbé par son métier; elle va chaque mois à Paris chez son amie Maggy en qui Louise de Vilmorin et Louis Malle se sont amusés à réunir tous les défauts futiles et exaspérants d'un animal qu'ils connaissent bien: la mondaine snob, bête et, au demeurant, bonne fille. Après quelques hésitations elle prend un amant: Raoul, aristocrate, joueur de polo, beau et charmant. Fière de sa propre audace, Jeanne demeure secrètement, insatisfaite. C'est le premier acte. Le second se joue entre Jeanne

42

et son étrange mari. Elle est vaguement jalouse d'une des collaboratrices d'Henri qui, lui-même, commence à trouver que l'on parle trop souvent du fameux Raoul. Cela aboutit à une invitation pour le week-end de Maggy et Raoul. Jeanne arrivera après ses invités. En panne sur la route, elle est recueillie, en 2 CV par un petit jeune homme de très bonne famille, Bernard, archéologue, qu'elle trouve d'abord grincheux puis ensuite assez drôle: elle retrouve mari et invités au château, alors même qu'elle est prise d'une irrépressible crise de fou-rire. Au dîner Jeanne s'aperçoit qu'Henri, non sans quelque diablerie, joue la comédie du mari amoureux et du couple uni, et que Raoul se laisse prendre à la comédie. . . . Elle se retrouve seule et désenchantée, face à quelque chose qui ressemble à l'échec, lasse d'elle-même, rêvant d'être quelqu'un d'autre. En bas dans la maison le tourne-disque joue une symphonie de Brahms et Jeanne pense que Bernard, qui était resté seul dans la bibliothèque, est monté se coucher sans arrêter la mécanique. En longue chemise de nuit blanche elle descend mettre un peu d'ordre. La bouteille de whisky débouchée l'incite à se servir un verre, la glace dans le verre, à se rafraîchir en faisant rouler le verre sur son front brûlant, . . . dehors dans le clair de lune . . . à l'angle de la maison Bernard est là, en bras de chemise, lui aussi un verre à la main et, étonné, il regarde venir à lui la blanche apparition. Le second acte est terminé: la nuit commence.

C'est l'histoire d'un coup de foudre à l'état brut, et le propre d'un coup de foudre c'est d'éclater brusquement, sans aucune préparation, de modifier complètement l'éclairage, le climat et le paysage soudain inondé par les averses et les tempêtes. Un éclair zèbre le ciel et Jeanne et Bernard deviennent autres, ils deviennent « les amants ».

Extrait d'un article de Jacques Doniol-Valcroze dans *Cahiers du cinéma*, août 1956.

Texte 3.7 *Elle – Courrier du Coeur*

Pour lui, je n'existe plus. Il ne danse plus que le hula-hoop et préfère ce stupide cerceau plutôt que de m'emmener. Je ne suis pas seulement désespérée mais très inquiète. Il paraît qu'une jeune fille s'est brisé la colonne vertébrale. J'ai aussi entendu parler de chevilles foulées, épaules lusées. Je tremble qu'un accident arrive à François. Que puis-je faire?

Le battre au hula-hoop ou chercher un nouveau partenaire pour le rock'n'roll. Les accidents? N'exagérons rien. Le hula-hoop en fait moins que le ski.

J'ai 18 ans. Je flirte avec des jeunes filles tellement faciles que j'en suis écoeuré et que je me demande s'il existe de vraies jeunes filles qui puissent m'inspirer du respect.

Jean-Pierre

Si je vous comprends bien, vous ne respectez que les vraies jeunes filles et, pour vous assurer qu'elles le sont, vous leur demandez . . . de ne plus l'être. En espérant qu'elles refuseront. Quitte à accepter sans façon, si elles ne refusent pas. L'écoeurement ne nous vient qu'après. Jamais avant.

Avis à nos jeunes lectrices – Si vous recontrez Jean-Pierre, dîtes-lui « non » pour lui faire plaisir!

Vous êtes convaincue que la supériorité de l'homme sur la femme est un préjugé du passé. Cependant, quand je lis les magazines féminins, je constate que leur intérêt se borne à la maison (bon), à la cuisine (passable), aux chiffons (tolérable), aux spectacles (trop d'acteurs et d'actrices) et aux horoscopes et autres superstitions dont le plus grand lourdaud masculin rougirait. Croyez-vous que cette étroitesse d'horizon peut enorgueillir les dames et les demoiselles?

L'étroitesse d'horizon me choque moins, je l'avoue, que la prétention de ceux qui discutent de tout. Deux femmes qui parlent chiffons ou mayonnaise disent probablement moins de sottises que deux hommes qui palabrent sur Berlin, ou sur les communes de la Chine.

P.S. Les tireuses d'horoscopes, les voyantes, les cartomanciennes ont beaucoup de clients masculins . . . de marque!

J'ai 15 ans. Je n'aime personne. J'ai des parents sympas, qui me laissent libre, sans se désintéresser de moi, mais je me montre méchante avec eux. Lors d'une syncope de ma mère, ma première pensée a été « Elle meurt. Je porterai du noir et blanc. » Elle n'est pas morte. J'ai été déçue. Ne croyez pas que je sois

43

volontairement cynique. Je constate. Pourtant, je ne suis pas méchante. Je plains ceux qui m'aiment. Tout cela, je ne l'ai dit qu'à une seule personne. Elle a été horrifiée. Suis-je monstrueuse, folle?

Non. Vous suivez la mode. En 59, l'âme se porte noire. Vos mauvais sentiments sont de rigueur. S'ils dorment, on les réveille, on les asticote, on leur fait de la publicité. Cela s'appelle « se défouler » . . . mais on refoule les bons sentiments, car ils sont vieux jeu. Pour être à la page, il faut brimer l'ange et flatter la bête. En un mot, il faut faire la bête. . . . Non, vous n'êtes pas un monstre. Vous êtes une petite fille qui joue au monstre. . . . Le bon, le beau, voilà les valeurs. Vous en êtes riche. Exploitez-les!

Je fais partie d'une bande de « blousons noirs » et j'aime un garçon de la bande. Je crois que je ne lui suis pas indifférente mais notre règlement interdit le flirt entre membres de la bande. Vous, croûlante,[3] pouvez-vous me conseiller?

Blouson triste

Oui, de changer de blouson et de quitter la bande. Tous les deux, vous n'aurez plus à vous soumettre à ses règlements. Entre nous, ils sont tyranniques. Règle pour règle, mieux vaut la règle scoute. Une cheftaine, elle, a le droit d'aimer!

'Courrier du coeur', *Elle*, juillet 1959.

Texte 3.8 *Les idoles en vogue sont vouées au style James Dean*

« En lui », a voulu expliquer le cinéaste François Truffaut, « la jeunesse actuelle se retrouve tout entière, moins pour les raisons que l'on dit: violence, frénésie, noirceur, pessimisme, que pour d'autres, infiniment plus simples et quotidiennes: pudeur des sentiments, fantaisie de tous les instants, pureté morale sans rapport avec la morale courante, mais plus rigoureuse, goût éternel de l'adolescence pour l'épreuve, ivresse, orgueil et regret de se sentir en dehors de la société, refus et désir de s'y intégrer et, finalement, acceptation ou refus du monde tel qu'il est. »

'Chronique de l'année 1959', *Paris Match*

Texte 3.9 *Pourquoi et comment ces enfants sont devenus des Blousons Noirs*

« Une poubelle, c'est une messagère. La messagère de l'aurore » a écrit Charles dans un poème recueilli par le juge d'enfants. Charles est un « blouson noir » d'une intelligence supérieure. Il a volé des voitures. « Mon père est fort comme un Turc, mais c'est ma mère qui porte la culotte » a écrit Berthe au psychiatre. Berthe est le chef d'une bande de « blousons noirs ». Elle est d'une intelligence exceptionnelle. « Un jour ma mère s'est mal conduite », raconte encore Berthe. « Si jamais tu le dis à ton père, m'a-t-elle dit, je te mets en pension. Je l'ai dit à mon père. Il m'a répondu, Je m'en fous, toutes les femmes sont des p. . . . Dans mon coeur c'est resté gravé: j'avais huit ans. »

Christiane, 18 ans, son père a une grosse situation; sa mère sort beaucoup. Les parents de Christiane, stupéfaits d'apprendre la conduite de leur fille: « Ce n'est pas possible, elle est si pure! »

Fabi, 17 ans, « Je suis devenue la plus grande menteuse que la terre ait portée. Je me suis dit que les parents n'y comprenaient rien. » Fabi a eu une enfance de rêve. Fille unique, on ne lui refusait rien. A 16 ans elle a aimé passionnément un garçon. Elle ne lui a rien refusé. Les parents qui lui passaient tout sont devenus très sévères. Ils ont brisé cette idylle. « Maintenant je fais partie d'une bande », écrit Fabi à son oncle. « Lorsqu'on est ensemble, on est bien. Je voudrais redevenir la petite fille de mes rêves. C'est dur de vivre quand on a 17 ans. »

Ces enfants sont des « blousons noirs », garçons et filles, pauvres ou riches. Ils ont tous fait connaissance du juge d'enfants, les uns pour vol, d'autres pour violence, les filles pour s'être livrées parfois dès l'âge de 13 ans à l'inconduite.

Devant le juge, devant l'éducateur, jamais devant leurs parents, ils finissent par parler. Des mots terribles qui racontent toujours le même drame à trois personnages, celui qui met aux prises l'enfant, la mère, le père. C'est un drame aux formes infiniment variées. Le fond est le même. C'est l'échec de l'amour. Au dénouement, l'enfant est devenu un « voyou » qui frappe les passants à coups de chaîne de bicyclette, ou bien une pauvre fille, presque une prostituée. Le monde pour cet enfant mal aimé est une « poubelle », et vivre dans ce monde, c'est vivre dans la fureur, dans la violence, dans la révolte.

La révolte contre les parents, les adultes, la police, c'est le sens même de l'existence de ces adolescents en blue-jeans déteints à l'eau de Javel et en blousons de nylon noir qui se constituent en bandes, et commettent des méfaits de plus en plus graves.

Et bien sûr la société ne peut pas leur permettre d'envahir la rue, de brûler des voitures, de saccager des cafés, de rouer de coups des passants. Elle ne peut pas permettre les bagarres rangées à coups de chaîne de bicyclette. Elle doit interdire que de jeunes voyous chassent des squares, comme ils l'ont fait par exemple au square Saint-Lambert á Paris. . . .

Comment un adolescent devient-il membre d'une bande « blousons noirs »? Toutes les observations le prouvent, ce qui pousse un enfant à s'associer à une bande, c'est le malheur, la souffrance que lui a infligée sa famille, volontairement ou involontairement.

Tous les enfants malheureux ne deviennent pas des gangsters. Mais tous les jeunes voyous sont des enfants ravagés intérieurement par leur situation familiale. Et si le nombre d'enfants malheureux ne cesse d'augmenter, c'est que le monde actuel désagrège la famille. Dans une famille désagrégée l'enfant est en proie à un profond malheur qui fait bientôt naître en une furieuse révolte contre tout.

Extrait de 'Pourquoi et comment ces enfants sont devenus des blousons noirs', par Stanislas Fontaine, *Elle*, septembre 1959.

Texte 3.10 *L'insupportable Zazie*

Le phénomène Zazie a ravagé la France comme une épidémie. Dans les rues et dans le métro, à la montagne et sur les plages, on « parle Zazie » comme en 1900 on s'essayait à l'argomuche.[4]

Zazie, c'est le dernier des personnages inventés par Raymond Queneau, poète, écrivain, membre de l'Académie Goncourt. L'héroïne de son roman « Zazie dans le métro » (85.000 exemplaires vendus). Autour de la mince histoire d'une visite de Zazie à Paris, où son étrange mère la confie à son non moins étrange Tonton Gabriel – qui se prétend veilleur de nuit, pour ne pas avouer à son insupportable nièce

qu'il est 'danseuse de charme'[5] – la gamine révèle une personnalité ricanante, une philosophie simpliste, mais aggressive, dont la lucidité mordante douche sans cesse l'innocent optimisme des adultes. Son vocabulaire restreint mais percutant permet à Queneau, grand jongleur de mots, d'accumuler à chaque page des néologismes truculents, des orthographes parlés et de réjouissantes prouesses verbales.

Elle, septembre 1959

Zazie et les Invalides

– Zazie, déclare Gabriel en prenant un air majestueux trouvé sans peine dans son répertoire, si ça te plaît vraiment les Invalides et le tombeau véritable du vrai Napoléon, je t'y conduirai.

– Napoléon mon cul, réplique Zazie. Il m'intéresse pas du tout, cet enflé, avec son chapeau à la con.

–Qu'est-ce qui t'intéresse alors?

  Zazie répond pas.

– Oui, dit Charles avec une gentillesse inattendue, qu'est-ce qui t'intéresse?

– Le métro.

Zazie et la foire aux puces

– Ils vont à la foire aux puces, dit le type. . . .

– Ah, la foire aux puces, dit Zazie de l'air de quelqu'un qui veut pas se laisser épater, c'est là où on trouve des ranbrans pour pas cher, ensuite on les revend à un Amerlo[6] et on n'a pas perdu sa journée.

Zazie et le mariage

– Dites-moi, demanda Zazie sans bouger, pourquoi que vous êtes pas marié?

– C'est la vie.

– Pourquoi que vous vous mariez pas?

– J'ai trouvé personne qui me plaise.

  Zazie siffla d'admiration.

– Vzêtes rien snob, qu'elle dit.

Zazie rentre chez elle

– Alors tu t'es bien amusée?

– Comme ça.

– T'as vu le métro?

– Non.

– Alors, qu'est-ce que t'as fait?

– J'ai vieilli.

Extraits de Raymond Queneau, *Zazie dans le métro*, Gallimard, 1959.

45

4
The 1960s

Progress in the condition of women in the 1960s, which occurred largely on the level of their individual and personal life, cannot be dealt with without an understanding of the general climate of the Gaullist years leading up to 1968.

The year 1962 marked the end of the Algerian war and the beginning of a new era for France. The shock of the Algerian experience, combined with France's much reduced political status in the world as a result of the loss of French colonies in Africa and in the Far East, had enormous and far-reaching repercussions for France's economic, political, and cultural life, which are still very much present today. However, in the early 1960s, these were greatly alleviated by President de Gaulle's brilliant efforts to create political stability and economic growth. His chief success was to create the illusion of grandeur at a time when the very opposite was in fact the case. This was achieved mainly by a concentration on national issues, aided by France's role in the Common Market, as a means of gaining political prestige and economic prosperity. Thus a new national pride was revived while France prospered independently of the USA.

As a result of the long periods of strife leading up to 1962 there was a general dissaffection with national and party politics and an espousal of the politics of the individual. As France's affluence increased and consumerism grew, a new era of stability dawned. People began increasingly to turn in on themselves and to indulge in their private lives – 'la vie quotidienne' became the chief source of inspiration for studies in philosophy and sociology. People began to analyse the conditions of their own lives at home and at work and to examine human and social relations in general. Intellectual and social questions, which had been neglected during the period of

economic reconstruction of the 1950s and the Algerian crisis, became of prime importance.

Existentialism began to lose its hold, with the death of Camus in 1960 and the publication of de Beauvoir's *Mémoires* and Sartre's *Les Mots*. As Sartre said, 'the diminution of the urgency of need' created an interest in social conditions and questions of equality. But the new tendency was to want to understand the world rather than to transform it. *La Pensée sauvage* by Lévi-Strauss, published in 1960, heralded the new ideology of structuralism, which was to become the hallmark of French intellectualism of the 1960s. It was followed by Barthes' *Sur Racine* in 1963, Lacan's *Les Ecrits* in 1966, and Foucault's *Les Mots et les choses* in 1969. Structuralism was characterized by suspicion and cynicism with regard to the individual or group as 'subjects' or freely conscious entities. What was important was to discover the structures within which we operate, independent of historical context. As an ideology, it rebuffed classical humanism and Marxism, regarding the individual as illusory, as an invention, since it was structures that were believed to decide man and not man himself. The same applied to language, which became an instrument of interpretation, a 'thing' in itself to be analysed. Similarly, with the advent of the avant-garde and the 'Nouveau Roman', literature increasingly became the critic of literature itself. The aim of the exponents of the literary genre was, as the slogan went, 'dissoudre la littérature'. The obsession with style and technique in the 'Nouveau Roman' reflects, too, the growing influence of the technological age. The close links of the 'Nouveau Roman' with the cinema and cinematic styles of writing (Marguerite Duras' equal involvement in the cinema and the novel is a prime example) illustrate the new multi-dimensionality of the time. Critics of the technological renaissance embraced everything from art to space research.

Perhaps the greatest single influence of the technological era was that of television. De Gaulle's programme of stability and economic prosperity for France was intimately linked to his use of television as an instrument of political control. In fact, with growing state intervention and monopoly of the media, especially from 1966 onwards, television became the symbol of the authoritarian spirit and over-centralization. State censorship of television reflected the hierarchical, bureaucratic nature of the state machinery – reforms imposed without discussion, lack of communication between administrators and administered.

At the same time television was the transmitter of new ideas, discoveries, and social and scientific progress, and the vehicle of popular culture in the form of pop music and fashion. It was therefore an instrument of change as well as of control. The consumers who were most influenced by popular television culture were the young, the teenage generation that had exploded onto the scene as a result of the post-war baby boom. With its relative affluence, compared to the previous generation, it was able to create its own youth market and thus to impose its own demands and its own style.

As the number of pupils and students swelled to bursting point in schools and universities, so their educational needs increased, and their demands in relation to the work market. Further, it became increasingly obvious that the educational system was completely incompatible with the realities of life and work in the modern era. It was considered archaic and quite unadapted to modern needs, except as a hierarchical machinery of selection, feeding students into equally hierarchical work structures. Tensions mounted, and young people felt an increasing need to express their dissatisfaction. However, the repressive nature of educational establishments was such that any form of dialogue or expression of opinion was out of the question.

At the same time, workers and trade unions expressed their dissatisfaction with conditions of work: the monotony of the assembly line, and the invasion, as they saw it, of 'la vie quotidienne'. Denied any real say in their working lives, they demanded greater autonomy and participation in the process of production, refusing any longer to be treated like machines. Since, as in the educational system, these demands could not be met without sweeping changes in overall structures, what started as a social malaise became a crisis of authority.

In the case of the students and workers, the conflict with authority that led to the events of May 1968 was a battle against its visible representatives, namely school and university teachers, management, and an increasingly aggressive police force. These, for them, were the symbols of Gaullist authoritarianism. As students stormed the lecture theatres or joined forces with the striking workers against the police, Marxist ideology was revived, in particular, the concept of alienation. However, the accent now was on individuality and freedom of expression rather than on economic relations.

The slogans of the late 1960s, symbols of free expression in themselves, illustrate the spirit of protest of the period:

L'imagination prend le pouvoir.
La société de consommation doit périr de mort violente.
Libération de la parole d'abord.
Ici on spontane.
Ceux qui parlent de révolution et de lutte des classes sans se référer à la réalité de la vie quotidienne parlent avec un cadavre dans la bouche.

The revolution which erupted in May 1968 was primarily one of action over ideas, spontaneity over (Gaullist) repression, a concern with the realities of everyday life, rather than with illusions of national 'grandeur' or 'gloire'. As one prominent critic[1] said: 'En mai dernier on a pris la parole, comme on a pris la Bastille en 1789.'

In the momentary euphoria of 1968 all aspects of everyday life, work, home, leisure, and the family were questioned; there was a belief that the status quo could indeed be changed and no longer needed to be accepted as inevitable. Everywhere the accent was on freedom. The rigidity of marriage and the notion of the couple were questioned also. The family was seen as a reproductive machine. Free union was promoted, as was the separation of sex and reproduction. The Comité of 1968, set up by university students, drew up pronouncements on the family and the couple:

Il n'y a pas de famille. La famille est irréelle et ne subsiste que par la fascination qu'elle exerce sur les esprits aliénés.
Le couple n'existe pas – seule la profonde aliénation de l'individu peut expliquer des revendications aussi aberrantes.
Sexualité et reproduction sont deux choses totalement différentes.

Because of their role in the reproductive machine, and also because women workers tended to be the ones who were most exploited on the assembly line, the condition of women became one of the main areas of interest. Later in 1968, male and female workers, and students became the chief source of protest and the protagonists of change.

Women's main concerns in the 1960s were the conditions of their everyday lives – marriage, motherhood, sexuality, contraception, and conditions of work. In all cases the predominant concern was with freedom of expression and independence – material independence within marriage, freedom to choose motherhood or to use contraception if desired, and equality of educational opportunity in order to obtain jobs of one's own choice and financial independence. Everywhere, the apparent inevitability of women's condition was questioned. Novelists like Christiane Rochefort wrote about the plight of working-class girls trapped in situations where lack of money and education forces even the intelligent or the rebellious into very early marriages and dead-end lives.

Although overall there was a considerable increase in the 1960s in scholarity for girls, compared with that for boys – by 1968 there were almost equal numbers of girls and boys passing the baccalauréat and entering university – the curriculum was such that a far higher proportion of girls went into 'l'enseignement classique et moderne', which provided a more general type of education, rather than 'l'enseignement technique', dominated by boys, which was directed towards more specific areas of training for the job market (see Tableaux 4.1 and 4.2). Thus, working-class girls who left school at sixteen were disadvantaged compared to working-class boys, and

continued to be underqualified and ill-equipped for anything but the most inferior jobs.

The heroine of Christiane Rochefort's *Les Petits Enfants du siècle* regrets not being able to stay on at school, then finding that going out with boys is the only activity left open to her, she gets pregnant and marries. Sophie, in the same author's *Les Stances à Sophie*, marries a man above her social class, with whom she has very little in common, in order to obtain financial security. The alternative would be one of the tedious jobs that girls of her own class were forced to do, or prostitution. Both girls, however, are striking in the strength of their personalities and the perspicacity with which they view their situation.

This contrasts greatly with the female protagonists of de Beauvoir's *La Femme rompue*, which also deals with marriage, but in a very different milieu. This short story describes a woman's failure to assume any form of independence, either emotional or material, from her husband, a well-off professional who abandons her for a more dynamic woman. The wife and the mistress illustrate the tensions that exist between the traditional wife, who is wholly dependent on her husband and family, and the modern working woman, who assumes equality with men. 'La femme rompue' is forced to examine her situation but founders because she would rather wallow in self-deception.

In 1964 the average age at which women in France got married was 22.8 years (25.1 for men), younger than in 1900. Because the mortality rate was in constant decline, the average length of time a couple could expect to live together extended to forty years. Although this did not have an immediate effect on the divorce rate – in fact, it tended to stabilize in the 1960s after the sharp rise in the post-war period – it attracted growing attention to the married state.

In March 1965 a new marriage law was introduced which marked a major breakthrough in women's emancipation and was described as 'une nouvelle condition juridique'. The tendency of French law always to assure primacy of the family over the individual, a principle that invariably favoured the husband, was greatly modified. Previously, a married couple could choose between two matrimonial regimes: 1) 'la communauté des meubles et acquêts', which was the most common, where the accent was on joint ownership of property, which could be administered by the husband without the wife's consent; and 2) 'la séparation des biens', where women had in theory greater rights of disposition of their own revenue, but in practice required the consent of their husband in all financial transactions. Once chosen, the regime was unchangeable. After 1965, the 'communauté réduite aux acquêts' – an adaptation of 1) above – was adopted as the legal regime and applied automatically if no other was requested, though it could be tried out or changed if required, exercising the right of 'participation aux acquêts', or greater rights over disposition of property by both parties (see Tableau 4.3). The most important change was that the husband no longer had the right to dispose of joint property without his wife's consent and could no longer administer property that his wife had acquired before marriage. Now the wife enjoyed full rights over her own property, and she was also allowed to administer the household and education of the children. Her work in the house was recognized as a contribution to the household and she could open a bank account without her husband's consent. In addition, the husband lost his right to oppose his wife's desire to work. The law therefore brought much greater equality for women in marriage and also greater responsibility, as the husband was no longer responsible for his wife's debts.

One of the problems explored by de Beauvoir in *La Femme rompue* is that of reconciling loyalty to husband and children with some form of personal independence and fulfilment through work. In the 1960s the heroine of de Beauvoir's book was the norm rather than the exception. Opinion polls carried out in 1968 show (see Tableau 4.5) that marriage and the birth of their children was women's main motive for leaving the work market. Another major factor was lack of appropriate qualifications. A great many women, in fact, married before completing their course of study and were thus greatly handicapped if they wanted to take up work again after having their children. The more highly qualified and better educated women were, the more likely they were to work (see Tableau 4.7); a successful career and early marriage were therefore incompatible. Furthermore, childcare facilities were completely inadequate, particularly in the industrial areas of the north or the department of Rhône-Alpes where the need was greatest. In 1964 there was an average of three places available in child-minding establishments per thousand women. For working-class women it was often more financially viable to have large numbers of children paid for by the 'allocation familiale'[2] than to go out to work and pay for the luxury of a 'nourrice'. Christiane Rochefort's *Les Petits Enfants du siècle* satirizes this state of affairs (see Texte 4.8).

Of the women who worked, the largest proportion were aged between sixteen and twenty-five (see Tableau 4.10). These tended to occupy the 'secteur tertiaire',[3] while men tended to dominate the industrial sector. Areas occupied almost exclusively by women were the domestic services (94 per cent) and clothing industries (81 per cent). There were also high percentages of women in teaching (58 per cent – although training at the Ecoles Normales or teacher training colleges was not quite equivalent to that received by men, meaning that far more women went into the primary than the secondary sector), textiles, banking and insurance, public services, and commerce.

With the large influx of Algerians into the industrial sector from 1962 onwards, to meet the greater need for manual labour, and the consequent increase in the number of people looking for better-paid jobs in the 'secteur tertiaire', a saturation of the market for office and commercial work began to develop, and there was a marked increase in unemployment. The 30 per cent decline in agricultural work for women (25 per cent for men) and the decline of the textile industry, especially in the Vosges (eastern France) where the workforce was almost exclusively female, also contributed to female unemployment.

A major area of progress for women in France in the 1960s, besides the improvement in the marriage laws, was the spread in the use of contraception and its legalization in December 1967 with the introduction of the 'loi Neuwirth'. (The next chapter deals with the problems and consequences of the restrictions of the law in greater detail.) Although the 'Mouvement pour le Planning Familial'[4] had tried to bring about changes in attitudes to birth control in the

1950s, contraception did not become a subject of public debate until the showing of a television programme in October 1960. Its impact was tremendous, and the questions to the panel illustrated the extreme ignorance of the average questioner. The press, particularly *Le Monde* and *Paris Match*, seized on reports on the lack of ill-effects of the pill and published articles in the mid-1960s; one such article in *Paris Match* was entitled 'Feu vert pour la pilule'. Although de Gaulle remained opposed to the use of the pill, supported by the Catholic church and official spokesmen of the medical profession, all ministers were in favour of it by June 1967, and the pill began to be prescribed in certain clinics from 1966 onwards. Doctors were forced to acknowledge its use and to offer appropriate advice and health care; legislation became a necessity. In July 1967 the bill was passed at the Assemblée Nationale. However, reactionary attitudes in the Sénat and the proclamation of 'une flambée d'érotisme' meant that the 'loi Neuwirth' turned out to be very restrictive; information remained minimal, and contraception was often not prescribed where it was most needed.

Refusal of sexual restraint became a major preoccupation of the 1960s. Marriage was seen as a particular threat to woman's sexual freedom. For example, Sophie, in Rochefort's *Les Stances à Sophie*, regards marriage as confinement in a nunnery, while in a more positive vein, marriage to a boy she loves marks the end of the sexual adventures of the heroine of *Les Petits Enfants du siècle*. Séverine, a married middle-class woman in Buñuel's film *Belle de jour*, acts out her fantasies as a day-time prostitute. It is her act of dissimulation here and the antithesis between her state as married woman and prostitute that gives her a perverted notion of freedom. Similarly, Albertine, the heroine of Sarrazin's *L'Astragale*, savours a dubious kind of freedom as a prostitute in Paris while on the run from prison. Prostitution, crime, and escape from prison are ways of experiencing life and danger to the limit. The relationship between Albertine and her lover Julien, a companion in crime, thrives on unpredictability and suspense. In Marguerite Duras' film *La Musica* the heroine plays out the freedom and danger of absolute passion within her marriage. The impossible relationship ends in an inevitable crime of passion, which elevates it to its former intensity.

As the fashions of the 1960s reveal, freedom for women was associated with a rejection of femininity – riding a motorbike like a man and wearing unisex clothes – or with the breaking of taboos – topless bathing in Saint-Tropez for the first time in 1964 and mini-skirts.

By 1968 the accent was on freedom of expression. Women demanded the right to be heard – though that still meant the right to be heard by men. Françoise Parturier's *Lettre ouverte aux hommes*, published in 1968, marks one of the first of an abundant series of works dealing with women's liberation. Addressed to men, it is in the form of letters and dialogues covering all aspects of woman's 'libération', from her apparent sexual freedom to her lack of emancipation in the workplace. By pointing the finger at male prejudice and complacency towards women as the reason for their 'colonisation', however, it poses far more questions than it answers. Thus, though it reflected woman's growing consciousness on a personal level and her growing awareness of the role she played in her everyday life, it represented only a rudimentary stage in the quest for answers and practical solutions that began in 1968. After May 1968 women expressed publicly the grudges they had been harbouring privately for decades. The preceding years of the 1960s represented the necessary period of ferment.

DOCUMENTS

Texte 4.1 *Education*

Le printemps arriva. L'été. Puis l'hiver.

J'avais eu mon Certificat du premier coup; manque de pot; j'aurais bien tiré un an de plus, mais ils me reçurent. Je ne pourrais plus aller à l'école.

A l'Orientation[1] ils me demandèrent ce que je voulais faire dans la vie. Dans la vie. Est-ce que je savais ce que je voulais faire dans la vie? « Alors? » dit la femme.

– Je ne sais pas.

– Voyons: si tu avais le choix, supposons.

La femme était gentille, elle interrogeait avec douceur, pas comme une maîtresse. Si j'avais le choix. Je levai les épaules. Je ne savais pas.

Tableau 4.1 Evolution des taux de scolarité par âge au 1er janvier de chaque année (en %)

Age en années révolues	Garçons				Filles			
	1955	1960	1965	1970	1955	1960	1965	1970
14 ans (1)	56,0	63,7	70,1	100,0	59,7	70,3	78,2	100,0
15 — (1)	44,2	50,2	55,5	100,0	49,8	59,0	66,7	100,0
16 —	36,3	43,1	49,2	54,5	39,7	48,6	56,2	62,6
17 —	24,8	30,7	36,2	41,2	26,4	34,2	41,1	47,3
18 —	16,1	21,9	27,3	32,3	15,7	22,5	28,6	34,3
19 —	11,2	15,1	18,6	22,1	10,0	15,0	19,6	24,1
20 —	9,2	11,2	13,2	15,2	6,6	9,8	12,8	15,8
21 —	7,1	8,2	9,3	10,3	4,3	6,0	7,5	9,0
22 —	4,9	5,9	6,8	7,8	2,7	3,7	4,7	5,7
23 —	3,7	4,3	4,9	5,4	1,8	3,0	2,5	3,6
24 —	2,7	3,3	3,8	4,2	1,6	2,1	2,7	3,2
25 —	1,1	1,1	1,1	1,3	0,8	0,8	0,9	1,1

(1) Evolution spontanée et compte tenu de la prolongation obligatoire de la scolarité jusqu'à 15 ans au 1er janvier 1968 et jusqu'à 16 ans au 1er janvier 1969.

Source: Projections démographiques INSEE, 1963.

Tableau 4.2 Répartition des effectifs scolarisés (1) en 1963–1964 (Effectifs en milliers)

	Classes matern. et enfantines	Classes primaires	Classes secondaires		Ecoles normal. d'instituteurs	Universités	Ensemble des effectifs
			Classiq. et mod.	Technique			
				(2)			
Garçons	809,7	2 892,3	1 167,1	327,4	13,2	160,9	5 370,6
Filles	787,7	2 775,9	1 239,3	290,1	16,2	123,3	5 232,5
Total	1 597,4	5 668,2	2 406,4	617,5	29,4	284,2	10 603,1
% de filles par rapport au total	49,3	48,9	51,5	47,0	55,1	43,3	49,4

(1) Enseignement public et privé.
(2) Non compris les écoles de formation ménagère familiale.

Source: Annuaire statistique 1965.

– Je ne sais pas.

– Tu ne t'es jamais posé la question?

Non. Je ne me l'étais pas posée. Du moins pas en supposant que ça appelait une réponse; de toute façon ça ne valait pas la peine.

On m'a fait enfiler des perles à trois trous dans des aiguilles à trois pointes, reconstituer des trucs complets à partir de morceaux, sortir d'un labyrinthe avec un crayon, trouver des animaux dans des taches, je n'arrivais pas a en voir. On m'a fait faire un dessin. J'ai dessiné un arbre.

– Tu aimes la campagne?

Je dis que je ne savais pas, je croyais plutôt que non.

51

The condition of women in France

– Tu préfères la ville?

A vrai dire je crois que je ne préférais pas la ville non plus. La femme commençait à s'énerver. Elle me proposa tout un tas de métiers aussi assommants les uns que les autres. Je ne pouvais pas choisir. Je ne voyais pas pourquoi il fallait se casser la tête pour choisir d'avance dans quoi on allait se faire suer. Les gens faisaient le boulot qu'ils avaient réussi à se dégotter, et de toute façon tous les métiers consistaient à aller le matin dans un truc et y rester jusqu'au soir. Si j'avais eu une préférence ç'aurait été pour un où on restait moins longtemps, mais il n'y avait pas.

– Alors, dit-elle, il n'y a rien qui t'attire particulièrement?

J'avais beau réflechir, rien ne m'attirait.

– Tes tests sont bons pourtant. Tu ne te sens aucune vocation?

Vocation. J'ouvris des yeux ronds. J'avais lu dans un de ces bouquins l'histoire d'une fille qui avait eu la vocation d'aller soigner les lépreux. Je ne m'en ressentais pas plus que pour être bobineuse.

– De toute façon, dit la mère, ça n'a pas d'importance qu'elle ne veuille rien faire, j'ai plus besoin d'elle à la maison que dehors. Surtout si on est deux de plus. . . .

On croyait que c'était des jumeaux cette fois.

Tout de suite ce qui me manqua, c'est l'école. Pas tellement les classe en elle-même, mais le chemin pour y aller, et, par-dessus tout, les devoirs le soir. J'aurais peut-être dû dire à l'orienteuse que j'aimais faire des devoirs, il existait peut-être un métier au monde où on fait ses devoirs toute sa vie. Quelque part, je ne sais pas. Quelque part.

Christiane Rochefort, *Les Petits Enfants du siècle*, Grasset, 1961

Texte 4.2

Ce qu'il y a avec nous autres pauvres filles, c'est qu'on n'est pas instruites. On arrive là-dedans, sans véritable information. On trouve le machin déjà tout constitué, en apparence solide comme du roc, il paraît que ç'a toujours été comme ça, que ça continuera jusqu'à la fin des temps, et il n'y a pas de raison que ça change. C'est la nature des choses. C'est

ce qu'ils disent tous, et d'abord, on le croit: comment faire, sans références? Parfois, on s'étonne: c'est tout de même un peu gros; mais, pour réaliser que c'est simplement bête, ça demande du temps, et une bonne tête. En attendant, il faut se le faire. En particulier les bonshommes, qui sont pour ainsi dire notre champ de manœuvres naturel, et envers qui, par suite d'une loi d'indétermination malencontreuse, nous éprouvons des faiblesses qui nous brouillent l'esprit et nous jettent dans les contradictions, quand ce n'est pas dans l'imbécilité. La vérité, c'est que dès qu'on tombe amoureuse on devrait mettre des boules quiès. Mais on n'est justement pas, à ce moment-là, en condition d'y songer.

Christiane Rochefort, *Les Stances à Sophie*, Grasset, 1963

MARRIAGE

Texte 4.3

Je n'aurais pas dû abjurer pour faire plaisir à Madame Aignan. Madame Aignan ne vaut pas une abjuration. Personne d'ailleurs. Je n'aurais pas dû, c'est tout. J'ai commis une faute. Mais, à quel Dieu en demander pardon et grâce? Les chrétiens ont de la chance, ils ont quelqu'un. Nous, on doit se débrouiller seuls. Je ne vais pas me pardonner ça. Ce n'était pas vrai, son raisonnement. Je me suis laissé avoir. Et maintenant faudra-t-il pour être en règle aller me faire excommunier à Rome?

Ils disent que l'amour excuse tout. Je n'en suis pas sûre. Allons, en route, Philippe – tiens, il est là? – m'ouvre la portière avec cérémonie. Je crois que mon bas a craqué. Du calme, il n'y a plus que le déjeuner à tirer. Et après, la vie. Chauffeur, au Carmel.[2]

– En tout cas nous avons une belle journée, note Irène, quand nous nous déversons tous en tas chez les Aignan, où se fait le déjeuner, puisque la mariée n'a pas de famille. Pas un nuage, dit-elle. C'est rare à cette saison. Nous avons de la chance, conclut-elle.

– Est-ce qu'il faut pas plutôt qu'il pleuve à un mariage pour que ça marche? dit Bruno, que les noces de son Aîné ne semblent pas porter à la charité. J'ai entendu dire ça.

Tableau 4.3 Principales caractéristiques du régime légal

	EN VIGUEUR *Jusqu'au 1er février 1966*		ACTUEL *Depuis le 1er février 1966*		MODIFICATIONS
	COMMUNAUTE de Meubles et Acquêts		COMMUNAUTE réduite aux Acquêts		
Biens propres des époux	Immeubles {	possédés lors du mariage hérités au cours du mariage	Tous les biens meubles et immeubles {	possédés lors du mariage hérités pendant le mariage	Extension des biens propres
Biens communs	Immeubles acquis au cours du mariage à titre onéreux[3] Tous les biens Meubles Les revenus des biens propres		Economies réalisées sur les revenus des biens propres Meubles et immeubles acquis durant le *mariage* à titre onéreux		La communauté perd l'usufruit des propres[4]
GESTION	*des propres:* Administration par le mari qui ne peut en disposer *des communs:* Administration par le mari: droit d'en disposer à titre onéreux sans consentement de la femme		*des propres:* Administration par chaque époux *des communs:* Administration par le mari: droit d'en disposer avec le consentement de la femme		Le mari n'est plus le chef, mais l'administrateur de la communauté

Source: Ministère de la Justice.

– Je ne sais pas où tu as put entendre dire ça, lui répond sa mère. Ça n'existe pas. Tu as dû l'inventer.

– Je l'ai entendu, dit Bruno.

– Moi aussi maman, appuie Stéphanie.

– Ce sont des histoires de bonnes femmes, dit leur mère avec un regard furieux auquel les chérubins paraissent peu sensibles.

– Peut-être à la campagne, dit Irène pour arranger les choses.

– Non, c'était au cinéma, dit Stéphanie.

– Je veux dire, précise Irène, c'est peut-être vrai à la campagne, où le climat a beaucoup d'importance. Pour l'agriculture. Mais ici. . . .

– Vous n'êtes pas trop fatiguée, Céline? interroge Madame Aignan pour tenter d'écraser le coup.

Je suis abrutie. Vannée. Qu'ai-je donc tant fait, rien pourtant. Me marier. Où est Philippe? Il parle avec son père. Si on veut ne plus se connaître il suffit de se marier. Quand je pense qu'autrefois nous couchions ensemble! Quand je le voyais arriver dans ce temps-là, mon cœur sautait de joie. Qu'est-ce que

je fais là? Je ne connais personne, sauf Camille, à qui je m'accroche comme une huître.

– Tu as l'air perdue, ma pauvre.

– Je le suis. Je ne connais personne ici. Si on allait ailleurs?

– Ça te va comme un gant à un poisson rouge d'être mariée. Comment as-tu fait?

– Je ne me souviens plus bien. Il y avait une histoire affreuse, avec des huîtres. Après, j'ai dormi. Je pense qu'il s'agit d'un électro-choc. Je me suis réveillée ce matin, en grand deuil; trop tard, la messe était payée.

Christiane Rochefort, *Les Stances à Sophie*, Grasset, 1963

Texte 4.4

Il a raison, dit Julia. Pourquoi tu discutes avec lui? Qu'est-ce que tu crois qu'il y a à apprendre à parler avec eux? C'est des mondes différents. Tu n'en as rien à foutre de son business. Tu es sa femme, pas son associée. Il n'y a qu'une chose qui te concerne là-dedans: qu'il ramasse le fric et que toi tu le bouffes. On dirait que tu n'arrives pas à comprendre ce que c'est que le mariage, ça devrait pourtant rentrer à force qu'on te mouche. Laisse-les causer. Dis oui. Arrange-lui ses petits comptes. Qu'il soit content et toi tranquille. T'es un peu cloche dans le fond.

Philippe aime bien me voir fréquenter les femmes de ses amis. Il attend beaucoup de leur exemple et de leur influence sur moi, meilleure que celle de mes relations passées, desquelles je me suis éloignée de plus en plus; du reste, je n'ai plus grand-chose à leur dire; peut-être elles non plus. Peu à peu, doucement, je m'y mets. On apprend, on apprend. Tous les soirs j'inscris dans un carnet les dépenses de la journée, ça exerce la mémoire et ça occupe l'esprit, papier w.c., poubelle en plastique, sac à linge sale, pendant ce temps-là on ne pense pas mal; à la fin du mois j'additionne. Quand on ne fait pas les comptes l'argent part en fumée, dit Philippe, après on ne le retrouve plus. Tandis qu'avec les comptes on sait où il est. C'est bien vrai: où ont bien pu passer ces vingt mille balles? Eh bien on arrive à le savoir comme ça, à les Retrouver, et en y mettant du sien on en retrouve même plus. On est rassuré. On peut aller dormir. Là Philippe vient contre moi, et me fait l'amour. La journée est terminée. Demain une autre se lèvera, à huit heures, avec la voix de Juana nous priant de passer à table. Comment ne pas obéir? Les bols sont posés là-bas l'un en face de l'autre, le café est en train de perdre son arôme, le lait refroidit, les œufs durcissent, et Juana perd son temps alors qu'elle a tant à faire, et on ne peut pas faire perdre à Juana le temps qu'on lui paie, ce serait du gâchis; Philippe est debout, tout armé, piaffant, au seuil d'une journée richement jalonnée de rendez-vous, conseils et projets, planification, et qui n'attend plus que moi pour s'ébranler. Toute une journée m'attend; une maison m'attend; je bloque la marche du temps, moi petite mouche indolente là dans le lit où maintenant seule je m'étale, bien chaud. Alors, tu te lèves? On n'attend plus que toi. Comment résister? Trop de forces sont conjurées contre mon dérisoire sommeil.

L'expérience m'a vite montré que la résistance aux assauts était pour ce sommeil sacré plus néfaste que les assauts même; tant il est vrai que rien n'éveille l'esprit comme l'affirmation d'un principe; dans

l'affirmation de celui-ci: il ne sert de rien que je me lève aussi, mon esprit se dressait tout armé dans une colère agapactique, et me voilà bien avancée. N'affirmons rien, flottons: je délègue parmi eux mon fantôme au premier appel; je me mets en pilote automatique; ce brave robot, évitant tous bruits et mouvements brusques susceptibles de troubler mon repos, s'en va beurrer des tartines, les tremper, en visant soigneusement le centre du bol afin de ne provoquer aucun accident, en particulier la Tartine-tombant-dans-le-café, et alors après pour la repêcher on s'en fout plein les doigts et elle ressort toute spongieuse, son beurre fondu, dégueulasse. Après le café au lait est gras. Et moi robot ou pas robot, j'ai horreur des sensations déplaisantes comme ça dès le matin, ça donne une mauvaise impression de la vie en général, et moi, le matin, je dors comme ça d'un œil, même des deux, mais le troisième au fond ne va pas si mal que ca, il vit, il grouille de vie même, et il connaît parfaitement son intérêt, le mien qui est d'écarter de nous toute peine et en particulier la pire qui puisse être faite à l'âme, savoir la Connerie. Moi, le matin, j'ai une âme, elle vaut ce qu'elle vaut mais c'est la mienne et je dois faire avec, et le matin, je suis dedans bien au chaud, bien rassemblée, bien unifiée, fidèle, un pied dans le rêve, un pied dans la vie, si seulement elle se présentait devant moi dans la lumineuse beauté à laquelle, le matin, je crois. Il n'est pas vrai que le matin je dors, la vérité c'est que je ne suis pas encore endormie dans les irréalités du jour. Le matin j'ai la foi; je ne l'ai pas encore perdue. Le matin je suis moi, moi le matin je m'aime moi le matin moi je.

Christiane Rochefort, *Les Stances à Sophie*, Grasset, 1963

DIVORCE

Texte 4.5

Demander au public de lire entre les lignes, c'est dangereux. J'ai réitéré cependant. J'avais récemment reçu les confidences de plusieurs femmes d'une quarantaine d'années que leurs maris venaient de quitter pour une autre. Malgré la diversité de leurs caractères et des circonstances, il y avait dans toutes

Tableau 4.4 Evolution du nombre des divorces et des séparations de corps

	Divorces			Séparations de corps prononcées
	Prononcés	Précédés de séparation de corps	Transcrits	
1946	64 064	2 701	51 946	5 237
1948	45 903	1 488	47 015	4 559
1952	33 013	1 701	32 532	4 087
1955	31 268	1 799	29 185	4 097
1959	29 924	1 665	26 446	4 002
1960	30 182	1 601	27 840	4 060
1961	30 809	1 584	28 667	4 081
1962	30 570	1 604	27 497	3 971
1963	30 288	–	28 101	–
1964	33 250	–	29 352	–

87 départements.

Source: INSEE.

leurs histoires d'intéressantes similitudes: elles ne comprenaient rien à ce qui leur arrivait, les conduites de leur mari leur paraissaient contradictoires et aberrantes, leur rivale indigne de son amour; leur univers s'écroulait, elles finissaient par ne plus savoir qui elles étaient. . . . l'idée m'est venue de donner à voir leur nuit. J'ai choisi pour héroïne une femme attachante mais d'une affectivité envahissante; ayant renoncé à une carrière personnelle, elle n'avait pas su s'intéresser à celle de son mari. Intellectuellement très supérieur à elle, celui-ci avait depuis longtemps cessé de l'aimer. Il s'éprenait très sérieusement d'une avocate plus ouverte, plus vivante que sa femme et beaucoup plus proche de lui. Peu à peu il se libérait de Monique pour recommencer une nouvelle vie.

Il ne s'agissait pas pour moi de raconter en clair cette banale histoire, mais de montrer, à travers son journal intime, comment la victime essayait d'en fuir la vérité. . . . Elle tisse elle-même les ténèbres dans lesquelles elle sombre au point de perdre sa propre image. J'aurais voulu que le lecteur lût ce récit comme un roman policier; j'ai semé de-ci de-là des indices qui permettent de trouver la clé du mystère: mais à condition qu'on dépiste Monique comme on dépiste un coupable. Aucune phrase n'a en soi son sens, aucun détail n'a de valeur sinon replacé dans l'ensemble du journal. La vérité n'est jamais avouée: elle se trahit si on y regarde d'assez près. . . .

La femme rompue est la victime stupéfaite de la vie qu'elle s'est choisie: une dépendance conjugale qui la laisse dépouillée de tout et de son être même quand l'amour lui est refusé. On chercherait en vain des moralités dans ces récits; proposer des leçons, non; mon intention était tout autre. On ne vit qu'une vie mais par la sympathie on peut parfois sortir de sa peau. J'ai souhaité communiquer à mes lecteurs certaines expériences auxquelles j'ai ainsi participé. Je me sens solidaire des femmes qui ont assumé leur vie et qui luttent pour la réussir; mais cela ne m'empêche pas – au contraire – de m'intéresser à celles qui l'ont plus ou moins manquée et, de manière générale, à cette part d'échec qu'il y a dans toute existence.

S. de Beauvoir, 'La Femme rompue', dans *Les Ecrits de Simon de Beauvoir*, Claude Francis et Fernande Gontier (eds), Gallimard, 1979

Texte 4.6

Samedi 2 octobre. Matin.

Ils sont en pyjama, ils boivent du café, ils sourient. . . . Cette vision-là me fait mal. Quand on se cogne à une pierre, on sent d'abord le choc, la souffrance vient après: avec une semaine de retard, je commence à souffrir. Avant, j'étais plutôt éberluée. Je ratiocinais, j'écartais cette douleur qui fond sur moi ce matin: les images. Je tourne en rond dans l'appartement: à chaque pas j'en suscite un autre. J'ai ouvert son placard. J'ai regardé ses pyjamas, ses chemises, ses slips, ses maillots de corps; et je me suis mise à pleurer. Qu'une autre puisse caresser sa joue à la douceur de cette soie, à la tendresse de ce pullover, je ne le supporte pas.

J'ai manqué de vigilance. J'ai pensé que Maurice prenait de l'âge, qu'il travaillait avec excès, que je devais m'accommoder de sa tiédeur. Il s'est mis à me considérer plus ou moins comme une sœur. Noëllie a réveillé ses désirs. Qu'elle ait ou non du tempérament, elle sait certainement comment se conduire au lit. Il a retrouvé la joie orgueilleuse de combler une femme. Coucher, ce n'est past seulement coucher. Il y a entre eux cette intimité qui n'appartenait qu'à moi. Au reveil, est-ce qu'il la niche contre son épaule en l'appelant ma gazelle, mon oiseau des bois? Ou lui, a-t-il inventé d'autres noms qu'il dit avec la même voix? Ou s'est-il inventé aussi une autre voix? Il se rase, il lui sourit, les yeux plus sombres et plus brillants, la bouche plus nue sous le masque de mousse blanche. Il apparaissait dans l'embrasure de la porte, avec dans les bras, enveloppé de cellophane, un grand bouquet de roses rouges: est-ce qu'il lui apporte des fleurs?

On me scie le cœur avec une scie aux dents très fines.

S. de Beauvoir, 'La Femme rompue', dans *Les Ecrits de Simone de Beauvoir*, Gallimard, 1979.

Texte 4.7

Vers une heure la clé a tourné dans la serrure et il y a eu ce goût affreux dans ma bouche, le goût de la peur. (Le même exactement que lorsque j'allais voir à la clinique mon père agonisant.) Cette présence familière comme ma propre image, ma raison de vivre, ma joie, c'est maintenant cet étranger, ce juge, cet ennemi: mon cœur bat de frayeur quand il pousse la porte. Il est venu vers moi très vite, il m'a souri en me prenant dans ses bras:

– Bon anniversaire, mon chéri.

J'ai pleuré sur son épaule, avec douceur. Il caressait mes cheveux:

– Ne pleure pas. Je ne veux pas que tu sois malheureuse. Je tiens à toi.

– Mais tu ne m'aimes plus d'amour?

– Il y a tellement d'espèces d'amour.

Nous nous sommes assis, nous avons parlé. Je lui parlais comme à Isabelle . . . avec confiance, amitié, détachement: comme s'il ne s'était pas agi de notre histoire. C'était un problème que nous discutions, impartialement, gratuitement, comme nous en avons discuté d'autres. Je me suis de nouveau étonnée de son silence de huit années. Il m'a répété:

– Tu disais que tu mourrais de chagrin. . . .

– Tu me le faisais dire: l'idée d'une infidélité semblait tellement t'angoisser. . . .

– Elle m'angoissait. C'est pour ça que je me suis tu: pour que tout se passe comme si je ne te trompais pas. . . . C'était de la magie. . . . Et aussi évidemment, j'avais honte. . . .

J'ai dit que je souhaitais surtout comprendre pourquoi cette année il m'avait parlé. Il a admis que c'était en partie parce que ses rapports avec Noëllie l'exigeaient, mais aussi, a-t-il dit, il pensait que j'avais droit à la vérité.

– Mais tu n'as pas dit la vérité.

– Par honte de t'avoir menti.

Il m'enveloppait de ce regard sombre et chaud qui semble l'ouvrir à moi jusqu'au plus profond de son cœur, tout entier livré, semblait-il, innocent et tendre, comme autrefois.

– Ton plus grand tort, lui ai-je dit, c'est de m'avoir laissée m'endormir dans la confiance. Me voilà, à quarante-quatre ans, les mains vides, sans métier, sans autre intérêt que toi dans l'existence. Si tu m'avais prévenue il y a huit ans, je me serais fait une vie indépendante et j'accepterais plus facilement la situation.

– Mais Monique! m'a-t-il dit d'un air stupéfait. J'ai énormément insisté, il y a sept ans, pour que tu prennes ce secrétariat à la Revue médicale. C'était dans tes cordes et tu pouvais arriver à un poste intéressant: tu n'as pas voulu!

J'avais presque oublié cette proposition tellement elle m'avait semblé inopportune:

– Passer la journée loin de la maison et des enfants, pour cent mille francs par mois, je n'en voyais pas l'intérêt, ai-je dit.

– C'est ce que tu m'as répondu. J'ai beaucoup insisté.

– Si tu m'avais dit tes vraies raisons, que je n'étais plus tout pour toi et que je devais moi aussi prendre mes distances, j'aurais accepté.

– Je t'ai de nouveau proposé de travailler à Mougins. Tu as de nouveau refusé.

– A ce moment-là, ton amour me suffisait.

– Il est encore temps, a-t-il dit. Je te trouverai facilement une occupation.

– Tu crois que ça me consolerait? Il y a huit ans ça m'aurait semblé moins absurde; j'aurais eu plus de chances d'arriver à quelque chose. Mais maintenant!

Nous avons beaucoup piétiné là-dessus. Je sens bien que ça soulagerait sa conscience s'il m'offrait quelque chose à faire. Je n'ai aucune envie de la soulager. . . .

C'était doux de parler avec lui, amicalement, comme autrefois. Les difficultés s'amenuisaient, les questions se dissipaient en fumée, les événements fondaient, le vrai et le faux se noyaient dans un chatoiement de nuances indistinctes. Rien au fond ne s'était passé. Je finissais par croire que Noëllie n'existait pas. . . . Illusion, prestidigitation. En fait, ce bavardage n'a rien changé à rien. On a donné d'autres noms aux choses: elles n'ont pas bougé. Je n'ai rien appris. Le passé reste aussi obscur. L'avenir aussi incertain.

S. de Beauvoir 'La Femme rompue', dans *Les Ecrits de Simone de Beauvoir*, Gallimard, 1979

CHILDREN

Texte 4.8

Elle eut un garçon. Elle ne faisait que des garçons, et elle en était fière. Elle fournirait au moins un peloton d'exécution à la patrie pour son compte; il est vrai que la patrie l'avait payé d'avance, elle y avait droit. J'espérais qu'il y aurait une guerre en temps voulu pour utiliser tous ce matériel, qui autrement ne servait pas à grand-chose, car ils étaient tous cons comme des balais. Je pensais au jour ou on dirait à tous les fils Mauvin En Avant! et pan, les voilà tous couchés sur le champ de bataille, et au-dessus on met une croix: ici tombèrent Mauvin Télé, Mauvin Bagnole, Mauvin Frigidaire, Mauvin Mixeur, Mauvin Machine à Laver, Mauvin Tapis, Mauvin

Tableau 4.5 Motifs d'abandon du travail invoqués par les femmes qui ont travaillé (Enchantillons réunis. Nombres et pourcentages)

	Femmes ayant 1 enfant		Femmes ayant 2 ou 3 enfants	
	En valeur absolue	En %	En valeur absolue	En %
1. Mariage	51	12,3	316	18,2
2. Naissance du 1er enfant	239	57,6	648	37,3
3. Naissance du 2e ou 3e enfant	–	–	319	18,3
4. Santé des enfants	8	1,9	20	1,2
5. Ne peuvent pas faire garder les enfants	18	4,3	88	5,1
6. Etudes des enfants	–	–	8	0,5
7. Mes parents avaient besoin de moi	3	0,7	23	1,3
8. Souhait du mari	10	2,4	64	3,7
9. Situation du mari améliorée	9	2,2	31	1,8
10. Raisons personnelles de santé	26	6,3	79	4,5
11. Déménagement, perte de situation	7	1,7	30	1,7
12. Manque de qualification	2	0,5	4	0,2
13. Compression de personnel	3	0,7	9	0,5
14. Trajets trop importants	4	1,0	2	0,1
15. Guerre	1	0,2	7	0,4
16. Pas de raisons particulières	5	1,2	28	1,6
17. Autres	15	3,6	38	2,2
18. Sans réponse	14	3,4	25	1,4
Ensemble	415	100,0	1 739	100,0

Source: Population, 1969.

Cocotte Minute, et avec la pension ils pourraient encore se payer un aspirateur et un caveau de famille.

Christiane Rochefort, *Les Petits Enfants du siècle*, Grasset, 1961

Tableau 4.6 Activité des femmes de 15 a 65 ans, selon leur état matrimonial (effectifs en milliers)

	Célibataires	Mariées	Veuves	Divorcées
Ensemble	3 356,3	9 707,5	979,9	373,4
Actives	2 086,0	3 360,0	581,0	227,0
Taux d'activité	62,1 %	34,6 %	59,3 %	60,8 %

Source: Les Femmes en chiffres, publié par la Délégation à la Condition Féminine.

WORK

Texte 4.9

Nous avons demandé à un groupe d'ouvrières de la région parisienne de nous dire ce que représente pour beaucoup de femmes le travail en usine. Voici leur témoignage, tel que nous l'avons enrégistré.

Une Femme: Dans une usine de radio, sur la chaîne où je travaille, où les cadences sont très rapides, beaucoup de femmes s'évanouissent. Il y a eu 23 un jour de novembre 1960. On a simplement amené des brancards supplémentaires et on a acheté des camisoles de force pour celles qui ont eu des crises nerveuses. Le lendemain, celles qui s'étaient évanouies parce qu'elles étaient impressionnées sont revenues, mais les premières, qui sont tombées vraiment par fatigue, on leur a dit d'aller se faire soigner. On n'a pas voulu les reprendre. Trois ont été mises à pied et elles ont été remplacées tout de suite. On ne tient pas tellement à garder le personnel; il y a de l'embauche continuellement. On emploie des femmes parce que le travail n'exige pas tellement de force, mais il est éprouvant pour le système nerveux. Dans cette usine, il n'y a pas de syndicat. Les patrons n'en ont jamais voulu. Dès qu'une personne se met à parler de syndicat, on la met à la porte. Que ce soit pour les standards téléphoniques, les postes de télévision, les postes de radio, le cablage est fait à la chaîne. On a un certain nombre de fils et il faut faire des soudures d'après un schéma donné. . . . Sur la chaîne de transistors . . . il faut « passer » un poste toutes les 2 minutes, c'est-à-dire, y avoir effectué l'opération prévue. C'est une course terrible. Si vous ne suivez pas, les postes accumulent à côté de vous. Ou encore, à un coup de sonnette, il faut passer un poste. Si vous êtes en retard, vous êtes obligée de

Tableau 4.7 Taux d'activité féminine par âge, en 1962 selon la nature du diplôme d'enseignement général obtenu

Ages	C.E.P.	B.E.P.C. ou Brevet élémentaire	Baccalauréat 1re et 2e partie	Diplôme supérieur	Aucun diplôme
15–19 ans	76,9	78,0	–	–	66,6
20–24 –	69,4	81,1	88,4	85,7	57,3
25–29 –	47,1	64,9	74,9	80,1	37,0
30–34 –	41,0	54,9	61,4	69,1	32,3
35–39 –	41,0	55,0	60,0	65,8	33,8
40–44 –	42,9	52,2	64,9	67,1	36,4
45–49 –	46,5	55,2	69,4	69,8	41,6
50–54 –	46,8	56,2	66,7	69,2	42,8
55–64 –	40,6	43,2	37,0	59,9	36,9
65–74 –	16,7	18,0	12,3	20,3	14,7
75 ans et plus	5,0	7,7	6,1	14,2	4,3
Ensemble	43,8	53,0	60,5	68,3	32,0

Source: INSEE.

Tableau 4.8 Effectifs en cours de formation professionnelle (1)

	En valeur absolue				En pourcentages			
	1959–1960		1962–1963		1959–1960		1962–1963	
	Garçons	Filles	Garçons	Filles	Garçons	Filles	Garçons	Filles
Enseignement agricole (2)	674	82	1 361	34	0,2	–	0,4	
Public	479	82	1 020	–				
Privé	195	–	341	34				
E. Industriel	217 712	69 765	271 134	75 603	75,5	28,1	83,9	24,9
Public	182 806	49 801	228 101	53 101				
Privé	34 906	19 964	43 033	22 502				
E. « Tertiaire »	25 417	166 515	34 443	218 981	8,8	66,9	10,7	72,1
Public	17 342	91 681	21 432	117 933				
Privé	8 075	74 834	13 011	101 048				
Prép. baccalaur.	4 774	2 107	7 137	2 639	1,7	0,8	2,2	0,9
Public	4 222	1 449	6 735	2 460				
Privé	552	658	402	179				
Divers ou N.S.	39 764	10 503	8 988	6 332	13,8	4,2	2,8	2,1
Public	34 356	8 513	5 622	2 726				
Privé	5 408	1 990	3 366	3 606				
Total	288 341	248 972	323 064	303 589	100,0	100,0	100,0	100,0
Public	239 205	151 526	262 910	176 220				
Privé	49 136	97 446	60 154	127 369				

(1) Dans les lycées techniques, les sections techniques des lycées, les écoles de métier, les sections professionnelles des collèges d'enseignement général, les collèges d'enseignement technique, les écoles de perfectionnement.

(2) Il ne s'agit ici que de l'enseignement agricole dépendant du Ministère de l'Education Nationale; l'enseignement agricole dépendant du Ministère de l'Agriculture ne comporte en fait pour les jeunes filles que des cours d'enseignement ménager qui ne peuvent être considérés comme donnant une véritable formation professionnelle.

Source: Ministère de l'Education Nationale.

rattraper le temps perdu. La cadence exige une très grande tension nerveuse et il faut la tenir pendant huit ou neuf heures. . . .

Dans les revendications, les hommes et les femmes ont une façon différente de réagir, mais je crois que les femmes, quand elles décident d'entreprendre une action, vont plus loin que les hommes. Chez R. il n'y a que des femmes qui revendiquent, car elles sont plus exploitées, elles sont moins payées, elles font des travaux plus durs. Ce sont elles qui ont fait démarrer le syndicat. La direction, pour empêcher les hommes de s'y mettre, a augmenté le salaire des hommes et n'a pas augmenté celui des femmes. Certains hommes qui devaient se présenter comme délégués y ont renoncé du fait qu'ils avaient reçu l'augmentation.

Une Autre: J'ai travaillé pendant deux ans et demi à peu près dans une usine où il y avait une majorité de femmes. Le chef d'atelier traitait tout le monde avec une familiarité exagérée et ça ne plaisait pas aux femmes. . . . Il était grossier avec les femmes, d'une vulgarité épouvantable, et elles ne pouvaient rien dire car elles étaient immédiatement menacées de sanction.

Chez C. c'était pareil. Aux femmes qui étaient gentilles avec lui, le chef d'équipe donnait les travaux les moins durs. Celles qui ne lui plaisaient pas ou qui

The condition of women in France

Tableau 4.9 Population active depuis le début du siècle (Évolution de la population active depuis 1901)

	Population active de 1901 à 1985							
	Effectifs, en milliers				Pourcentage (population totale = 100)			
	Femmes	Hommes	Ensemble			Femmes	Hommes	Ensemble
1962	6 585	13 158	19 743	1962		27,6	58,3	42,5
1968	7 124	13 559	20 683	1968		27,9	55,9	41,6

Champ: Population active y compris le contingent.

Source: INSEE – Recensements de la population. Enquêtes sur l'emploi 1982, 1984, 1985.

Références: Volume population active RP 82. Données sociales – Edition 1984. Archives et Documents n° 120. Collections de l'INSEE. Séries D 105 et D 107.

Tableau 4.10 Taux d'activité selon l'âge (Taux d'activité professionnelle selon l'âge regroupé

		Femmes						Hommes					
		Recensement			Enquête emploi			Recensement			Enquête emploi		
Age	Année	1968	1975	1982	1982	1984	1985	1968	1975	1982	1982	1984	1985
16–25 ans		45,9	54,8	41,7	42,3	41,1	40,3	69,3	68,0	55,4	51,4	49,3	49,0
25–54 ans		44,5	53,0	63,5	66,1	68,2	68,9	95,8	95,6	94,8	96,1	96,0	96,0
55–64 ans		37,3	34,2	34,6	35,7	31,0	31,0	74,4	67,0	60,1	59,8	50,3	50,1
65 ans et plus		8,0	5,0	2,2	2,4	2,4	2,2	19,1	10,7	5,0	5,9	5,4	5,3

Source: INSEE – Recensements de la population. Enquêtes sur l'emploi.

Références: Archives et Documents n° 120. Volume « Bordeaux » population active RP 82. Collections de l'INSEE série D n° 105, 107.

étaient plus âgées, avaient en général les travaux les plus dégoûtants. Les plus jeunes sont favorisées: c'est très net et c'est partout pareil.

Et puis ils font des remarques sur les ouvrières (que ce soit sur leur toilette ou leur façon de travailler), pour essayer de les diviser, pour briser toute unité, même toute amitié. Hélas, presque toujours les femmes marchent.

Sur le plan salaires, comme l'augmentation est toujours individuelle, quand une femme va demander une augmentation dans le bureau du chef, parce qu'il y a un moment qu'elle est là ou qu'elle a changé de travail, le chef lui dit: « Bon, d'accord, mais surtout, n'en dites rien à personne, même à une telle avec qui vous êtes très liée. » Et la femme

accepte, en se disant que si elle le dit, elle n'aura rien du tout. Pour arriver à se montrer les bulletins de paye de l'une à l'autre, il faut vraiment des mois. . . . Au fond, il y a peu de solidarité entre les femmes. Elles se sentent très menacées. Il est très long de créer des liens d'amitié, car les femmes se méfient, elles ne croient pas tellement à l'amitié. Elles craignent la jalousie. Et puis aussi, elles manquent de temps, de loisir. Le temps qu'elles ne passent pas à l'usine, elles ont les travaux familiaux. C'est aussi pourquoi il y a si peu de militantes. Il leur faudrait une troisième vie.

Les femmes font généralement un travail plus monotone que les hommes et elles vont beaucoup plus vite. On a voulu mettre des hommes dans les

Tableau 4.11 Répartition des demandeurs d'emplois non satisfaits par sexe et âge en 1960 et 1967[a]

Sexe	Hommes					Femmes				
	1960		1967			1960		1967		
Age	Effectifs	%	Effectifs	%	Indice (1960 = 100)	Effectifs	%	Effectifs	%	Indice (1960 = 100)
Moins de 18 ans	3 376	4,1	6 889	5,7	204	3 211	6,6	6 919	9,7	215
De 18 à 24 ans	6 369	7,8	14 741	12,3	231	7 136	14,7	16 644	23,4	233
De 25 à 39 ans	21 792	26,7	27 942	23,3	128	9 548	19,7	11 967	16,8	125
De 40 à 49 ans	16 722	20,4	23 860	19,9	143	7 686	15,8	10 487	14,7	136
De 50 à 59 ans	21 639	26,5	26 746	22,1	122	12 290	25,3	14 650	20,5	119
60 ans et plus.	11 836	14,5	20 103	16,7	170	8 715	17,9	10 604	14,9	122
Total	81 731	100,0	120 010	100,0	147	48 584	100,0	71 271	100,0	147

(a) Moyenne arithmétique des effectifs au 1er avril et au 1er octobre.

Source: Population, 1969.

chaînes de télévision ou de radio; cela a été impossible, ils refusent de travailler à notre rythme, ils savent toujours trouver des trucs pour aller doucement, à un rythme qu'ils peuvent garder. Les femmes, c'est effrayant ce qu'elles peuvent aller vite! Elles peuvent doubler leur rendement en peu de temps, en vivant sur les nerfs, ce qu'un homme n'accepte pas de faire, se sentant moins menacé.

Chez nous, presque toutes les femmes travaillaient déjà avant d'être mariées. Très jeunes, elles avaient été dans des écoles professionnelles de coiffure ou de couture – mais ça ne leur sert à rien; elles ont dû travailler en usine, car elles n'ont pas trouvé de débouchés.

La plupart de ces femmes préféreraient ne pas travailler. Le grand rêve c'est d'acheter un petit commerce, ou un bar, pour être indépendante. Pour leurs enfants elles ont d'autres ambitions que l'usine. Elles disent: « Ma fille – elle travaillera dans un bureau. »

J. C. Chasteland et P. Paillat, 'Les Femmes en usine', *Esprit*, no. 295, mai 1961.

PROSTITUTION

Texte 4.10

– Et en fin de compte, est-ce que tu es heureuse comme ça?

Il n'était pas le premier à s'intéresser à moi, je veux dire de cette manière-là, que je connais bien et dont, d'habitude, je me méfie; un intérêt éclairé, généreux, pour ma vie, pour mes occupations, voire mes pensées(?) etc. Déjà des hommes étaient entrés dans ma chambre, avaient regardé, avaient posé des questions, qu'est-ce que tu fais, comment vis-tu, de quoi, puis avaient soupiré: mon pauvre chat! ou: mon pauvre lapin, ou chou, ou minet, selon le degré d'éducation, la profession ou la mode en cours; j'ai même entendu une fois: ma pauvre bestiole; ça venait d'un film, récent; ça vient toujours de quelque part. Là, on me caresse la figure, on me prend contre l'épaule. On va m'Aider. Me Protéger. Contre le vilain monde, dans lequel je suis perdue. Les jeunes femmes en détresse, ça les remue.

Moi, ça m'embête. Je ne suis pas en détresse, à part le fric qui n'est pas brillant, et pour cause, j'ai horreur du travail emmerdant et c'est très difficile de trouver du travail pas emmerdant, et justement si vraiment ils s'intéressaient le mieux serait après ces belles paroles de me passer gentiment un peu de fric, en copain, puisque c'est ce qu'ils disent qu'ils sont. Mais c'est d'un soutien purement moral qu'il est question. Peut-être que le fric sortirait finalement, après un dur travail de ma part de me laisser soutenir moralement, de gémir dans l'épaule, bref de faire le truc dans les règles patiemment. Mais s'il faut travailler alors autant se mettre carrément putain, ça rend plus et tout de suite, ou, comme c'est pas dans mon caractère (trop d'inconvénients), alors aller au bureau. Donc en général au plus vite je les rassure, si je vis comme ça c'est parce que je veux bien. C'est ma manière. Le gîte, le couvert, le lainage. Point. De la sorte j'ai pas besoin de me faire chier énormément. C'est ma manière. Je ne me plains pas.

Christiane Rochefort, *Les Stances à Sophie*, Grasset, 1963

Texte 4.11

Vers seize heures, je fais une toilette appliquée, conçue pour résister jusqu'à la nuit: bas inaccrochables, rimmel qui ne coule pas, fringues où l'on paraît élégante et où l'on se sent chez soi; je plie et j'époussette, je range ma chambre, comme une pensionnaire, d'abord parce que j'ai un peu le trac des femmes de ménage ensuite parce que, peut-être, je n'y reviendrai plus jamais. . . .

Je découche rarement: en général, l'ennui m'assaille avant l'heure où je pourrais franchir le sommeil, devenir ombre et chercher des compagnons de nuit, plus rémunérateurs que ceux du « moment ». D'ailleurs, les nuits à trente ou cinquante sacs, je n'en ai entendu parler qu'en taule, là où le baratin autorise tous les luxes. Sans doute, des nuits de cavaleuse devraient valoir plus cher encore; mais la nuit couvre le jour, toutes les heures ont même couleur, la couleur blême du danger. Je retiens ma fatigue et mon dégoût jusqu'à un gain donné, et je les lave ensuite dans de délicieux et compacts sommeils.

Dans les bars où s'agglutinent les prostituées, j'ai retrouvé quelques mineures de Fresnes qui tapinent en clandé[5] jusqu'à l'âge et sont devenues des professionnelles. Malgré ma nouvelle démarche, ma taille amincie d'une bonne dizaine de kilos et ma défroque civile, elles m'ont reconnue:

– Tiens, Anne! Tu es donc sortie?

Je réponds que je ne m'appelle pas Anne, que je fais « ma nouveauté » à Paris, et en même temps je cherche dans la galerie de visages accrochée à la galerie de la taule. Des robes grises ou marron, épaisses et engonçantes: les visages de l'hiver; des blouses écossaises ou rayées, transparentes de vétusté, élimées aux rondeurs et aux pliures: les visages de l'été. Mais été comme hiver, mes petites sœurs gardaient le même masque, pâle, marbré ou congestionné, les cernes maquillant les yeux, et cet air fade, anonyme, uniforme. Parfois, l'attention était accrochée par des yeux plus brillants, des lèvres particulièrement ourlées, des dents super-fraîches; mais comment me rappeler un nom, comment savoir de quelle chrysalide sont nées ces filles, à présent méconnaissables sous un autre uniforme, maquillage opaque, fringues collantes, cheveux teints?

Elles restent au bar: elles attendent que la comptée vienne à elles, elles attendent, le flanc affalé contre le juke-box, ou juchées au comptoir devant des verres, comme attendent les vendeurs à la porte des boutiques, les mains au dos, là-haut, au sortir du royaume des putains, lacis et ruelles, dans l'espace illuminé du boulevard. Leur chiffre d'affaires dépend de la saison, de la façon dont elles sont habillées ou coiffées:

– Quand je mets cette robe, ma pauvre, je dérouille pas.[6]

. . . Moi, je marche. Je ne flâne pas au rade, je n'ai pas le temps, je n'aime pas le trottoir et je ne suis pas plus pute qu'autre chose. J'emploie ce moyen parce qu'il est rapide, qu'il ne nécessite ni horaire ni apprentissage – ou si peu – les pattes des souteneurs, les roublardises[7] des clients, je m'en défilais déjà à seize ans, et rien n'a beaucoup changé depuis. . . . Je ne crains vraiment que la poulaille,[8] n'ayant pas le moindre papier à lui présenter en cas de rafle; mais sans cesse je change de rue, d'hôtel, d'allure; je renifle les passants avant de leur répondre; une intuition obscure et certaine m'arrête ou m'encourage, des feux de signalisation clignotent dans ma tête, rouge attention, vert c'est bon, passe, attends, n'attends pas et file, souris, viens. Le long des rues, je glisse des pas pressés, déterminés, je boitille à peine et je marche le plus vite possible: ce manque apparent d'intérêt, ce genre « Vous faites pas le

Catherine Deneuve dans *Belle de jour*, de Luis Buñuel, 1967

genre », me servent de rempart et d'appât.

– On peut se revoir?

– Pourquoi pas, si le hasard le veut?

– Mais, enfin, où puis-je vous trouver? Vous avez bien un coin, un bar attitré?

– Ah! moi . . . je marche.

Pour leur faire plaisir, lorsqu'ils sont particulièrement généreux ou pitoyables, je trace un itinéraire, je note un rendez-vous sur mon calepin. . . . Bien extraordinaire si le type me retrouve, Paris est grand. Et du reste, qu'est-ce que je vois dois? Vous m'avez attendue une heure, dites-vous? Moi, deux. C'était ailleurs et ce n'était pas vous, mais qu'importe? L'un de vous me doit une heure.

Peu à peu je m'organise, je fais des fixes, des listes d'achats, la baraque se fait belle, je n'enlaidis pas, et Julien téléphone plus souvent. Je ne serai pas reprise, non: la pensée constante de Julien m'éclipse et me protège. Je me moque de retourner en taule, mais, aujourd'hui, ce serait trop absurde . . . aujourd'hui est prélude à un autre temps, un temps qui sera lui,

prélude à ma capture; mais je veux d'abord marcher encore un peu. . . . Mai approche: j'achète des robes assorties aux premiers hâles, des ratatouilles de couleurs; je marche en espadrilles, comme autrefois, je me soûle de marche sous les bourgeons de Pâques. Déjà un an que je suis dehors! . . .

Sous les mots et les caresses des hommes, j'oublie parfois que je ne suis pas si belle, pas si gentille que ça; si vous m'aviez vue avant, bande de cons, lorsque j'étais intacte et sans amour, si vous me voyiez demain lorsque je serai cicatrisée, guérie de tout excepté de l'amour. . . .

Le matin où les mains de Julien étaient si froides, la valise si lourde, nous nous étions attardés au Buffet de la gare, laissant partir les trains; j'avais demandé du chocolat, je n'avais aucun souci, j'étais affamée et guillerette:

– Julien, chou!. . . . Ne sois pas triste, bois du chocolat avec moi. . . . A quoi tu penses? Tu ne veux pas croire en moi?

Je sautai du marchepied comme le dernier train

s'ébranlait; j'emportais, bien grave dans la caboche, un numéro de téléphone, et ce chiffre déroulait un filin indestructible à mesure que les wagons me doublaient; je tenais ce fil bien serré pour me préserver du doute et de la noyade, je tenais, à l'autre bout, Julien. . . .

Pour commencer opportunément et en grande forme ma vie femme libre, je dormis jusqu'au soir; après dîner, je me recouchai et je restai encore bouclée toute la journée du lendemain. Le téléphone placé à la tête du lit me servit de jouet: la facture de l'hôtel me donnant plus de marge que le jeton des bars, j'envoyai ça et là quelque bonjour-surprise, puis je fis demander Annie par la bistrote en bas de son immeuble, celle à qui nous achetions le pastaga[9] à la pièce.

L'idée de la capture ne me quitte pas: j'apprends à la regarder en face, je l'apprivoise, je ne la chasse jamais. L'ombre rôde, je la reconnais, je la détaille, puis je fonce dessus: tu viens? Qui, je viens. Marche devant, je te suis. C'est du petit boulot, du mégot, du risque disproportionné, de la cheville fatiguée, des microbes et des gnons qui peuvent s'abattre sur moi à chaque seconde: protège-moi, Julien, car c'est toi, à toi seul que je reviens. Ma liberté m'encombre: je voudrais vivre dans une prison dont tu saurais fermer et casser la porte, un peu plus, un peu plus longtemps. . . .

Albertine Sarrazin, *L'Astragale*, Ed. Pauvert, 1966

LOVE AND FREEDOM

Texte 4.12

Mais parler, n'importe qui se permet n'importe quand n'importe comment, et n'importe quoi. Mais aussi, que faire pendant qu'il ne se passe rien. Il y a des vides. Les mots, ça remplit. Même aimer, ça n'occupe pas toutes les secondes de la vie paraît-il; dans le fond, on est pauvres. En attendant la suite, me voilà en train de demander une définition, qu'est-ce qu'il entend, lui, par « une femme », parce que, moi, je m'en sens parfaitement une et ça me satisfait bien. Alors je voudrais savoir ce que lui. Il a une définition; le machin est à tiroirs j'aurais dû le savoir. Une femme est faite avant tout pour aimer.

Ah ah. Il faudrait maintenant une définition pour Aimer, et il y aurait encore un tiroir, également vide et contenant un tiroir, vide aussi.

– Mais j'ai passé ma vie à ça! (Le sparadrap ma fille, le sparadrap! Trop tard!)

Ah, mais non. Pas comme j'ai fait. Comme j'ai fait ce n'était pas vraiment aimer. Ça porte au reste un autre nom (j'avais oublié, avec les autres, on couche) et puis je ferais aussi bien de ne pas les rappeler, il n'y a pas tellement de quoi se vanter, outre que ce n'est rien d'agréable à entendre pour Celui qui est là présent et qui constamment, par courtoisie pour moi s'efforce de l'oublier. Et, puis-je dire ce qui m'en reste? . . .

– Eh oui, dit-il. C'est simple. Tu vois. Très simple.

Il répète: c'est très simple. Il me regarde sans parler un instant, et reprend:

– Et ça ne te dit rien, cette simplicité-là? Ça ne te dit rien? Tu n'y as jamais goûté. Tu n'as jamais voulu, y goûter. C'est toute une part de la vie, que tu ignores. Il y a pourtant dans l'abandon total à l'amour que tu refuses si farouchement, de grandes joies. Dont tu te prives. Que tu risques de ne jamais connaître. . . .

– Mais – c'est le Carmel! . . .

– Le Carmel avec un homme qu'on aime, ça te fait donc si peur? Mais si tu m'aimais vraiment, Céline, ce serait le paradis à tes yeux, ce Carmel-là! Ton plus cher désir! Si tu n'en veux pas, c'est très simple, c'est que tu ne m'aimes pas. Que dis-tu alors?

– Philippe, Je t'aime. . . .

– Alors? Veux-tu m'aimer – complètement? ou alors, moi, vois-tu. . . .

– Mais pourquoi, Philippe . . . pourquoi ne peut-on continuer. . . .

– Parce que moi, je ne triche pas! Parce que, moi, je ne joue pas avec l'amour. Toi, tu triches! Tu joues! Tu ne te donnes pas, tu te prêtes! Et moi, le prêt, ça ne m'intéresse pas! Tu peux te reprendre, si tu ne t'es que prêtée. Et dès maintenant! Tu n'as toujours pas répondu, à la question que je t'ai posée tout à l'heure! Elle était pourtant claire! En tout cas moi je ne peux plus attendre. C'est oui, mais alors tout à fait. Ou bien – ou bien tu pourras de nouveau vivre à ta guise. Retourner à la liberté qui t'est si chère. Diriger ta vie toi-même, avec les brillants résultats qui en sont sortis jusqu'à présent. N'est-ce pas? A vingt-sept ans, c'est un bel âge pour s'y mettre. On a déjà une bonne mesure de ses capacités. On peut dresser son petit bilan. De résussite, ou d'échec. Je ne sais pas comment tu établis le tien. . . . Mais Céline . . . qu'est-ce qui t'arrive? Que fait-tu? Où vas-tu? . . .

Christiane Rochefort, *Les Stances à Sophie*, Grasset, 1963

Texte 4.13

Pourquoi, avec Philippe, rien que de marcher l'un près de l'autre, les doigts emmêlés, c'était quelque chose de merveilleux? Pourquoi lui? Et lui se demandait Pourquoi elle? On n'en revenait pas, ni l'un ni l'autre, que ce soit justement nous. Ce qui était extraordinaire, c'est qu'on aît réussi à se rencontrer. Penser qu'on habitait justement dans le même endroit, quand des endroits il y en a tant. L'Amérique. Même sans aller si loin il aurait pu être à Sarcelles, par exemple, alors là, c'était foutu, je le voyais jamais, j'aurais ignoré même son existence, et lui la mienne. Rien que l'idée d'une pareille catastrophe nous épouvantait rétrospectivement: qu'on ait pu se louper, continuer à vivre chacun de son côté comme des idiots, car c'était bien comme des idiots qu'on avait vécu tous les deux jusqu'à maintenant pas la peine de se le dissimuler, et d'ailleurs on l'avait toujours senti dans le fond de nous-mêmes, sans savoir que ce qui nous manquait à chacun, c'était l'Autre. C'est pour ça que j'étais si souvent triste, que je pleurais sans raison, que je tournais en rond sans savoir quoi faire de moi, regardant les maisons, me demandant pourquoi ci pourquoi ça, le monde et tout le tremblement, cherchant midi à quatorze heures et rêvassant dans le vide derrière une fenêtre, c'est pour ça c'est pour ça, et c'est pour ça aussi que j'allais avec des tas de garçons sans être regardante sur lequel, puisqu'en tout cas ce n'était pas le bon, rien que pour me passer le temps en attendant le seul qui existait sur la terre pour moi et qui maintenant, chance extraordinaire, était là, près de moi, les doigts emmêlés aux miens, et la preuve que c'était bien vrai c'est que pour lui, j'étais la seule qui existait sur la terre, qu'il avait attendue en faisant l'andouille d'une autre façon de son côté et qui maintenant était là, les doigts emmêlés

aux siens, ouf. Dans le fond la vie est drôlement bien faite quand on y pense, tout arrive qui doit arriver, il y a une logique. Désormais on savait pourquoi le soleil brillait, c'était pour nous, et c'était pour nous aussi que le printemps commençait, justement aujourd'hui, quand on faisait notre première promenade ensemble, la première sortie de notre amour.

Christiane Rochefort, *Les Petits Enfants du siècle*, Grasset, 1961

Texte 4.14   *La femme d'Evreux, par Marguerite Duras*

Elle a entre trente-trois et trente-sept ans.

Elle est dissimulée. Pourquoi? Parce qu'elle ne peut pas échapper à l'absolutisme – de caractère tragique – qui la détermine. Autrement dit, elle est tenue de dissimuler ce qu'elle croit, ce qu'elle ressent, ses conclusions, les injonctions un peu étranges qui la guident. Un absolutisme ne se « raisonne » pas. Si elle lui en parlait, à lui, il essaierait de le temporiser, d'échapper.

On pourrait parler à son propos d'une pulsion, mais lucide, du moi.

Elle a un tempérament que le caractère ne masque pas.

A Evreux, pendant le mariage, elle ne lui reprochait rien.

De son fait à elle, l'amour, entre eux, a gardé le caractère périlleux de la passion dans son début. Il ne s'est jamais infléchi – le temps passant (trois ans) vers la tendresse, vers la bonne entente, le « bien-être ensemble », le « vivre bien » du bonheur conjugal.

L'aventure a continué à travers le mariage.

Elle a laissé cet homme dans une liberté de jeune homme. L'idée de lui être un soutien ne l'a jamais effleurée. La liberté qu'il croyait aliéner en vivant avec elle, elle la lui a laissée, entière. Quand elle lui disait: « J'aime, pour le moment c'est toi », c'était là la conjuration du sort des amants.

L'aime-t-elle encore autant que lui? Oui, mais elle, elle l'aime « au passé ». Elle aime l'image de leur aventure, mais elle a renoncé à la revivre, à recommencer la comédie conjugale, complètement. Elle ne reviendra jamais sur l'abandon de cet espoir.

Lui l'aime au présent. Il n'a pas réussi à arracher en

lui l'espoir de revivre une deuxième fois une aventure aussi admirable et infernale que le leur.

Est-elle venue à Evreux pour le revoir, lui? Oui, mais pour revoir Evreux aussi. Ses souvenirs d'Evreux sont très précis, hallucinatoires. Tandis que ceux de l'homme le sont moins. On peut dire que lui a vécu étourdiment leur histoire, emporté par l'objet de cette histoire: elle. Elle a vécu cette histoire dans la passion et la lucidité.

Serait-elle allée dans le salon de l'hôtel, si elle n'avait pas appris, par la jeune fille, qu'il est venu à Evreux avec une arme? Non.

Quand elle descend elle va d'abord vers la douleur de l'homme. Ensuite vers le danger, l'éventualité d'un danger qui pourrait redonner à cette ultime rencontre le caractère d'une passion retrouvée.

L'arme fascine la femme d'Evreux. C'est le présent absolu retrouvé. Ne pas oublier qu'elle joue avec le crime de plus en plus dangereusement. A la fin elle est imprudente.

Ce qu'elle lui propose, qu'est-ce que c'est? C'est qu'ils s'en remettent au hasard. Et il est clair que lorsqu'elle lui dit que jamais plus ils ne se verront, sauf « par hasard », elle leur réserve une sorte d'avenir, même négatif: un amour non vécu, laissé en suspens, impossible, contient en lui une parcelle d'eternité.

Femme profonde mais qui pèse une plume.

Grande provinciale. Elle va au cinéma quand l'amour traîne. Ses sorties solitaires à Evreux préparaient le voyage à Paris.

Le récit de l'homme sur les sorties solitaires de la femme procèdent et d'un besoin de raconter, et d'une sorte d'enchantement de la douleur par le récit de la douleur.

Il n'y a plus ni griefs ni torts ici, dans cette dernière rencontre. Les torts et querelles sonts volatilisés. La vie conjugale ayant cessé, rien n'encombre plus le sentiment, enfin.

Notes pour Delphine Seyrig et Robert Hossein pour le film *La Musica*, de Marguerite Duras.

FREEDOM AND FASHION

Texte 4.15

J'étais sur la machine. Etre sur la machine, ça c'était quelque chose, là pas de doute, je fonçais, je ralentissais, je virais, j'étais seule, j'étais libre, c'était un vrai plaisir; rien que pour être sur la machine ça valait la peine, même si je ne trouvais pas Guido.

Si je le trouvais, je lui dirais Monte! et c'est moi qui l'enlèverais. C'est ça le grand truc des motos au fond, comme les chevaliers et les cow-boys, une femme en croupe, ou bien jetée sur le garrot en travers; même une fille là-dessus, ça se sent un homme, alors un homme, qu'est-ce que ça doit pas se sentir, même une lavette doit s'imaginer qu'il en a, ça expliquait beaucoup de choses. Qu'est-ce que je fonçais. J'aurais enlevé n'importe quoi, un champion de boxe.

Christiane Rochefort, *Les Petits Enfants du siècle*, Grasset, 1961

Texte 4.16 *La pilule désormais en vente libre*

La pilule fait une entrée controversée dans la société de consommation. L'Assemblée adopte la loi Neuwirth sur la régulation des naissances. Les députés ont assoupli certaines dispositions du projet. L'âge d'utilisation des contraceptifs, sans autorisation des parents, passe à dix-huit ans. Mais l'Assemblée demande que la délivrance soit entourée de garanties médicales. La contraception par voie orale, facile et sûre, deviendra-t-elle un puissant accélérateur de la libération de la femme?

'Chronique de l'année 1964', *Paris Match*

Texte 4.17 *Cachez ce sein!*

Saint Tropez – Sur la plage de Pampelune, quelques jeunes femmes ont provoqué l'émoi en décidant de renoncer à porter le haut de leur bikini. Les badauds ont tout de suite appelé ce vêtement un « monokini ». Quant aux autorités, partagées entre la crainte du ridicule et le désir de maintenir l'ordre, elles sont intervenues plutôt gentiment, en envoyant les gendarmes prier ces jeunes dames de bien vouloir mieux se couvrir. Ce qu'elles ont fait, jusqu'à ce qu'ils aient le dos tourné. . . .

'Chronique de l'année 1964', *Paris Match*

Texte 4.18   *La minijupe envahit les rues*

Paris – Une double révolution est venue d'Angleterre: cheveux longs et « mini » (jupes très courtes). Ce printemps, Paris rappelle les caves de Liverpool où ont débuté les Beatles. La miniskirt a été inventée par l'Anglaise Mary Quant, épouse d'un lord. Depuis sa boutique Bazaar, elle dit aux filles: « Montrez vos sentiments! » Corollaire de la jupe à mi-cuisse, le développement du collant, plus « décent » que le bas. . . .

'Chronique de l'année 1964', *Paris Match*

Texte 4.19   *Le temps des copines*

Paris – Il y a à peine six mois, personne n'en avait entendu parler. Maintenant, ce sont les « idoles » de tous les jeunes français de 13 à 19 ans. Elles sont trois à se partager cette gloire spectaculaire. Aujourd'hui, à la télévision, l'animateur Guy Lux présente une jeune fille en jupette écossaise, petites nattes et un minoir frais. Son nom de scène: Sheila. Le titre de sa chanson: *L'école est finie*. A 16 ans, elle a vendu 350,000 disques 45 tours. En même temps, une autre Française, grande fille simple dans le genre intellectuel, triomphe avec *Tous les garçons et les filles de mon âge*. Elle s'appelle Françoise Hardy. La troisième, la « collégienne du twist », s'appelle Sylvie Vartan dont les fans cassent, pendant ses concerts, les chaises des salles de spectacle. . . .

'Chronique de l'année 1963', *Paris Match*

Texte Texte 4.20   *Dansez la twist avec Régine*

Paris – Dérivatif commercial du rock'n'roll, le twist (littéralement « tordre ») fait des ravages dans les discothèques. Régine, grande prêtresse des nuits parisiennes, fait des démonstrations de cette danse redoutable pour les articulations du genou. Tandis que le samedi soir, au Golf Drouot, des groupes s'improvisent, les idoles luttent contre l'éphémère.

Les collégiennes : des pasionarias porte-drapeaux ou des guerrières en casque U.S.

Mai '68: les collégiennes – des pasionarias porte-drapeaux ou des guerrières en casque US, *Paris Match*, 1968

Claude François résiste triomphalement en chantant que les filles sont *Belles, belles, belles*. Régine diffuse plusieurs fois par nuit le disque de Johnny Hallyday: *Twist again*. . . .

'Chronique de l'année 1964', *Paris Match*

LIBERATION

Texte 4.21

Monsieur,
Au XXe siècle les lettres ne s'adressent qu'à ceux de qui nous sommes séparés, encore que nous puissions partager le même toit et parfois le même lit. En tout cas, nous partageons le même planète, et bon gré, mal gré, nous tournerons ensemble, à la fois sur nous-mêmes et autour du soleil, jusqu'à l'heure de notre mort.

D'être mortelles nous sommes, je vous l'avouerai, aussi contrariées que vous l'êtes, et ce destin périssable, qui fera de nos pauvres restes un peu de boue où l'on ne discernera plus l'homme de la femme, me donne soudain envie de rompre le silence qui s'est établie entre nous depuis des millénaires, c'est-à-dire de cesser ce verbiage que vous avez adopté avec moi, ce ton d'aimable raillerie, ce badinage aigre-doux, cette politesse accentuée pour marquer la distance.

Et pourquoi ne pas vous dire qu'étonnées comme vous par nous-mêmes et par l'univers, indignées que la souffrance soit une des lois du monde, découragées que la science ne fasse jamais que reculer la connaissance et les révolutions le bonheur, déplorant la médiocrité de notre comportement et la petitesse de nos soucis au regard des milliers de planètes de notre galaxie, parfois la rage nous prend, nous aussi, de vaincre le sort et de manifester quelque talent pour arrêter, ne serait-ce qu'un moment, la fuite des jours, briser le rythme quotidien et tenter quelque progrès. Parfois c'est une autre soif, de vivre plus vite, en volant vers le soleil, les plaisirs, les objets, avec cette férocité que vous connaissez bien. Il faudrait alors vous avouer que si cette angoisse, mêlée à ce goût de la vie, favorise le besoin que nous avons d'être dans vos bras, elle n'en est point pour autant apaisée, et reste le double désir, apparemment contradictoire, d'amours plus charnelles et d'un amour parfait qui inscrirait le monde en son cercle et nous délivrerait enfin de la médiocrité, c'est-à-dire, monsieur, que, comme vous, nous nous cognons la tête et le cœur aux mystères de la création et que nous sommes en train de découvrir. . . . Mais, vous n'écoutez plus? . . .

Cette ironie polie, Monsieur, cette indifférence courtoise ne sont d'ailleurs que l'un des moyens que vous avez de refuser le dialogue avec une femme qui s'aventure sur vos terrains réservés. . . .

Qu'est-ce qui empêche aujourd'hui les femmes de vivre comme elles veulent et de réussir aussi bien que les hommes?

Tout simplement parce que les femmes ne sont pas encore décolonisées et qu'environ 70 p.100 d'entre elles, même les très jeunes, et avec tous leurs diplômes, ont encore un psychisme d'infériorité, ce qui vaut une infériorité véritable. Les femmes n'osent pas oser la première place parce qu'elles ne la croient pas possible pour elles, parce qu'elles n'ont pas encore compris que le monde est à elles comme à vous et qu'il change chaque jour davantage en leur faveur. Libérées, elles ne se conduisent pas encore librement. Elles se contentent de flirter avec la liberté, au lieu de coucher avec elle. C'est plus facile, mais c'est stérile. Pas de Beethoven femme, bien sûr! Sans rapports directs entre les femmes et le monde, quels fruits pouvez-vous espérer? L'homme reste encore l'intermédiaire. Tantôt producteur, tantôt maquereau, toujours patron. Toujours le râteau à la main, celui du croupier bien entendu. Les femmes ont peur de se produire elles-mêmes sur la scène du monde. Elles sont un peu comme ces gens pauvres devenus aisés qui, si on ne les y pousse pas, n'osent pas entrer dans certains magasins de luxe qu'ils croient beaucoup plus chers qu'il ne sont et qui s'imposent eux-mêmes des interdits hérités de siècles de pauvreté. Prenons d'autres exemples que ces filles qui se laissent facilement mener vers ces situations de second plan où elles espèrent ne pas rester en tirant, comme au jeu de l'oie[10] le bon numéro qui les fera glorieuses par procuration et qui leur évitera la peine d'être des têtes en les faisant devenir des bras, droits bien entendu. Pourquoi des femmes brillantes acceptent-elles si souvent de rester en retrait par rapport à un homme? Ainsi une femme avocat acceptera de déblayer le travail de son mari avocat, de lui préparer ses dossiers, de prendre les causes qui l'ennuient. Idem dans un cabinet dentaire. . . . Et voyez deux intellectuels, deux licenciés, deux agrégés: ils font un manuel ensemble. Pourquoi est-ce l'homme qui le signe? Pourquoi la femme ne fait-elle pas un ouvrage toute seule, pour son compte? Parce qu'elle n'est pas faite pour cela, dites-vous. Mais non, elle en est capable, puisqu'elle le fait bel et bien, ce travail, mais sans en tirer gloire. Pourquoi?

C'est une autre peur qui s'ajoute à la première: il s'agit de ne pas froisser, de ne pas heurter ce vaniteux hypersensible que vous êtes, Monsiur, et cette première place qui semble vitale pour vous, quand vous ne pouvez pas la prendre, il faut vous la laisser, même quand vous ne la méritez pas. Vous avez réussi à faire croire aux femmes que les succès ne pouvaient que leur nuire dans leur vie amoureuse ou conjugale, et la plupart des femmes sont terrorisées par le mythe de la « vraie femme », la seule que vous désiriez, que vous aimiez, que vous épousiez.

Françoise Parturier, *Lettre ouverte aux hommes*, Albin Michel, 1968

5
The French women's movement 1968–80

Origins and tendencies

Feminism, in one form or another, had existed in France for nearly two centuries prior to the 'new' women's movement. Going as far back as the French Revolution, outstanding feminists include Olympe de Gouges, the eighteenth-century feminist killed during the French Revolution; Flora Tristan, the first French woman socialist to expose woman's oppression; Hubertine Auclert, who led the suffragist movement at the time of the Third Republic in 1871; Marguerite Durand, a founder of one of the first feminist newspapers, *La Fronde*, in 1897. After – rather belatedly – obtaining the right to vote in 1944, women continued to fight, for example, against the repressive anti-abortion and contraception law of 1920, which forbade the sale and propagation of information about contraception, and made abortion an imprisonable offence, carrying a minimum penalty of six months. The 'Mouvement pour le Planning Familial' (the French equivalent of the Family Planning Association), was formed for this purpose in the 1950s, resulting in the 'loi Neuwirth' of 1967, which legalized contraception, though the failure of the law greatly to increase the use of contraceptives led to the lobbies for free contraception and abortion on demand of the 1970s. May 1968, which was a breeding ground for revolutionary and anti-authoritarian thinking of all kinds, provided the inspiration for the main political currents of the 'new' French women's movement, though it would be misleading to regard the movement simply as a by-product of the events of May. Though she at first rejected the possibility of women's emancipation

outside the context of the political left, Simone de Beauvoir may now be regarded as the main link between the 'old', pre-1968 feminists, and the 'new' feminists, since she agreed to join their cause in signing the 'Manifeste des 343'[1] in 1971. Even today *Le Deuxième Sexe* still represents the key feminist work, in terms of the extent of its analysis of the condition of women.

The 'new' women's movement arose out of the pervading climate of dissatisfaction and anti-authoritarianism of May 1968, but was also largely due to conflict with, and protest against the masculine revolutionary ethic. In fact, many women who at first expressed solidarity with the common revolutionary cause felt increasingly ignored and despondent about the secondary role they were expected to play to men. They felt increasingly marginalized and exploited, as those who were expected to do the mundane, menial jobs for a revolution that did not seem to further their own cause. Indeed, it created the awareness that women had a cause to fight for that was separate from that of men, and that they would have to organize themselves outside the common, male-dominated revolutionary framework. Thus, in 1968, groups of women began to form, at first informally, at the universities of the Sorbonne and Vincennes to discuss the specific role of women in the revolutionary movement. However, it was not until 1970 that a separate women's movement, known as the MLF (Mouvement de la Libération de la Femme) manifested itself openly in the first publication of *Le Torchon brûle* and a special issue of the journal *Partisans*, called 'Libération des Femmes: Année Zéro'. In August 1970 a women's demonstration took place which was to mark the beginning of numerous MLF protests throughout the 1970s: the laying of flowers on the tomb of the unknown soldier at the Arc de Triomphe accompanied by the words: 'Il y a toujours plus inconnu que le soldat – sa femme'.

Ideologically, the MLF derived its thinking partly from the Marxist-Leninism and the broader forms of anti-Gaullism of May 1968, and partly from a wide spectrum of specifically French writings on philosophy, psychology, psychoanalysis, linguistics, and semiology, not to mention the undeniable influence of the American women's movement, of which writers such as Betty Friedan were widely read.

What perhaps characterizes the French women's movement, as opposed to others, particularly in the English-speaking west, is the prominence given to ideological and philosophical concepts. Although members of the MLF from 1970 to 1980 were united by the fact of women's oppression and the fight for certain specifically female issues, such as the right of choice regarding contraception and abortion, they were not united in their concept of this oppression, nor in their notions of how to fight it. As a result the MLF fell into three main groups – the group that called itself Politique & Psychanalyse (or Psych Po), which later appropriated the name of the MLF movement, the class struggle group, and the group of radical and non-aligned feminists.

One of the main areas of disagreement was between the concepts of 'particularisme' and 'égalitarisme',[2] the relation between feminism and the class struggle, and whether women's oppression was primary or secondary to class oppression. This coloured the debate between Psych Po and the class struggle group, and even within the latter group itself. Psych Po tended to see men at large as the main enemy, and women as a type of caste, oppressed by patriarchal, sexist attitudes. They saw the only means of combating these attitudes as rejecting any form of male, patriarchal institution, rejecting any part in mainstream politics, rejecting all forms of male discourse. The class struggle group, on the other hand, regarded the capitalist bourgeois system as the main enemy and saw themselves as involved in the same basic political struggle as men. However, divergences arose regarding the degree of identity with general political questions or purely women's issues within the parties and the relation of ideas to action. The class struggle group saw the role of the MLF mainly as one of obtaining concrete, political goals and legislative change in a popular all-women movement, and accused Psych Po of elitist, bourgeois intellectualism and exclusivity.

Non-aligned feminists fell, in a way, between the two camps. They differed from Psych Po in that they believed that woman's oppression could not be tackled outside the context of society at large, and they rejected their concept of the 'feminine'. However, they also criticized the class struggle emphasis on a movement of the 'masses', which saw women's individual oppression as subordinate to party dogma. They encouraged a personal, more pragmatic view of oppression, through the communication of individual experience, trying to bridge the gap between the private and the public, the personal and the political.

Another area of disagreement between the three main currents was over the concept of female 'différence'. Deriving their concept of repressed femininity largely from the French psychoanalyst Jacques Lacan, the Psych Po group sought to discover their 'feminine' selves, freed from the all-pervading power of the masculine social order, which through its hierarchical structures, based on the 'power of the phallus', through language and speech, determines our thinking, and hence our unconscious being. The process of discovery could not take place without the conscious denial and undermining of those masculine power structures. Psych Po all-women groups sought to question, analyse, and expose all traces of the masculine in their own thinking and conduct. This focus on feminine difference and particularly on the sexual aspects of feminine difference, the attempt to deny and exclude the very existence of the masculine, led inevitably to separateness. Within the Utopian confines of the women's group, women could express their feminine selves, anxieties, and emotions, absolutely unrestrained, but by denying the reality of the masculine order outside, by placing themselves 'ailleurs' (elsewhere),[3] they also denied themselves the possibility of changing their condition in the world beyond their immediate sphere. The concept of difference, and hence of separateness, led to the reality of the 'in-group', which became increasingly intolerant of any feminist thinking that diverged from its own until in 1979 the group appropriated the name and logo of the MLF as their own, thus excluding other sections of opinion from the movement.

Psycho Po were not the only group to believe in a specific feminine difference. There were varying degrees of belief in the concept, from the extreme separateness of Psych Po, or the view that women speak with a different voice, illustrated by the feminist magazine *Sorcières* or the writings of Hélène Cixous,[4] to the concept of a different feminine experience (for example, the magazine *Histoire d'elles* hoped to create a different feminine world view as an agent of change). It was, however, the essentialist, biological concept of feminine difference of the Psych Po school of thought that was attacked by radical feminists in magazines such as *Questions féministes* and *La Revue d'en face*,[5] on the grounds, first, that the notion of innate difference locked men and women into the same old male/female roles, without in any way changing the power relations that decide or affect those roles; and second, that by identifying themselves as women rather than as individuals, women succumbed to the reverse tyranny of the 'feminine-thinking' group. A logical conclusion of the notion of 'différence' was the espousal of lesbianism as an ideology. Within the Psych Po group it took the form of a sisterhood or all-women's space rather than a political solution to male oppression, as advocated by the radical lesbians. Their view that lesbianism, as a political strategy, was the only political position to take, created another important area of conflict.

Influences

I have already mentioned the influence of Jacques Lacan, particularly on the Psych Po group, with regard to the concept of 'différence'. In fact, the language of Lacanian psychoanalysis permeated much of French feminist discourse. Lacan's concept of society can be described as a symbolic order that regulates the unconscious by means of linguistic codes, signs, and rituals, the father representing the symbolic, the agent of law and authority ('le nom du père'), within the triangle 'symbolisme, imaginaire, réel'. In order to enter the world of the symbolic it is necessary to resolve the taboos, the Freudian Oedipus complex relating to the mother, the 'objet de désir, le réel'. The female, being excluded from entry to 'the world of the phallus', is also excluded from the symbolic. This led Lacan to say that 'la femme n'existe pas'. Since woman cannot be conceptualized, imagined within the symbolic, she becomes part of the discourse of the 'other', the patriarchal, masculine 'other'. It is questionable whether Lacan envisaged any possible change in the existence of the masculine symbolic order and the consequent suppression of the feminine he describes, although he does suggest that the mode of reference to the dominant order may be altered. Thus, though many feminists adopted the Lacanian framework, they tended to reject the conclusions Lacan had reached. They tended to believe instead that by analysing the areas and causes of female repression they could create a separate feminine consciousness.

Jacques Derrida was also enormously influential with regard to the feminist preoccupation with the discovery of a separate feminine self. For Derrida, reality, or meaning, can only be apprehended through the medium of language and discourse. He rejects the concept of a reality outside discourse, the concept central to western metaphysics of 'being' as presence, or as divided into the opposition presence/ absence, male/female, where value-judgements are implicit and form hierarchies based on superiority/ inferiority.

Derrida's concept of 'différance',[6] based on his claim that 'nothing exists outside the text', upsets the notion of hierarchies emanating from fixed meanings and universal truths. The play of 'différance' is conceived as a generative movement of discourse, where new meaning is constantly being created through the medium of language. Here no element can be 'present' or function independently without referring to other elements that are not present. Thus, 'différance' implies a gap or deferral of meaning ('déférer') between that which is present and that to which the present refers, and at the same time, alterity or difference of meaning ('différence'). By the process of what Derrida called 'déconstruction' he sought continually to question the ideological assumptions and conditions that give rise to the meanings of a particular text or discourse. He sought to question why certain meanings are given pre-eminence at the expense of others, to expose suppressed meaning. As with Lacan, it is open to question whether Derrida felt that one could break out of the tradition of metaphysics[7] and go beyond the stage of deconstruction to create new kinds of meaning and discourse. But his questioning of assumptions about interpretation, exposing contradictions and creating pluralities of meaning, was adopted by feminists as a means of upsetting masculine discourse. Many feminist texts, in their fluidity, absence of syntax and punctuation, their resistance to a logical progression of thought or argument, reflect this search for an alternative 'feminine' discourse. For example, Hélène Cixous believes that 'feminine' writing is the key to defiance of the masculine code, that through writing women can gain more control over their lives. Luce Irigaray, author of *Spéculum de l'autre femme*, advocates a form of deconstruction to find a feminine 'space'. Both believe in the plurality of female sexuality as a definable feminine 'thing', a form of 'jouissance' – a term used frequently by Lacan and Derrida.

We see then that Lacan and Derrida were prime influences, the former in the area of the unconscious, the latter with regard to language and discourse, in opening up the debate on feminine difference. The concept of 'otherness' or alterity was not new in French philosophy, but Lacan's and Derrida's models diverge from the existential concept of 'l'autre' of Sartre and de Beauvoir. De Beauvoir saw woman as becoming 'other' as a result of being conditioned and defined as 'other' and therefore as 'inferior', by a society dominated by men. She rejected the concept of woman as 'essential' being or of a 'feminine' definition. This view is also held by radical feminists in journals such as *Questions féministes*. Julia Kristeva, a leading French philosopher with considerable influence on MLF thinking, maintains that the feminine might find a place in the gaps and margins of discourse and that the fight for change might take place from this vantage point, but that a definition of the 'feminine' as essential meaning should be avoided, precisely in order to continue the fight.

Themes

The MLF has not only been a movement of political and ideological thought, but also one committed to improving the condition of women's public and private lives. They have tried to achieve this by drawing the public's attention to women's oppression in every domain through any form of protest possible. The main areas of protest chosen by the MLF campaigners represent the strong link that has existed in the movement between ideological theory and practice.

From its formation in 1970 the MLF has concentrated its struggle on certain main areas – abortion, contraception, pornography, violence and crimes against women, equal work and pay, childbirth, and rights and legislation pertaining to these. The fight for free contraception and abortion on demand was seen as the most basic right of women to control their own bodies, and was very much a unifying theme for the whole movement. The so-called 'Manifeste des 343' – a full-page declaration in the *Nouvel Observateur* of 5 April 1971 that all the women whose signatures appeared had had illegal abortions – marked the beginning of the campaign. In the same year the MLA (Mouvement pour la libération de l'Avortement) was formed, together with 'Choisir' (a combined group of members of the MLF and signatories of the 'Manifeste des 343', including de Beauvoir). The Procès de Bobigny, the trial of four women accused of involvement in the abortion of a minor who had been raped, brought the injustices of the 1920 law, forbidding abortion, into the political arena. Groups demonstrated outside the court, shouting 'Nous avons toutes avorté' and 'l'Angleterre pour les riches, la prison pour les pauvres'. Indeed, the case was won by the prominent woman lawyer, Gisèle Halimi, on the grounds of the hypocrisy and clandestinity resulting from the 1920 law, which allowed the middle classes, who could afford it, to obtain abortions in Britain or Switzerland, while the poor were forced into backstreet abortions at the risk of imprisonment. The trial drew attention to the fact that large numbers of women were aborting in spite of the law, 78 per cent of them forced to abort because of poverty or inadequate housing. Many of these died as a result of abortions.

The movement Choisir, of which Gisèle Halimi was a leading founder member, fought for the right to have the best conditions of abortion without discrimination due to class or financial means. Gisèle Halimi was criticized by some women in the MLF, however, for focusing too much on the class discrimination aspect; they maintained that abortion was a problem of all women, regardless of class. Choisir, with the help of doctors sympathetic to their cause, performed abortions in desperate cases, in the face of illegality and the continuing existence of the 1920 law. In April 1973 MLAC (Mouvement pour la Libération de l'Avortement et de la Contraception) was formed, followed in May by a debate on the subject at the Assemblée Nationale. In November of the same year the film *Histoires d'A*, favourable to abortion, was shown in defiance of a government ban. It was not until November 1974 that the 'loi Veil' was introduced by the then Minister of Health, Mme Simone Veil, abrogating the previous law, but allowing doctors to refuse to perform operations if they wished, and requiring parental consent for minors. Nor did the law allow for reimbursement by the Sécurité Sociale (the French equivalent of the National Health Service), which was one of the key demands of the abortion campaign. In 1976 the Procès d'Aix again brought abortion into the political foreground, when five militants of the MLAC were charged with attempting to abort a minor who was pregnant as a result of rape.

From now on, it was the insufficiencies of the provisional 'loi Veil' that came under attack. Nevertheless, the law was voted in again on a permanent basis in November 1979 by 271 votes to 201, after considerable anti-abortion lobbies and staunch opposition by the Catholic church, always the main obstacle to reform.

The Procès d'Aix was also a test case on the issue of rape, drawing attention to the victimization of women in rape trials. In the MLF demonstration by the Ligue du Droit des Femmes[8] and *Pétrôleuses*, the class struggle magazine, against the pornographic film *Histoire d'O*, pornography was attacked as an incitement to rape. Protest was directed against an article in *L'Express* condoning scenes of sado-masochism in the film and suggesting that all women had secret masochistic desires. Pornography, rape,

and all forms of violence against women were seen as manifestations of male domination, the devaluation of women, and the negation of their desires.

The issue of equal pay and rights to work was also central, but it was espoused mainly by the radical left and trade union groups. A law for equal pay was introduced in December 1972, but it did little to alter the huge discrepancies that continued to exist in terms of the type of work to which men and women had access. In May 1973 the fifth national conference of the CGT[9] was dedicated to the 'condition des femmes salariées'. In July 1974, when the 'Secrétariat d'Etat à la Condition Féminine' was created, Mme Françoise Giroud's first task as its secretary of state was to consider the petition on the situation of 'femmes salariées', presented by the CGT. In May 1976 Mme Giroud published the 'Projet pour les Femmes 1976–81'.

Prostitution was focused on, again mainly by the left-wing, as another aspect of the devaluation of women's work. *Femmes en lutte*, a class struggle journal, saw prostitution as a direct result of inadequate pay, forcing poor, single women to supplement their income. In June 1975 the Cercle Flora Tristan of the MLF expressed its solidarity with the prostitutes demonstrating in churches in Lyon and Paris, and fighting for equal rights alongside other women.

In the late 1970s childbirth came under new scrutiny. Previously, campaigns had concentrated on contraception and abortion, regarding childbirth as the chief cause of women's slavery, or as a kind of death (as expressed in articles in *Sorcières*). Now it was re-evaluated on a more individual basis. Journals such as *Le Temps des femmes* published personal accounts of women's experiences of childbirth, while *Questions féministes* concentrated more on the power structures determining attitudes to childbirth and gynaecological practice.

Politics

Politically it may be argued that the MLF achieved a considerable degree of change. In the context of legislative change, a number of laws were passed which improved the condition of women: the law of January 1971 replacing 'paternal' authority by 'parental' authority within the family; the law of June 1975 introducing divorce by mutual consent – apart from other pieces of legislation already mentioned. In terms of parliamentary representation, the 'Secrétariat d'Etat à la Condition Féminine' was replaced in August 1976 by a delegation which performed a similar role. In January 1978 the government of Giscard d'Estaing also formed a 'Secrétariat à l'Emploi Féminin', in charge of all aspects of women's employment and training. However, the function of the 'Secrétariat d'Etat' was simply to make recommendations to the prime minister, and it was criticized by the MLF as having no real power to bring about anything more than cosmetic change. Legislative reforms were criticized in a similar way for not tackling the deeper causes at the root of women's oppression. Feminists of the MLF tended to affiliate with parties of the left: the PCF, PS, and PSU,[10] who were keener to open their doors to women, but often found their feminine goals incompatible with party politics. For example, their rejection of hierarchy, and broadness and diversity of approach were sometimes in direct opposition to the rigid party mechanism of, say, the PCF. In the PS some feminists favoured a separate women's current within the party. This was strongly criticized by Yvette Roudy, later to become Minister of Women's Rights in the socialist government, on the grounds that it would be damaging both to the feminist cause and to the socialist party as a whole. Thus ideas diverged as to how exactly feminists should achieve their aims within the party-political framework. It was becoming obvious that although the number of women party members had greatly increased during the 1970s, there was barely any increase in the number of women who reached the top. This was due not only to male discrimination but also to MLF reluctance to get involved in mainstream politics – Psych Po for the reasons already mentioned, and the class struggle and non-aligned feminist groups because of feelings of incompatibility with the mainstream, as regards means and ends. One of the very few women who made it to the top, though she was defeated by Mitterrand as a candidate for the presidential elections in 1981, was Huguette Bouchardeau. While contending that political party practice, the structure of debates and political discourse hinders real dialogue, she nevertheless believes that feminist goals are more likely to be achieved by altering these structures from the inside. However, she also recognizes the value of action on all fronts, inside and outside the party-political arena. It is this multiplicity of approach, drawing attention to all aspects of women's condition, that characterized the MLF during the 1970s. Although, arguably, less real political progress was made for women in the 1970s than in the post-war period, the MLF did more to analyse and change people's private attitudes and thinking about woman's condition than at any other time.

DOCUMENTS

Texte 5.1 *Debout les femmes!*

Nous qui sommes sans passé, les femmes,
Nous qui n'avons pas d'histoire
Depuis la nuit des temps, les femmes,
Nous sommes le continent noir.
    Levons-nous, femmes esclaves,
    Et brisons nos entraves,
    Debout!

Asservies, humiliées, les femmes,
Achetées, vendues, violées
Dans toutes les maisons, les femmes,
Hors du monde reléguées,
    Levons-nous . . .

Seules dans notre malheur, les femmes,
L'une de l'autre ignorée,
Ils nous ont divisées, les femmes,
Et de nos sœurs séparées,
    Levons-nous . . .

Reconnaissons-nous, les femmes,
Parlons-nous, regardons-nous
Ensemble, on nous opprime, les femmes,
Ensemble, révoltons-nous.
    Levons-nous . . .

Le temps de la colère, les femmes,
Notre temps est arrivé.
Connaissons notre force, les femmes,
Découvrons-nous par milliers,

Levons-nous, femmes esclaves,
Et brisons nos entraves.
Debout! Debout!

Chanson du MLF

TENDENCIES

Texte 5.2 *Résolution finale de la rencontre*
« Femmes Travailleuses en Lutte» les 29 et 30
novembre 1975

Ces dernières années, l'organisation des femmes travailleuses a fait des pas décisifs en avant: groupes de femmes autonomes dans les entreprises, commissions syndicales, organisations des femmes et regroupements autonomes pendant les luttes ont commencé à apparaître et à se multiplier dans toute la France.

Tout cela vient renforcer le rôle croissant pris par les travailleuses dans la lutte ouvrière face à la crise, face à la répression patronale, face à l'offensive des patrons en général. Cela confirme aussi leur volonté de plus en plus claire de poser et de résoudre ensemble dans les luttes anticapitalistes, tous leurs problèmes de travailleuses et de femmes.

Il est maintenant urgent de dépasser l'isolement de chacune, de chaque groupe dans son entreprise ou dans sa ville: il faut nous donner les moyens pour nous engager à fond et efficacement dans la lutte d'ensemble de la classe ouvrière, et pour y engager avec nous toutes nos camarades travailleuses.

Il faut donner les moyens de nous engager à fond dans la construction d'un mouvement de femmes, capable de mobiliser les travailleuses, capable d'unir autour d'elles la masse des femmes opprimées pour leur libération et pour le socialisme.

Travail de masse dans les usines et les bureaux
Le pratique de masse quotidienne des camarades de FTL est la base indispensable et le point de départ d'un travail plus structuré en direction des femmes dans les entreprises. Sans cette pratique de masse, nous ne remplirons pas les tâches que nous fixons dans la période actuelle en direction des femmes travailleuses, contribuant ainsi à réaliser les conditions de l'unité de la classe ouvrière et la prise en charge par tous les travailleurs de la lutte des femmes.

Les conditions de cette pratique sont différentes dans les milieux ouvriers et employés; la conséquence la plus importante qui en découle est que nous devons, en milieu employé, articuler toute notre pratique de masse autour des catégories les plus exploitées et les plus opprimées.

Les principaux axes de cette pratique sont les suivants: travailler à l'unité des femmes, atelier par atelier, bureau par bureau par:

– la solidarité dans le travail
– la lutte contre l'individualisme et la soumission
– se saisir de toutes les discussions sur la vie quotidienne pour soulever les problèmes de l'oppression et tenter, chaque fois que cela est possible, d'y lier l'ensemble des revendications des femmes.[1]

Femmes en lutte, no. 8, 1976

Texte 5.3 *D'une tendance*[2]

Ce texte n'est ni un manifeste politique, ni une affiche affiche électorale, c'est une information sur le travail et la pratique d'un grand nombre d'entre nous. Ces femmes ne sont pas constituées en groupe ferme, nommé comme on a pu le prétendre: « groupe psychanalyse ».

Il n'y a pas de « groupe psychanalyse ». C'est une manière de réduire une tendance politique du mouvement. Cette tendance lutte pour la libération des femmes à travers des réunions et des activités diverses, par une pratique, à la fois et en même temps sociale et idéologique.

Ces différents niveaux de pratique, pour ne pas être aveugles, anarchistes, dogmatiques, faussement révolutionnaires, idéalistes (du trotskysme au féminisme) interpellent, interrogent, soumettent à la question, et pourquoi pas à la torture.

– dans la lutte politique, idéologique et sociale le seul discours théorique qui existe à ce jour sur la lutte des classes, et les révolutions prolétariennes et culturelles: les textes du matérialisme historique et dialectique (Marx, Lénine, Mao),
– dans la lutte idéologue et sexuelle le seul discours qui existe à ce jour sur la sexualité et l'inconscient:

discours de la psychanalyse (Freud, Lacan) et sémiologie.

Il ne s'agit à aucun moment de privilégier ces textes dits « théorétiques » par rapport à notre pratique, mais de se donner les instruments de penser cette pratique afin de ne pas rester prisonnières d'une idéologie bourgeoise, masculine ou de son inversion contre-idéologique (le féminisme comme envers de l'humanisme dans une même clôture).

Les instruments de pensée qui existent déjà sont marqués par le signe bourgeois et masculin comme tout ce qui nous entoure, comme le langage le plus commun (il n'y a pas de langage neutre): ils le seront jusqu'à ce que nous les ayons déconstruits,[3] analysés pour les dépasser. Ce qui nécessite qu'ils soient retraversés.

On n'invente pas à partir de rien, il n'y a pas de génération spontanée, on ne travaille pas dans le neuf.

A partir de nos contradictions matérielles concrètes, à ras du sol, à ras des corps,[4] nous transformons laborieusement la réalité sociale, politique, idéologique qui nous censure[5] en une réalité où les femmes ont leur place, non subordonnée à celle des hommes ou à la masculinité de certaines femmes. Cette transformation est un procès de production continue de connaissances par/sur/ pour les femmes en vue de la prise du pouvoir par toutes les forces opprimées.

Pas plus que la dictature de la masse prolétarienne n'est une dictature fasciste, le pouvoir collectif des femmes ne sera le pouvoir mâle. Le pouvoir des femmes n'est pas un pouvoir légal, patriarcal, sadique, pédérastique, de présentation, de chef, de nom, de viol, de répression, de haine, d'avarice, d'avoir, de savoir, d'ordre, d'individualisme, d'idées abstraites.

C'est un (im)pouvoir[6] matriciel d'engendrements, de dépenses, de chaos, de différences,[7] de libertés collectives, d'ouverture, de corps (pluriel), de re-connaissances,[8] de levées de censures de jouis-sances,[9] d'en dehors de la loi, un pouvoir-agir-penser-faire par/pour toutes, tous.

Le Torchon brûle, no. 3, 1972

Texte 5.4

Affirmer la différence n'a rien à voir avec un quelconque racisme, au contraire. C'est enlever aux maîtres le droit d'édicter des lois valables pour tous et toutes, en tous temps et en tous lieux. . . . Quand les femmes demandent le droit à la différence, elles demandent de ne pas être assujetties à des modèles masculins, ou plus exactement patriarcaux, qui les paralysent et les nient dans leur condition sexuelle, social, culturelle.

Luce Irigaray, *Libération*, 21 mai 1979

Texte 5.5 *Le sexisme ordinaire*

Un individu qui devant témoins en traite un autre de « sale nègre » ou qui fait imprimer des propos insultants à l'égard des Juifs ou des Arabes peut être poursuivi devant les tribunaux qui le condamneront pour « injures raciales ». Mais si publiquement un homme crie à une femme « espèce de putain » ou si dans ses écrits il accuse la Femme de perfidie, de sottise, de versatilité, de débilité mentale, de conduites hystériques, il ne court aucun risque. La notion d'injures sexistes n'existe pas. Un certain nombre de femmes, dont je fais partie, ont entrepris de créer un Ligue du Droit des Femmes.[10] Cette association se propose plusieurs buts et entre autres de s'élever contre toute discrimination faite aux femmes dans des affiches, écrits et paroles publiques. Nous exigerons que les « injures sexistes » soient, elles aussi, considérées comme un délit. En attendant, *Les Temps modernes*[11] se proposent de dénoncer chaque mois les plus flagrantes: tel est le sens de cette nouvelle rubrique que nous ouvrons aujourd'hui. Nous demandons à nos lectrices – et à nos lecteurs – d'y collaborer en nous communiquant les textes ou les faits constituant des outrages contre les femmes. Si des femmes en sont responsables, il va de soi que nous n'hésiterons pas à les dénoncer, car le sexisme de certaines d'entre elles est aussi virulent que le sexisme mâle.

S. de Beauvoir, préface à la rubrique: Le 'sexisme ordinaire', *Les Temps modernes*, no. 329, décembre 1973

Texte 5.6 *La femme révoltée*

Depuis votre livre « Le Deuxième Sexe » votre analyse de la situation de la femme reste la plus radicale. Aucun auteur n'est allé aussi loin et l'on peut dire que vous avez inspiré les nouveaux mouvements de femmes. Mais il aura fallu attendre vingt-trois ans pour que vous engagiez, vous-même, dans la lutte concrète et collective des femmes. Ainsi, vous avez participé, en novembre dernier, à Paris, à la marche internationale des femmes. Pourquoi?

Simone de Beauvoir – Parce que je trouve que, dans les vingt ans qui viennent de s'écouler, la situation de la femme en France n'a pas réellement changé. Elle a obtenu quelques petites choses sur le plan légal pour le mariage et le divorce. Les méthodes contraceptives se sont répandues, mais de manière insuffisante, puisqu'il y a seulement 7% des Françaises qui utilisent la pilule. Dans le monde du travail elle n'a pas, non plus, obtenu d'avantages sérieux. Il y a peut-être un peu plus de femmes qui travaillent qu'autrefois, mais pas beaucoup.

De toute manière, elles sont toujours confinées dans des situations de peu d'importance. Elles sont secrétaires et non chefs d'entreprises, infirmières plus souvent que médecins. Les carrières les plus intéressantes leur sont pratiquement interdites et leur avancement est barré, à l'intérieur même de leur profession. Toutes ces considérations m'ont fait réfléchir. J'ai pensé qu'il fallait, si les femmes voulaient que leur situation change, qu'elles la prennent en main. D'autre part, les groupements de femmes qui ont existé en France avant le Mouvement de la Libération des Femmes, créé en 1970, étaient réformistes et légalistes. Je n'avais aucune envie de m'y joindre. Le nouveau féminisme est au contraire radical. Il reprend les mots d'ordre de 1968: changer la vie aujourd'hui même. Ne pas miser sur l'avenir mais agir sans attendre.

Quand les femmes du MLF ont pris contact avec moi, j'ai eu envie de lutter à leur côté. Elles m'ont demandé de travailler à établir un manifeste[12] sur l'avortement disant que moi et d'autres, nous avions avorté. J'ai pensé que c'était une démarche valable. . . .

Extrait d'un interview entre Simone de Beauvoir et Alice Schwartzer, intitulé 'La Femme revoltée', dans *Le Nouvel Observateur*, 1975

THEMES

Texte 5.7 *Contraception*

On est parti du principe que la femme n'est pas une machine à reproduire, qu'elle doit donc utiliser la contraception dès et tant que son corps peut procréer, qu'elle doit utiliser pour cela le moyen le plus efficace, le plus inoffensif, vus les moyens actuels de la science et de la technique, qu'elle doit donc faire le choix de la pilule contre les risques des avortements et des grossesses non désirées, qu'elle doit par ce choix commencer à éprouver sa liberté, mais que, actuellement, les femmes sont inégales devant ce choix, et que bien souvent, la société, les pères ou les maris ensuite ne leur permettent pas de faire ce choix et qu'il faut donc qu'elles arrachent le pouvoir de le faire, ce choix.

Les femmes qui se sont données la possibilité de choisir la contraception sont celles qui ont échappé au rôle que veut leur désigner la société, et ont échappé à la morale de cette société, propagée par les curées, les médecins, les pères et les maris.

La contraception est une des bases de la libération de la femme, en effet elle libère de l'angoisse de la procréation à chaque acte sexuel et oblige à séparer procréation et sexualité.

Il faudrait, à l'heure actuelle, que presque pour la majorité des femmes, contraception = pilule.

Pourquoi? Parce que c'est le seul moyen efficace à 100% en lui-même. En lui-même, parce qu'il est quelques rares échecs dûs à une mauvaise utilisation de la méthode, dont sont le plus souvent responsables les médecins, qui ne livrent que parcimonieusement les informations et le savoir sur la pilule. Exemple: la femme qui a de la fièvre pour une infection quelconque croit que la pilule est alors contre-indiquée,[13] arrête de la prendre et se trouve enceinte quelque temps après.

Cette efficacité à 100% a été déterminée scientifiquement, il n'y a pas à revenir:

Méthodes	Echecs dûs à la méthode (Grossesses pour 100 femmes par année)
Coït interrompu	15
Condom (capote anglaise)	5
Stérilet (appareil intra-utérin)	1
Pilule	0
Spermicides	4

Le Torchon brûle, no. 1, 1970

Texte 5.8 *J'ai signé parce que . . .*

J'ai signé parce que j'ai perdu trop de sang
Et vous voudriez en plus que je me taise.
C'est fini ça. Maintenant on parle, Monsieur
le Législateur qu'est-ce que tu as comme sang
sur les mains et tu ne t'en aperçois
même pas, tu te promènes comme ça.

Mais on va te mettre le nez dedans.
La loi dit, tous sont égaux devant la loi.
Et puis ta loi frappe sélectivement une seule
catégorie. Et puis tu prends des airs de moraliste
Tricheur.
Tu codifies mes fonctions physiologiques.
Tu décris en détail ce qui se passe à l'intérieur
de mon ventre. Tu mets ça dans l'Journal Officiel[14]
Quelle indécence.
Et c'est de moi que tu exiges de la pudeur.
C'est comme ça que tu appelles mon silence qui
    t'arrange bien
Hypocrite.
Mais le silence est rompu.
On te montre du doigt. Et tout le monde va voir ton
    vrai visage
Quelle horreur!

Une signature
'Manifeste des 343', *Le Nouvel Observateur*, 5 avril 1971

'Avortement et contraception libres et gratuits', MLAC

Texte 5.9 *Appel du MLA pour l'avortement libre et gratuit*

Le mouvement pour la liberté de l'avortement (MLA) est un mouvement pour la liberté: sans la liberté de disposer de leur corps il n'y a pas de liberté pour les femmes. L'interdiction de l'avortement doit être levée pour que les femmes aient la liberté la plus élémentaire, celle dont les hommes disposent de plein droit.

Lorsque les femmes demandent la liberté, on les accuse d'être des criminelles. Les millions de femmes qui ont avorté ne sont pas des criminelles.

Nous dénonçons l'amalgame entre avortement, et euthanasie ou eugénisme, comme nous dénonçons les procès d'intention: il ne s'agit ni de supprimer autoritairement tous les fœtus – bien ou mal formés – ni de refuser les enfants et la maternité. Ce que nous exigeons c'est le droit et la possibilité matérielle pour chacune d'entre nous, d'avoir et d'élever tous les enfants qu'elle désire, mais seulement si elle en désire. Ce que nous combattons, c'est la maternité obligatoire.

Nous dénonçons l'opposition que l'on voudrait faire entre contraception et avortement, comme si les femmes avaient le choix. Les femmes n'ont pas le choix; elles ne recourent pas à l'avortement pour le plaisir(!) C'est-à-dire par masochisme, mais parce que la contraception non plus, n'est pas « libre »: la contre-propagande frénétique, le barrage à l'information sont soigneusement entretenus et orchestrés: 6% des femmes adultes y ont accès aujourd'hui et deux sur mille seulement viennent des milieux populaires. Refuser l'avortement sous prétexte qu'il freine la contraception revient à pénaliser encore une fois les victimes d'une politique au lieu d'en attaquer les responsables. Nous refusons aussi le piège que constitue un projet plus « libéral », même s'il permettait l'avortement dit « thérapeutique ».[15] L'avortement thérapeutique n'est pas l'avortement libre; permettre aux femmes d'avorter seulement dans des cas « exceptionnels » ou « dramatiques », c'est refuser à l'ensemble des femmes le droit de décider leurs grossesses, c'est donner à d'autres le droit souverain de trancher sur notre vie. Nous n'accepterons plus que l'on puisse forcer les femmes à avoir des enfants contre leur gré. Il ne s'agit

nullement de légaliser un état de fait, mais d'obtenir la reconnaissance de notre droit.

Aucune modification de la loi ne peut être bonne, puisqu'elle réglementerait encore la libre disposition que les gens font de leur corps. La loi doit être purement et simplement abrogée. Nous recusons enfin le recours à l'argument démographique, à l'intérêt national (ou collectif). Quelle est donc cette nation, cette collectivité dont l'intérêt suppose l'asservisement de la moitié (au moins) de ces membres? Quels sont ceux qui ont décidé de cet intérêt? Qui parle en son nom? Et qui nous a consultées sur notre intérêt?

Ceci intéresse toutes les femmes, et toutes les femmes ont à parler. Pour la première fois, le mur du silence a été brisé: 343 femmes ont déclaré: « J'ai avorté. » Il faut faire tomber ce mur. De nombreuses femmes ont déjà ajouté leur signatures; rejoignez les groupes de quartier qui se sont déjà formés; formez-en d'autres, à votre domicile. . . .

Mouvement pour la Liberté de l'Avortement et de la Contraception, *Le Torchon brûle*, no. 1, 1970

Texte 5.10 *Alors que Madame Veil se félicite . . .*

Cela se passe en France. A Amboise, en décembre 1976: une femme paniquée accouche dans les toilettes d'un café et tente de faire disparaître le nouveau-né dans les canalisations. Ou encore à Angers, toujours en 1976: l'autopsie d'une femme, trouvée morte au bord de la route révèle que le décès a été provoqué après la pose d'une sonde abortive.[16] . . . La liste serait longue.

Il y a toujours en France des femmes acculées à l'infanticide,[17] des femmes qui meurent ou se mutilent en tentant d'avorter, des centaines de milliers de femmes qui ont toujours comme seul choix le recours aux « faiseuses d'anges »,[18] ou si elles ont de l'argent et l'information nécessaires au trafic des cliniques privées ou à l'Angleterre. . . . Rien n'a changé pour la plupart des femmes qui désirent avorter, et surtout pour celles des couches ouvrières et populaires.

Alors la loi Veil? Cette loi qui prétendait « libéraliser » l'avortement, cette loi que le gouvernement dans sa phase réformiste, moderniste avait fait voter sous la pression de la lutte des femmes, était bien une loi de classe, une loi hypocrite, faite pour n'être pas appliquée.

Pourtant cette loi dérisoire et non appliquée représente encore trop aux yeux de la bourgeoisie, qui se sent aujourd'hui menacée par l'aiguisement de la lutte des classes. Face à la crise, dans le même temps qu'il organise le chômage, le bloquage des salaires, dans le même qu'il attaque les acquis des travailleurs (sécurité sociale, équipements collectifs, crèches), le pouvoir prône le retour des femmes au foyer et mène une politique nataliste.[19]

Dans ces conditions, des députés de la majorité cherchent à faire réexaminer la loi Veil, non plus en 1980 comme c'était prévu, mais avant les élections de 1978,[20] par un parlement encore plus à sa botte.[21] D'où ces discours qui tentent d'imputer le déficit de la sécurité sociale au remboursement des contraceptifs et des interruptions de grossesse (déguisées en interventions chirurgicales par des cliniques!) D'où encore le tapage mené autour de « l'infanticide d'Amboise ». D'où enfin la publicité faite par la presse et la télévision au récent congrès de « laissez-les-vivre », organisation soutenue par l'extrême droite et l'ordre des médecins et qui qualifie la loi Veil de « meutrière et perfide », reconnaissant comme seul rôle aux femmes celui de machines à reproduire des enfants. Face à cette attaque organisée de la bourgeoisie, il est urgent de reprendre le combat.

– Pour exiger et contrôler l'application de la loi Veil
– Pour exiger son élargissement à l'avortement libre pour toutes et remboursé par la sécurité sociale
– Pour obtenir l'abrogation des clauses répressives. . . .

Mouvement pour la Libération de l'Avortement et de la Contraception, (MLAC), no. 4, 1976

Texte 5.11 *L'hirondelle du faubourg (Version MLAC)*

On l'appelle l'Hirondelle du Faubourg,
Ce n'est qu'une pauvre fille d'amour,
Née un our[22] d'la saison printanière, d'une petite
    ouvrière.
Comme les autres elle aurait bien tourné
Si l'patron qui la f'sait travailler

Lui donnait d'quoi manger
Et se faire belle . . .

    A l'hôpital, c'est l'heure de la visite,
    Le médecin chef passe devant les lits,
    L'numéro treize, qu'est-ce qu'elle a cette petite?
    C'est une urgence qu'on amena cette nuit,
    C'est une tête dure elle ne parle pas beaucoup
    Hémorragie, c'est un avortement,
    Non, pas foutue,[23] à cet âge on tient le coup
    Seulement, tout de même, faut prévenir ses
        parents,
    Mais la gamine, alors, répond douc'ment
    « C'est pas la peine, j'ai quitté ma maman ». . . .

On l'appelle l'Hirondelle du Faubourg,
Comme les autres, un jour, j'ai fait l'amour,
Un beau jour d'la saison printanière,
Comme une p'tite ouvrière.
Mais les choses auraient pu mieux tourner,
Si sa mère au lieu d'moraliser
Avait su lui donner d'bons conseils . . . pour
    aimer. . . .

    Numéro treize toujours quarante de fièvre,
    Ça tourne mal pour la jeune alitée
    L'corps médical lui a r'fusé son aide,
    Pas étonnant qu'elle se soit trafiquée
    J'suis un médecin, moi, j'obéis à l'Ordre.
    Celle-là, comme d'autres, il pouvait l'avorter,
    La v'là qui meurt dans l'oubli et l'opprobre
    Encore un homm' qui l'a laissée tomber. . . .
    Vous nous r'gardez avec des yeux ronds. . . .
    Vous, les passants, écoutez la leçon:

On l'appelait l'Hirondelle du Faubourg,
Elle avait pourtant droit à l'amour,
Mais, victime d'une morale périmée,
Elle est morte sacrifiée
Tout ça parce qu'elle manquait d'oseille[24]
C'est une chose qui d'vrait pas r'commencer,
Si vraiment elle était appliquée
La LOI VEIL.

MLAC (bulletin), no. 2, novembre 1975

The condition of women in France

Texte 5.12

Récemment, la bourgeoisie a porté le coup d'arrêt au silence agité qui régnait sur l'avortement. C'est le Procès d'Aix où 5 militantes du MLAC sont inculpées pour avoir avorté Chantal, mineure, dont le père a porté plainte.

Nous nous sommes battues pour ce droit à l'avortement; aujourd'hui qu'une loi est votée, qui est la moins appliquée de France. Dans les hôpitaux on n'avorte pas les femmes, on les renvoie de semaine en semaine, pour n'en accepter qu'un nombre dérisoire. Les cliniques privées, les médecins « astucieux » s'enrichissent: le prix de l'avortement est monté à 1500/2000F.

Mais ce sont des femmes du MLAC qu'on inculpe aujourd'hui. Et « Laissez-les-vivre » (l'organisation de défense du fœtus sur le dos des femmes) prépare sa campagne pour le jour béni, dans 4 ans, où la loi Veil – simple suspension de la loi répressive de 1920 – sera remise en question.

Soyons conscientes d'une chose: c'est la démobilisation après le vote de cette loi qui permet au pouvoir de faire aujourd'hui le Procès d'Aix. Ce procès peut être l'occasion pour nous de dénoncer les carences[25] de la loi (non valable, entre autres, pour les mineures) et les conditions de son application: infrastructure hospitalière incapable d'accueillir les femmes.

La campagne s'engage par la signature d'une pétition destinée à être remise aux juges le jour du procès. A nous d'expliquer en quoi elle nous concerne au premier chef et de participer à toutes les initiatives en soutien aux inculpées d'Aix.

Pétroleuses, no. 5, p. 18, 1976

PORNOGRAPHY

Texte 5.13 *Histoire d'O, ou le fascisme sexuel*[26]

Deux femmes belges ont été violées pendant leurs vacances en France lors de l'été 1974. L'une a été enceinte.

L'affaire est passé ce matin, mercredi 17 septembre 1975, à 8h 15, devant le tribunal correctionnel de Marseille où leurs trois agresseurs ont été seulement poursuivis pour le délit de coups et blessures, alors qu'elles portent plainte pour viol, crime passible des assises. Mais quelle importance puisque, comme le clame *Histoire d'O*, « les femmes aiment ça »? Qu'en pensent nos sœurs espagnoles, torturées, violées quotidiennement par les bourreaux fascistes? Veut-on nous y préparer?

Non seulement d'immenses profits se réalisent sur notre corps « grâce » aux films porno qui envahissent les cinémas, mais *L'Express*, qui a doublé ses ventes sur Paris depuis la publication d'*Histoire d'O* dans ses pages, fait l'apologie de la femme torturée et esclave et, si l'on en croit cet hebdomadaire pour jeunes cadres en détresse sexuelle, telle est la voie de notre « libération ».

Non, Messieurs, NOUS NE VOULONS NI CETTE « LIBERATION » NI ETRE LA FEMME PRUDE, FRIGIDE, ET CONFINEE AU FOYER!

C'EST A NOUS DE CHOISIR ET DE VIVRE NOTRE SEXUALITE ET NOTRE PLAISIR.

'Liberté, égalité, maternité', *Pétroleuses*, 1976

Signé:

Ligue du Droit des Femmes, les Pétrôleuses, Politique et Psych-analyse, Librairie des femmes, Tribunal international des crimes contre les femmes (comité français)

Tract distribué pendant la manifestation contre *Histoire d'O*, 17 septembre 1975

Texte 5.14 *Décidément, la femme, ça se vend bien!*

C'est le titre d'un panneau que nous avons fait au mois d'août, à côté de notre matériel habituel: CONTRACEPTION – AVORTEMENT, posant brutalement et à notre manière le problème de la pornographie au cinéma. On ne peut nier que c'est un problème, et il nous intéressait de tester les réactions des habitants de notre quartier. Tenter d'en discuter avec la population était « périlleux », et les réactions ont été parfois violentes!

Des femmes ont été choquées devant les MOTS, par ailleurs couramment étalés sur les affiches des cinémas. Cette semaine-là, il y avait, en effet, huit titres alléchants proposés au public:

Les incestueuses	et pourquoi pas les incestueux . . .
les baiseuses	les baiseurs
les jouisseuses	les jouisseurs
les butineuses	butineurs
les avaleuses	les avaleurs
filles insatiables	mecs insatiables
louves brûlantes	chiens errants
S. comme salopes	S. comme salauds[27]

Certaines femmes n'ont pas supporté l'agression et, malgré notre commentaire – IL Y EN A MARRE[28] DE CETTE UTILISATION –, l'une d'elles nous a dit: « C'est dégueulasse ce que vous faites là ». Les hommes avaient plutôt tendance à ricaner « jaune »[29] pour certains. Un type nous a dit: « les femmes qui acceptent de tourner cela sont des putains. Elles ne feraient n'importe quoi pour du fric. »

Une fille a répondu: « Donc, les producteurs sont des maquereaux, et le gouvernement aussi. » . . . Et finalement, tout le monde est tombé d'accord pour

conclure: « Tout ça, c'est des histoires de fric. » En vérité, *on fait du fric sur la misère sexuelle*. La réalité, c'est que nous avons eu du mal à entamer une discussion plus intéressante, car le fond du problème, la sexualité, n'a pas été vraiment évoquée. Nous posions pourtant clairement la question:

– le public, composé d'une majorité d'hommes, qui va voir ces films, est-il libéré pour autant?

– ils sont nombreux ceux qui pensent qu'il y a d'un côté les femmes honnêtes, et les salopes de l'autre. . . .

– qui pose les véritables problèmes? Qui parle franchement de la sexualité?

– qui parle du plaisir . . . partagé?

– qui ne traite pas plus ou moins les femmes comme des objets?

Nous voulions apporter une réponse qui ne soit pas celle des moralistes, des pudibonds et des hypocrites de tout poil.[30] Nous voulions aussi que ce soit des femmes, les plus utilisées dans le cinéma porno, qui s'expliquent là-dessus.

En fait, ça n'a pas très bien marché. Avec cette tentative, nous avions conscience d'avoir fait plaisir à quelques personnes, mais nous avons mesuré à quel point il était encore difficile d'aborder les problèmes qui touchent directement à la sexualité.

Aux permanences collectives, qui rassemblent entre dix et vingt femmes venant chercher une solution à leur problème de grossesse non désirée, nous avons beaucoup de mal à dépasser le dialogue « utilitaire ». Nous mesurons à quel point la notion de vie privée sert d'écran aux phantasmes de tous.

Tant que nous ne pourrons pas parler ouvertement de ce qui nous concerne intimement, nous laisserons aux autres le droit de nous ridiculiser, de nous défigurer, et surtout, *de nous utiliser*. Nous commençons à contester la manière dont on nous fait travailler – il faut aussi penser à la manière dont on veut nous FAIRE VIVRE.

MLAC, Bulletin no. 2, novembre 1975

RAPE

Texte 5.15   *Procès Azuelos: on s'est trompé d'accusé*

Lundi 12 octobre, J. Paul AZUELOS passait en jugement devant la 10ième Chambre Correctionnèlle de Créteil. De quoi était-il accusé?

D'avoir frappé l'homme qui avait violé sa fiancée?
Sa fiancée, Viviane, 17 ans, avait été embauchée comme employée dans une petite entreprise. Son patron très vite l'avait fait monter en grade jusqu'à la nommer « Secrétaire de direction ». Il l'appréciait beaucoup. . . .

Le 12 mai, il l'ammène dans un hôtel sous prétexte de lui parler de ses ennuis personnels. Là, il la viole.

Une plainte pour viol a été déposée par Viviane, mais le procès ne se fera pas avant le printemps prochain.

Une plainte pour coups et blessures a été déposé par le patron contre le fiancé J. P. AZUELOS. Ce dernier a été immédiatement jeté en prison à Fleur Merogis. Il y est resté jusqu'au procès, c'est-à-dire cinq mois!

Le 12 octobre des camarades de « Femmes en Lutte Quartier » – sont allées au procès pour soutenir Viviane et Jean Paul. Pendant le procès une série de péripéties survenues avant, pendant, et après le viol, ont été mises en avant qui ont un peu embrouillé l'histoire. Mais, certaines interventions, par contre, étaient vraiment claires:

La plaidoirie[31] de l'avocat du patron
Il a présenté Viviane et Jean Paul comme « membres d'une secte vengeresse » mariés « devant la lex satanas ». Il a voulu jouer « L'inspecteur mène l'enquête » en posant des questions insidieuses à Jean Paul. Il a eu l'audace de réclamer une indemnité financière qui serait intégralement reversée à la Croix Rouge.[32] Il laissait pratiquement entendre que c'était Viviane qui . . . avait violé le patron. En réalité il n'a fait que se ridiculiser. Sa plaidoirie était particulièrement lamentable.

– Le procureur de la République a fait un réquisitoire[33] d'un tout autre style – très politique – attaquant la presse qui voulait « faire pression sur une police libre, dans un pays libre » – Attaquant le couple comme conjurés voulant nuire « à la pauvre victime salie ». Il a redonné sa définition du viol: « il faut qu'il y ait eu opposition certaine de la part de la victime, et violence de la part de l'acteur ». Pour lui, il n'y a pas eu viol puisque Viviane a suivi son patron à l'hôtel (de gré ou de force peu importe). Par ailleurs, il a brillé par un phallocratisme[34] arrogant: « Monsieur SITBON (le patron) éprouvait envers cette jeune fille des sentiments filiaux, et, Mon Dieu, la jeune fille était charmante et les sentiments sont devenue « incestueux. »

Du côté de la défense
Un témoin a été cité par l'avocat d'Azuelos (DE FELICE). Il s'agissait de Françoise d'Eauconne. Elle a fait en quelques phrases une dénonciation virulente du « viol bourgeois », des patrons, des contremaîtres, des sous-fifres[35] sur leurs employées.

Les avocats de Jean-Paul
Maître Irène Terrel a insisté sur le pouvoir du patron. Si Viviane est allée à l'hôtel, c'est sous la pression d'un chantage, et piégée par sa position sociale d'employée.

– Maître Compte a dénoncé rigoureusement le réquisitoire du Procureur et montré que les arguments mis en avant n'avaient aucun fondement.

– Maître De Felice s'est élevée contre la mise en détention d'Azuelos et a rappelé l'accueil réservé aux femmes quand elles vont déposer une plainte au commissariat: l'Humiliation, l'indifférence, voire même les sarcasmes.

– Nous exigeons son acquittement.

– Nous attendons le procès pour viol. . . .

– Nous dénonçons la Justice, en realité complice du violeur. Le Procureur de la République n'a-t-il pas affirmé: « le viol « véritable » est une chose assez rare »!

Solidarité avec Viviane!

Femmes travailleuses en lutte,[36] no. 11, octobre 1976

Texte 5.16

Sauf que:
– il s'agit bel et bien[37] d'une histoire de dominant et dominé,

– d'une atteinte à l'intégrité de la personne, à la liberté,

– d'un acte sexiste (et le sexisme a la même dynamique que le racisme) dans le viol est posé le problème de l'égalité première, celle qui devrait exister entre les deux sexes

– le viol est une situation où l'on nie à la femme le droit à son propre désir, et où elle est utilisée plus que jamais comme un objet

– le viol symbolise au plus haut point la façon dont une moitié de l'humanité tente d'écraser l'autre

– le viol est un acte fasciste

– la justice en matière de viol n'existe pas.

Le viol, c'est aussi les intimidations quotidiennes mesquines qui permettent à certains petits débiles de consolider leurs fantasmes de Superman pour pas cher, en essayant de dévaloriser des femmes.

Le viol, c'est aussi cette nausée qui nous envahit devant certaines publicités, où l'on a mal pour toutes les femmes, de cette prostitution au service du Capital.

Le viol, c'est aussi cette image de femme à laquelle ils voudraient que l'on s'identifie, synonyme de contrainte sur notre corps de normativité, d'objet de série (nous = la matière première).[38]

Le viol, c'est aussi ce qui est sous-entendu dans ce droit de propriété sur le corps de sa femme qui est donné au mari dans l'institution du mariage.

Le viol, c'est cette parole sans cesse refusée au désir des femmes comme s'il n'existait pas, comme si nous ne pouvions exister passives.

Le viol, c'est là aussi quelque part dans l'air, quand on tient des réunions syndicales avec des camarades femmes, dans des locaux « agrémentés »[39] de photos pornographiques. . . .

Le viol est un point culminant du sexisme. Si l'on se réfère à certaines analyses du racisme qui montrent qu'il s'agit surtout de refuser à l'autre le droit d'être précisément autre, différent, non semblable à soi, de ne pas être soi, le sexisme procède de la même démarche,[40] car c'est bien d'être différente, d'exister autrement qui nous est refusé. Le viol, c'est ne pas lui reconnaître une autonomie, l'empêcher de l'exprimer, de la vivre.

Pétroleuses,[41] décembre 1976

PROSTITUTION

Texte 5.17

Au moment du mouvement des « femmes prostituées » de Lyon, on en a discuté et on a pensé que ça concernait l'ensemble des femmes. Nos discussions ont surtout tournées autour des causes de la prostitution; mais en même temps, on a aussi examiné la condition des prostituées en tant que femmes.

Quelles sont les causes de la prostitution?
C'est la société capitaliste qui est à l'origine de la prostitution, car: – cette société habitue les femmes à être des objets sexuels ou des objets de consommation (même dans le mariage). Tant qu'à faire, puisque dans cette société, tout se vend, pourquoi pas vendre son corps?

– ce qui pousse une femme à se prostituer, c'est toujours une histoire de fric: chômeuse, divorcée, ou mère célibataire, elle passe vite de « l'occasionnelle » à la « permanente »,[42] surtout dans la période actuelle où les femmes sont les premières licenciées. En général, ce sont les femmes seules qui se prostituent, car pour vivre et élever des enfants, le salaire d'une femme est souvent très insuffisant.

Si une vendeuse est obligée de faire une « passe »[43] en plus le soir pour boucler sa fin de mois,[44] c'est pas tellement elle qui est à critiquer mais *c'est la société qui ne permet pas à une femme seule à vivre*, qui ne donne pas le même salaire à une femme qu'à un homme.

Si les femmes sont considérées comme des objets sexuels ou des objets de consommation par les hommes, ceux-ci n'en sont pas directement responsables. *Ils sont victimes de la misère sexuelle* qui règne dans la société, ils sont eux aussi victimes des critères de beauté, c'est leur aspect et leur beauté qui leur donnent une valeur; la situation professionnelle (et donc le niveau économique) détermine la facilité avec laquelle un homme se procure une femme. S'ils ne sont pas conformes à ces critères, les hommes se retrouvent dans une misère sexuelle telle qu'ils vont se payer un peu de tendresse auprès des prostituées. LA SEULE RESPONSABLE EST UNE FOIS DE PLUS CETTE SOCIETE OU LES RAPPORTS

ENTRE HOMMES ET FEMMES SONT RE-
DUITS LA PLUPART DU TEMPS A DES
RAPPORTS FINANCIERS.

Les prostituées, vis à vis des femmes mariées,
semblent obtenir une indépendance économique en
utilisant la sexualité pour ce qu'elle est encore
actuellement, *un produit de consommation*, une
marchandise échangée sous contrat. Mais tout n'est
qu'apparence: en réalité, les prostituées dépendent
toutes de leur protecteur-patron, et de plus, elles sont
hors la loi. La prostitution s'adapte aux besoins des
hommes, tout en étant réprimée par eux.

Les femmes ne doivent pas lutter contre les
hommes, *mais contre ces types de rapports existant
entre eux*. C'est pourquoi nous devons nous sentir
solidaires des femmes prostituées dans leur
mouvement où elles demandent avant tout d'être
considérées *en tant que femmes* et non en tant que
putains.

Femmes travailleuses en lutte, no. 4, 1975

Texte 5.18 *Des femmes déchirent le silence . . .*

des femmes, nous, elle, moi, elles, toutes peut-être,
des femmes dites prostituées aujourd'hui dévoilent –
et abolissent – leur soumission, mots, cris, phrases,
toujours jusqu'à maintenant retenue, chuchotés,
murmurés en secret, en confidence, balbutiements
hier à peine audibles

des femmes maltraitées, pourchassées, vendues,
battues brisent, mettent fin, déchirent notre silence –
consentement mutique,[45] révolte, rebellion, cris
sauvages, exaspérés nos rumeurs, nos remous,[46]
notre révolte déferlent, explosent, surgissent, des
femmes unies, amies, ensemble, fières, femmes,
mères, filles quelques heures, quelques jours, pour
toujours.

ces abris fantoches, protections, prisons que nous
accouions, silencieuses, muettes, immobiles, lieux
déserts d'où parviennent les menaces, chantages et
mises en garde, places fortes[47] du mercantilisme,
échange, marché, commerce, harems millénaires

à l'ombre, disparue, corps absent, tu, tue,[48] corps
frigide, refus, oubli fermer les yeux, résistance
passive, mortelle, femme voilée, endormie

lieux obscurs de défaite, compromissions, per-
missions

flagrant délit d'insoumission, femmes hors la loi,
nous incendions les icones, images pieuses de la toute
puissance paternelle, tutelles patriarcales

femmes interdites, vendues, violées, absentes

paroles, gestes, dans tes bras, je n'ai aimé que toi,
présence, corps retrouvé, égarements d'enfances
réveillées, mouvantes, mots

insurrectionnels – aimer, récit multiple enlacé,
poèmes, déclarations tracts, lettres, mots/matière,
production richesse qui défient les menaces, les
dangers, les abus

dont nous suffoquions harassements, harcèlements,
corps renvoyé, détourné

insurrection

tes yeux clairs ouverts.

illégales . . .

. . . hors la loi

rivages, paysages

femmes singulières vivantes.

Le Quotidien des femmes prostituées, juin 1975[49]

Texte 5.19 *9 juin 1975*

Parce que la révolte des femmes prostituées fait
partie de la lutte de toutes les femmes pour leur
libération, le Cercle Flora Tristan du MLF, Lyon, a
diffusé la première « Lettre à la population » du
collectif d'Action des Personnes Prostituées de
Lyon.

Notre Cercle faisait simultanément connaître ses
positions: Femmes, soyons solidaires avec les
femmes prostituées en lutte:

– contre la répression sous toutes ses formes,
présente et à venir, qui s'exerce contre les femmes
prostituées;

– contre le mépris, les insultes, l'humiliation
constante des mâles dominateurs qui profitent de
cette occasion pour se montrer tels qu'ils sont:
maîtres tout puissants de toutes les femmes;

– pour la suppression de la prostitution qui ne
disparaîtra qu'en même temps que la famille
patriarcale monogamique reposant sur l'oppression
de la femme par l'homme.

Des contacts ont aussi été pris avec les prostituées

occupant l'église Saint-Nizier, en vue d'organiser notre soutien à leur juste lutte.

Cercle Flora Tristan du MLF, Lyon[50]

WORK AND EQUAL PAY

Texte 5.20 *On n'appelle pas ça du travail*

1. – Se lever les premières.
   Biberon, couche.
2. – Leur faire le petit déjeuner.
3. – Faire la vaisselle du petit déjeuner.
4. – Habiller et emmener les enfants à l'école.
5. – Faire les courses pour le repas.
   Biberon, couche.
6. – Faire le ménage.
7. – Préparer le déjeuner.
8. – Les faire manger, faire leur vaisselle.
9. – Faire la lessive.
10. – Repasser, raccommoder, faire les vitres, récurer, brosser, épousseter, cirer . . .
    Biberon, couche.
11. – Les attendre.
12. – Se faire une beauté pour eux.
13. – Préparer le repas du soir.
14. – Les servir.
    Biberon, couche.
15. – Laver leur vaisselle.
16. – Préparer tout pour le lendemain.
17. – Se coucher, et être à SA disposition.

70 HEURES = ON N'APPELLE PAS CA DU TRAVAIL.

Ils nous disent que nous ne gagnons pas notre vie, nous sommes juste nourries et logées et encore, il faut dire merci.

Si nous travaillons dehors c'est TOUT CA PLUS 8 HEURES DE TRAVAIL PAR JOUR, PLUS CAVALER DANS LE METRO pour faire les courses avant la fermeture.[51]

NOUS: 110 HEURES

EUX: 48 HEURES de travail par semaine

Ils nous disent que nous gagnons un salaire d'appoint!!![52]

SI C'EST CA L'AMOUR

SI C'EST CA LA FAMILLE
CHANGEONS-LES!

Le Torchon brûle, no. 1, 1970

Texte 5.21 *Femmes, nous allons travailler où ils nous veulent, nous parquent, nous cantonnent[53]*

à ces métiers « féminins » qu'ils nous abandonnent et nous reprennent au gré de l'histoire.

Féminins, c'est-à-dire dévalorisés, sous-payés.

Féminins, c'est-à-dire où ce qu'ils nous ont faites fera merveille.

– Dans l'industrie, nous partagerons avec les immigrés les travaux sales et rebutants, les postes d'exécutions, les tâches morcelées,[54] on nous demandera de la vitesse, mais pas d'initiative, de l'endurance nerveuse (moins côtée[55] officiellement que la force physique) mais sans espoir de promotion. Ils nous paieront plus souvent au rendement, car ils savent que nous tiendrons la cadence, jusqu'à la limite de nos forces. Mais ça n'ébranlera pas leurs certitudes: nous resterons « le sexe faible ».

– Ailleurs, nous seconderons, discrètes, effacées, compréhensives, décoratives à l'occasion, souples toujours. . . .

FEMMES, NOUS ALLONS TRAVAILLER . . .
     quand ça arrange notre patron . . .
     quand le salaire de notre mari ne suffit plus . . .
     quand nous n'avons pas encore de mari . . .
     quand nous n'en avons plus . . .
     quand nous étouffons chez nous. . . .

FEMMES, TOUJOURS MINEURES? NOUS N'AVONS DROIT QU'A UN « SALAIRE D'APPOINT »
     Moyenne nationale des salaires féminins: 1381 F
     Moyenne nationale des salaires masculins: 2070 F
     Ecart moyen: 33%
     soit: plus de 35% chez les cadres supérieurs,
     28% chez les cadres moyens,
     30.6% chez les ouvriers,
     20.2% chez le personnel de service.

Juillet 1974: 45% des femmes gagnent moins de 1500 F

8 femmes sur 10 gagnent moins de 1750 F

1 femme sur 2 gagne moins de 1165 F

The condition of women in France

Les femmes représentent:
  2.6% des ingénieurs,
  9.1% des cadres administratifs supérieurs,
  8.9% des techniciens,
  19.5% des cadres administratifs,
  8.5% des contremaîtres. . . .

Pétrôleuses, no. 4, 1975

CHILDBIRTH

Texte 5.22

– Il est normal? dit une toute fluette voix du fin fond de la table d'accouchement,

– Oui, madame, vous avez une belle petite de 3,5 kg . . . allez, pousse un cri! au moins dis quelque chose! Vaurienne!

personne l'aime, le bébé qui naît . . . le malade qui nous a fait trembler et autant suer, on l'aime lui! mais le malade, c'est quelqu'un d'entre nous . . . le bébé est un intrus.

« femme enceinte a un pied dans la tombe » dit un proverbe; « les enfants nous poussent », dit-on . . . nous poussent où?[56] à la tombe, justement! un enterrement qui passe dans la rue nous réjouit, oui, c'est très refoulé aussi . . . mais nous nous arrêtons, nous regardons . . . nous savourons. lui il est là dans la boîte, il est mort! et moi je vis! quel âge qu'il ait, même si c'est un cadavre de 7 ans (le goût d'aller voir les enfants décédés à la morgue dans les hostos!), je suis plus jeune que lui! puis qu'il me reste encore du parcours, et lui il a fini le sien! cette renflure sous la robe de cette femme, je détourne la tête . . . la mort passe – elle me tire la langue! cet être-là, en préparation, me dit: « Bientôt j'arrive! et toi, tu vas débarrasser le plancher! »[57] cette façon de naître est scandaleuse! heureux événement! tas d'hypocrites et de lâches! on se contrôle . . . on encourage la mère . . . encore un petit effort! ça y est presque! poussez! poussez! . . . si on se met tous à hurler, où on va? . . . parfois on supporte tellement pas les cris de la femme qu'on l'engueule! C'est facile merde, d'accoucher! c'est naturel! c'est votre fonction naturelle, Madame! . . . La Nature, vous savez où les gros mangent les petits. . . .

se manger entre soi et se reproduire! . . . on dirait un mot d'ordre de la société capitaliste! . . . poussez, madame!

l'enfant sort de la grotte tout graisseux . . . le voilà, ce salopard, qui nous fait tant suer, qui a failli tuer sa mère! . . . personne l'aime, le bébé qui naît! . . . on te le secoue, c'est pas un hasard! . . . les gouttes dans les yeux surtout! il respire? alors respire idiot! il est normal? dit une toute fluette voix du fin fond de la table d'accouchement, une stagiaire infirmière dit:

– Ouf, j'ai fini mon stage maternité! tout le mois, dès que je rentrais là-dedans, j'avais des nausées!

– Et vous, Madame la Doctoresse des consultations prénatales, vous n'avez pas d'enfants?

– A force d'en voir, des femmes enceintes, ça m'a rendu stérile!

– Oui, mais enfin, le Cycle représente la vie et la mort! pourquoi vous obstinez-vous à n'y voir que la mort?

– Mais parce que la vie, je l'ai! Ce qui me reste à vivre du Cycle, c'est justement la mort! . . . bien sûr, la femme enceinte est porteuse de vie, la belle blague! mais d'une vie extérieure à elle, à moi! C'est sûr je n'ai pas la pensée grandiose et généreuse de ceux qui peuvent s'abstraire, monter dans le ciel, se pencher et dire: o que la Nature est une grande chose, Harmonieuse! Je ne vois la vie qu'avec mes petits yeux d'individu chétif, fragile et qui passe.

Victoria Thérame, *Sorcières*,[58] no. 4, juillet 1976

Texte 5.23

I. – On m'a . . . on m'a vraiment manipulée. Bon, on m'a imposé la position,[59] on m'a foutue comme ça . . . tu n'existes pas, tu . . . tu vas mettre un enfant au monde: très bien et c'est tout. Mais toi, ta personne si tu souffres s'il y a quelque chose qui ne va pas. . . . Tous les gens qui travaillent là ont vu des milliers d'accouchements, tu es . . . tu es dans le cas de milliers d'accouchements, tu n'existes pas en tant qu'individu, en tant que femme, pas du tout. T'existes vraiment comme, bon ben . . . l'utérus, le vagin qui s'écarte, qui s'écartèle et qui va laisser passer l'enfant et ça se termine.

J. – Chaque fois que je me suis mise en position gynécologique pour me faire examiner, j'ai éprouvé un sentiment d'infériorité épouvantable. On a l'impression d'être à la merci des gens qui sont là. On est . . . on est démunie[60] et je n'aime pas du tout la position gynécologique. L'autre jour j'en discutais justement avec des sages-femmes et des anesthésistes, et nous disions qu'au fond le fait, si on pensait . . . si on repensait la position gynécologique, on proposerait plutôt aux femmes de s'accroupir . . . ça serait peut-être pas plus mal; parce qu'en réalité c'est une position qui est pas tellement confortable, ni pour pousser, ni par rapport à la pesanteur. . . . Couchée, les jambes écartées . . . et attachées. Non, c'est une position qu'il faudra probablement. . . . Une position de torture . . . où on a l'impression d'être à la merci des gens. Moi, je l'ai éprouvée, cette sensation, personnellement.

I. – J'exigerais une position justement d'une, d'un récit d'une des femmes, d'une de mes amies qui est marocaine, qui disait que chez elle, justement, au Maroc, elle accouchait assise, qu'elle avait donc toutes ses amies femmes autour d'elle, qu'elle voulait pas d'hommes . . . c'est marrant, parce que moi j'ai eu aussi. Je ne voulais pas de Jean, je m'en foutais donc que Jean ne soit pas là . . . J'ai refusé, tu vois, de . . . que le père du bébé assiste comme ça et soit avec le médecin, donc voie mon vagin ensanglanté et poff le gosse qui sort . . . joue déjà le rôle du futur père avec, comment dirais-je, un échange avec le médecin. . . . Je me sentais violée, violée dans ma pudeur, exposée à tous ces mâles qui donc évoluaient autour de moi.

Extrait d'une transcription de vidéo dans *Questions féministes*,[61] no. 5, 1979

Texte 5.24 *Claudine: « Quand je disais, arrêtez, j'avais l'impression de m'adresser à l'univers entier »*

Ça a bien démarré, des copains et copines sont venus à minuit, les contractions avaient duré toute la journée, mais très supportables . . . entre deux, je parlais d'autre chose. A partir du moment où j'ai été à la clinique, c'était moins sympa . . . ces chambres anonymes . . . en plus c'était long, on y a vu le jour naître, dans ce lieu sans odeur. A partir de 9h du matin, je ne me souviens plus bien, même le rapport avec les gens, ça a commencé à s'estomper, plus je

souffrais, plus je me concentrais sur moi-même. Je m'accrochais les yeux au plafond, paraît-il, un peu comme de l'hypnose . . . les autres l'ont vécu comme une absence; ça m'était déjà arrivé à l'occasion d'une forte émotion . . . vouloir ramasser toutes ses forces, pour assumer ce qui se passe. Ça a duré 3 ou 4 heures, à ce moment-là j'ai perdu la notion que j'étais là pour accoucher. Avant, je me disais que ce qu'il sorte, après j'ai complètement oublié pourquoi j'étais là, la présence des autres, l'enfant dans mon ventre, la clinique . . . j'ai crié, je ne vivais plus que la douleur, je criais – je ne veux plus, arrêtez . . . Thierry intervenait auprès de la sage-femme, mais elle répondait que c'était normal, que ça avançait . . . je dilatais très lentement, j'ai beaucoup souffert, longtemps . . . cette douleur elle est vraiment dans le corps, inéluctable, indépendante de qui que ce soit, et surtout indépendante de la pensée . . . je n'étais que corps et corps en souffrance. . . .

Je l'ai ressenti comme quelque chose de naturel, toute la grossesse je l'ai vécue comme ça, qui se développait indépendamment de ce que tu peux penser, de la période où tu vis . . . ce processus inéluctable, j'ai trouvé ça bien . . je veux un enfant et après ça se fait, mon corps faisait le travail, ça m'échappait au niveau de ma tête.

En fait, une heure avant d'accoucher, un déclic s'est produit, j'ai repris conscience de ce qui se passait. A un moment, j'ai entendu – il va falloir qu'elle pousse . . . je me suis dit il faut que je sois maîtresse de mon corps pour que le gosse sorte, il fallait agir avec la tête aussi. J'ai repris contact avec les autres qui pouvaient m'aider. Je les ai regardés, écoutés, j'ai fait la respiration avec eux . . . eux ils ont énormément parlé, tenté de partager ce que je vivais. Les dernières contractions et l'expulsion, j'étais là, épuisée, mais là. . . .

Quand je disais, arrêtez, ça suffit, j'avais l'impression de m'adresser à l'univers entier, c'était quelque chose qui se passait entre moi, ma tête et l'univers, un phénomène aussi important et aussi puissant que j'avais envie d'arrêter et c'était impossible.

Au moment de la « reprise de contact », ce n'était plus de la magie, mais quelque chose de très concret, l'enfant. Mon corps était responsable de ce qui se passait. . . .

L'expulsion, alors, a peut-être une certaine

jouissance, mais pas sexuelle, que mon corps faisait cet acte-là, avec ma tête en plus . . . les autres étaient là, mais ils ne pouvaient rien faire, c'était moi . . . un pouvoir! de pousser ou de ne pas pousser, quelque chose de fondamental pour la sortie de cet enfant . . . les autres attendaient mon bon vouloir. . . .

– Tu crois que tu pourras accoucher autrement?

Ça ne dépend pas uniquement de moi . . . je demanderais la péridurale[62] pour diminuer la souffrance, la perte d'énergie. S'il y a quelque chose de possible pour éviter cette souffrance, il faut le faire. La douleur, je ne la vis pas comme en rapport avec la naissance; je ne l'accepte pas au même titre que n'importe quelle douleur. Ce n'est pas admissible . . . . Si on accouchait chez soi, peut-être qu'on la vivrait différemment. De toute façon, il y aura toujours cette violence qu'on devienne aussi grosse, on ne peut plus vivre de la même façon. Ça je le vivais bien, mais cette violence pendant les 3 heures, cette souffrance, je crois que j'aurais pu les vivre autrement . . . ailleurs que dans ce milieu anonyme. . . . Nous, on a la possibilité de faire quelque chose par rapport à cette souffrance, par la collectivisation. . . . La possibilité d'une péridurale, mieux comprendre. . . . C'est une responsabilité des femmes, parce que ce n'est pas aux Lilas que ça peut changer, pas dans une institution médicale.

Le Temps des femmes,[63] no. 4, mars 1979

POLITICAL CHANGE

Texte 5.25 *Des syndicats au gouvernement*

Triste bilan que celui de la représentation des femmes, tant dans la vie politique française que dans les organisations syndicales, professionelles ou sociales. Elles composent 53% du corps électoral et n'occupent qu'à peine 2% des sièges au Parlement: ainsi, elles sont 9 sur 490 députés et 7 sur 283 sénateurs.

Sur le plan local, la proportion des Françaises est de 1,7% dans les conseils régionaux (53 sur 3,191). Il y actuellement 550 femmes maires sur 37,708, soit 1,89%, et 20,648 conseillères municipales sur 466,482, soit 4,49%.

Quatre femmes sont au gouvernement: un ministre (sur 16): Mme Simone Veil, ministre de la santé; et 3 secrétaires d'Etat (sur 23): Mme Françoise Giroud, secrétaire d'Etat auprès du premier ministre, chargée de la condition féminine; Mme Hélène Dorlhac, secrétaire d'Etat auprès du garde des sceaux,[64] ministre de la justice, chargée de la condition pénitentiaire; et Mme Annie Lesur, secrétaire d'Etat auprès du ministre de l'éducation, chargée de l'enseignement préscolaire.

Le nombre des femmes dans les partis politiques reste très faible, bien qu'en augmentation cette dernière décennie. Le parti communiste qui compte 125,000 femmes, semble avoir le plus grand pourcentage d'adhérentes: 27%. Il serait suivi de près par le parti socialiste unifié et le centre Démocratie et Progrès (25%). Le nombre de militantes dans les autres partis varie de 20 à 10%.

Quand on monte dans la « hiérarchie », leur nombre se raréfie. Ainsi au bureau politique du parti communiste, il y a 2 femmes sur 20, au comité central 16 sur 118. On note un large progrès, puisqu'en 1967 elles étaient respectivement: une et 9.

Au congrès de Suresnes, en mars 1974, le parti socialiste a décidé que 10% de femmes, au minimum siégeraient dans tous les organes du PS. Au bureau politique, il y a actuellement 3 femmes sur 27: elles sont 2 sur 12 au secrétariat national et 14 sur 130 au comité directeur. Les Républicains indépendants ont, à leurs dernières assises, élu 3 femmes au comité directeur. A l'UDR,[65] les proportions sont encore moindres, puisque l'on compte 3 femmes sur 119 au comité central et 1 sur 28 au bureau exécutif. La situation n'est guère meilleure dans les mouvements d'extrême gauche: à la ligue communiste révolutionnaire, il y a 1 femme sur 13 membres au bureau politique et 12 sur 60 au comité central.

Le nombre de femmes syndiquées est difficile à évaluer. On estime finalement qu'il varie entre 20 et 25% des adhérents. Chiffres modestes mais intéressants cependant, si l'on considère que les femmes ne représentent que 38% de la population active. Aux organes dirigeants, à la CGT, à la CFDT,[66] ou la Force Ouvrière, leur représentation tourne autour de 10% (1 sur 9 à la commission exécutive de la CFDT: 2 sur 14 au secrétariat confédéral de la CGT).

Enfin, il n'y a aucune femme au conseil exécutif du

Conseil national du patronat français (sur 35 membres).

Comment expliquer une situation générale aussi mauvaise? Au lendemain de la seconde guerre mondiale, la proportion des femmes au Parlement était plus forte qu'aujourd'hui. Beaucoup avaient prouvé leur valeur dans la Résistance. En 1945, au moment des élections face au vide politique, les principaux partis – parti communiste et Mouvement républicain populaire – n'ont pas hésité à ouvrir largement leurs listes aux femmes. Depuis 1958, avec l'établissement du scrutin uninominal à deux tours[67] on a noté une marche arrière de leur part. Seules les candidates ayant déjà largement fait leurs preuves étaient proposées. En conséquence, le nombre des candidates a progressivement diminué.

Pourtant, la participation féminine aux scrutins est presque égale à celle des hommes (entre 2 et 3% d'abstentions en plus).

D'après M. Valéry Giscard d'Estaing (interview à France-Inter[68] en février 1975) « les femmes n' ont pas le goût pour ce que les hommes appellent la politique, qui est un mélange de discussions théoriques et d'intrigues personnelles. » Il en conclut: « Elles ont un sens réel plus aigu que les hommes, ce qui fait que ce qui les intéresse dans la politique, c'est la gestion. » En réalité, ayant à prouver sans cesse leur valeur, c'est plus par obligation que par choix que celles-ci optent pour des voies où les résultats concrets matériels s'apprécient rapidement. La confiance s'établit plus facilement à l'échelle d'un département. Les femmes sont d'ailleurs particulièrement nombreuses dans les mairies de petites communes.

Aujourd'hui, les partis politiques pensent à accorder plus de place aux femmes. Lors de son congrès de Suresnes (mars 1974), le PS avait décidé de faire un effort pour augmenter le nombre de femmes candidates aux élections. Le parti communiste lance ces jours-ci une campagne pour amener les femmes au parti. Républicains indépendants et UDR ne veulent pas rester à la traîne.

C. Chombeau, *Le Monde*, 23 avril 1975

Texte 5.26

Cette conciliation possible entre travail dans un parti et travail dans le mouvement des femmes tient aussi à la différence de forme entre les deux.

J'ai très souvent pensé, dans les années passées, après la retombée de la lutte sur l'avortement, après les multiples échecs des tentatives d'organisation d'un mouvement autonome, des coordinations, des regroupements . . . en assistant aussi à tous les essais de manipulation par tel ou tel groupe, aux liquidations sectaires, aux « noyautages »[69] en tous genres, que le mouvement des femmes, pour résister à tout cela, devait arriver à se donner une structure . . . idée de militante habituée depuis longtemps aux sécurités que donnent les groupes organisés. Je me rends compte aujourd'hui que le mouvement des femmes est tout autre chose. J'avais déjà observé, en étudiant l'histoire des luttes de femmes en France de 1914 à 1968, à une période où il est courant de dire que le mouvement des femmes n'existait pas, que son existence pouvait être très réelle, quoi que diffuse, souterraine, aux moments même où l'on s'attendrait le moins à le trouver. J'avais été souvent agacée par les femmes franchement convaincues de l'après 1970, qui niaient l'existence de luttes de femmes avant elles, et proclamaient l'année zéro[70] de ces luttes. Et j'écrivais l'an dernier pour les militants de mon parti toujours avides de cerner objectivement les choses, qu'aujourd'hui, le mouvement des femmes était partout, qu'il traversait les organisations, les partis, les syndicats, même les plus rebelles, qu'il était entré par la petite porte dans les couples, et qu'il s'était installé dans nos têtes, à toutes et à tous.

Je pense qu'aujourd'hui beaucoup de femmes ont si bien compris tout cela qu'elles ne sont pas prêtes à sacrifier la richesse, la possibilité de communication et de solidarité découverte dans les groupes de femmes pour l'apparente puissance des organisations imitant les partis politiques. Certaines m'ont dit ne plus même vouloir que l'on connaisse à l'extérieur l'existence de leur groupe, de leurs rencontres, tellement elles craignaient toutes les tentatives d'annexion et de manipulation dont sont friands les groupes organisés. Elles préféraient entrer en clandestinité, plutôt que de servir de marchepieds[71] à quelques amateurs (amatrices) de pouvoir. Par contre, tous ces groupes constituent un réseau étonnant, capable, lorsque les femmes le jugent utile, de sortir au grand jour, et de participer à une action publique. L'essentiel n'était d'ailleurs pas là, l'essentiel c'est la remise en cause incessante du quotidien, la tentative de débusquer les rapports de pouvoir, le sexisme caché, la violence tolérée, l'injustice sous toutes ses formes. Simplement, je crois que le fait d'être une femme dans la vie politique, de le savoir, de l'accepter, et de refuser d'oublier l'appartenance à cette collectivité-là, impose aussi que l'on tente de voir et de faire la politique autrement. Avec le regard de celles qui n'ont pour elles ni le temps, ni la formation, ni le discours. Pour y parvenir, les partis politiques doivent faire le ménage chez eux; je me réjouis de voir que ce ménage-là, même s'il est exigé par les femmes, servira aussi les intérêts de tous ceux que ni la fortune, ni la naissance, ni les études n'ont prédisposé à faire carrière en politique, mais dont l'intérêt premier est bien que la politique soit faite par eux – par elles, pour eux – pour elles.

Huguette Bouchardeau, *Un Coin dans leur monde*, Ed. Syros, 1980

6
Language

Language, and its relation to the condition of women, has been one of the preoccupations, not only of the women's movement, but also of sociolinguists from the 1960s onwards. The structuralists of the 1960s – Lévi-Strauss, Barthe, Foucault, and Lacan – introduced a new dimension to the study of language; in addition to being viewed as a system in itself, which imposes its own rules, language began to be seen as socially determined, reflecting the prevalent social structures and hierarchies. It could thus be used as a key to the analysis of these structures and to a better understanding of social patterns of interaction.

The study of language in relation to women is very complex and cannot be dealt with in depth here. For convenience it can be divided into three main areas: first, female stereotyping through language; second, male/female language difference, and third, lexis, that it is to say, the vocabulary used to describe women. The two French sociolinguists mentioned in this chapter – Marina Yaguello and Verena Aebisher – deal with all three of these aspects. Marina Yaguello deals primarily with stereotyping and lexis, and Aebisher with language difference. The question of how French, like other languages excluding English, employs masculine and feminine articles ('le'/'la') cannot be discussed here, but has been dealt with in detail by a number of sociolinguists.[1]

During the period immediately after 1968, there was a tendency to examine the political power structures that perpetuate the social order by imposing a system of female stereotyping that confines women within certain fixed roles. Thus, concern with language centred on the political system's instruments of control, those which create these images and stereotypes in our everyday life – in particular, education and the media – and which reinforce our concept of women's position within the prevailing social order.

Studies concentrated on female stereotyping embodied in educational materials, in the content of the curriculum, in advertising, and in women's magazines. The message was seen to be conveyed not only by means of content, but also by form and style – for example, the treatment of love, in addition to being one of the main themes of women's magazines, is inextricably linked to a certain style of language, evoking passion, sensuality, softness, gentleness. In *Sois belle et achète*, Rocard and Gutman look at images of women in women's magazines, and particularly at how the message is conveyed by a certain linguistic style. In *Elle* and *Marie-Claire* especially, love is seen as a dramatic adventure, bordering on madness or tragedy – for example: 'un horrible combat', 'l'amour fou', 'Quand l'amour fait trop mal' (*see* Texte 6.1, *Marie-Claire*). The portrayal of the passionate affair contrasts strongly with that of married life and of the wife who is 'organisée, parfaite, mais heureuse'. Marriage is seen as having elements of sanctity and a kind of hallowed mystery (*see* Texte 6.1, *Elle*, no. 1355), but even the most efficient housewife can have her hidden depths of sensuality and become 'une femme-flamme', 'voluptueusement allongée'. The emphasis, however, is on a kind of passive sensuality which can only be achieved by carefully controlling one's emotions (*see* Texte 6.1, *Votre Beauté*, September 1971). Women appear to be seen, not as existing as a complex whole, but as exercising a series of functions in relation to the male.

The image of woman as perpetual consumer and shopper figures strongly, especially in *Elle*. Here it is suggested that women can easily be fooled into buying almost anything. The simplicity of much of the language of women's magazines reflects the stereotyped image of the simple-minded housewife, incapable of thinking critically or of detaching herself from her immediate experience, namely, husband, children, and domesticity. Politics is presented as a matter of politicians' domestic or personal problems. A political crisis like the Bay of Pigs is instantly resolved in a trivial domestic scene (*see* Texte 6.1, *20 ans*, no. 132)!

It is these stereotypes that have been consciously rejected by feminists. With the women's movement, language previously taken for granted in relation to women came under new scrutiny, and feminist language came to represent a form of counter-code. Language, frequently referred to as 'la parole', was seen as reflecting male-dominated power structures which define women's inferior status. The rejection of these forms of language represented women's revolt against the prevailing systems of power and control, and their struggle to obtain a say in governing their own lives.

Post-1968, 'la parole' became a political term for women, very much in the spirit of the 'prise de parole' of the May revolution,[2] denoting not only women's right to speak and to be heard, but also the right to express themselves fully as human beings, on an equal footing with men. One has only to look at the titles and contents of numerous books by women authors post-1968 to appreciate the significance the term 'parole' acquired.[3]

Ironically, the rejection of traditional female stereotypes created new feminist language stereotypes, derived largely from socio-political jargon and psychoanalysis. It is this that is satirized in Claire Bretécher's cartoons, such as *Les Frustrés*, for example.

The second area, that of male/female language difference, has been equally important, especially since the early 1970s. The French women's movement derived much of its thinking about language from the Lacanian model. Lacan (*see* chapter five) saw language as part of the symbolic order that defines woman as 'other', that constructs its own norms, and conditions men and women into certain appropriate and differentiated forms of behaviour. The perpetuation of these norms, which occurs

largely through the exchange of language, in social interaction, conditions all recognition of this concept of difference, and all protest against it. The notion of sexual difference thus rests primarily on the concept of alterity or 'otherness', rather than on sexuality in the general sense.

This approach to the concept of language difference is one that is adopted by Verena Aebischer and Marina Yaguello. Both see female language difference, and the ways in which men and women perceive these differences, as resulting from social rather than natural factors.

The theory behind the debate on male/female language difference rests primarily, using French terminology, on the opposition between 'bavardage' and 'parole', or the hierarchical notion of trivial and serious forms of discourse. Here the opposition between the traditional image of woman as compulsive talker or gossip (the area of 'bavardage') and her lack of say in matters affecting politics and power (the area of 'parole') is immediately apparent.

In *Les Femmes et le langage*, Verena Aebischer looks at the content of language and the ways in which men and women communicate, and concludes that the differences perceived between men's and women's speech are socially constructed and in turn define certain male/female characteristics, such as women's tendency to use more refined forms of speech or to use certain gestures. The concept of women's 'bavardage' is seen as a means of differentiating women's speech and of labelling it as trivial, and thus inferior. The general consensus in society in the perception of difference, rather than similarity, between male/female speech shows how deeply ingrained is the notion of alterity, and how intimately linked is the control of language to power structures.

In Aebischer's interviews with French women on the subject of women's discourse, she discovers widespread awareness, if not of differences between men's and women's language, at least of the fact that differences are perceived to exist. The existence of difference is acknowledged or rejected, considered desirable or undesirable, according to the individual woman's activity and status, for example as housewife or working woman. Aebischer divides the women she interviews into four main types: the 'femme traditionnelle' (who generally does not work), who sees women's discourse as different and inferior to that of men, but nevertheless expresses a preference for communicating with other women and a need to share with them an interest in matters that are exclusive to women, such as maternity and childbirth; the 'femme moderne' (the career woman), who denies the existence of difference, but nevertheless shows a marked preference for masculine discourse, thus implying a tendency to regard it as more prestigious; the 'femme nouvelle', who, seeing language as socially constructed by men, rejects the domination of male 'parole' and seeks to rehabilitate 'bavardage' as acceptable 'feminine' discourse; and the 'suffragette', who, refusing all notion of difference and of a 'feminine' discourse, rejects any form of female 'bavardage' as a denigration of women and seeks to appropriate the territory of 'parole'.

'Parole' is symbolic not only of the political, feminist struggle already mentioned, but also of the psychological struggle for a female identity as 'sujet'. It represents the desire to find a separate space for women to express themselves, to find a separate language to suit their different needs and emotions. Writers such as Irigaray, Leclerc, Cixous, and Montrelay[4] borrow a great deal from psychoanalysis in an attempt to express their female identity through language that is heavily metaphoric, evoking a concrete sense of the physical and the sensual. This language is seen as a sign of female 'difference' and is used to accentuate difference in the areas of sexuality, menstruation, childbirth, and maternity. It self-consciously seeks to symbolize different rhythms, bodily sensations, emotions and sufferings through a rich, free-flowing lyricism which often makes considerable use of repetition (*see* Texte 6.7). In this way these writers have indeed, though perhaps artificially, created a 'different' language.

Interest in the area of lexis and language usage in relation to the perception of women's status is more recent. The Commission de Terminologie was set up by Yvette Roudy[5] in 1984, primarily to investigate and to feminize lexical designations of female job titles. It sees dictionary terminology as anachronistic and a poor reflection of social reality, especially since the introduction of the 1983 law of professional equality (*see* chapter seven). In *Médias et langage*[6]

Benoît Groult, another member of the commission and one of the editors of *F Magazine*,[7] explains the thinking behind the feminization of job terms as part of the fight for equality as reflected by language usage. It is stressed, however, that a different usage will not come automatically as a result of changes in dictionary terminology, but only if women themselves impose this usage (*see also* Alain Rey's comments in Texte 6.10).

Marina Yaguello, in *Les Mots et les femmes*, examines the ways in which dictionary lexis referring to jobs pigeonholes women within clearly defined limits as regards professional activity. More specifically, feminine job titles seem to occur most frequently in lower status activities or predominantly feminine activities, for example: 'la secrétaire', 'vendeuse', 'épicière', 'boulangère', 'hôtesse de l'air', 'chanteuse', 'balayeuse', 'couturière', 'cuisinière', but not 'plombière' or 'électricienne'. In contrast, 'le secrétaire', the masculine form, is used to designate a secretary of state or general secretary. Similarly, 'Madame la Présidente', 'la Générale', 'la Colonelle', 'l'Ambassadrice' refer to the wife of the president, etc., whereas women in the army are referred to by the masculine title, and a woman ambassador would be called 'ambassadeur'.

Instead of 'avocate', 'ingénieure', 'une juge', 'une pilote', these jobs are more commonly designated in the feminine form as 'une femme-avocat', 'femme-ingénieur', 'femme-médecin', etc. Also, though 'assistante' can be used in the feminine form, promotion to 'maître-assistant' is not possible in the feminine forms 'maître-assistante', or 'maîtresse-assistante', although teachers are commonly referred to as 'le' or 'la prof'. In addition, even though 'couturière' is a common feminine form, Nina Ricci and Chanel are referred to as 'des grands couturiers'!

Yaguello also notes the marked tendency for the feminine endings '-ette', '-esse' to be pejorative or mocking in tone; for example 'fliquesse', 'fliquette' (policewoman) suggests derision towards women who mimic men. Similarly, 'philosophesse', 'peintresse', 'poétesse', 'doctoresse' tend not to be used seriously. Nor, since Molière, is 'une savante' or 'femme-savante', Marie Curie, for example, being referred to as a 'grand savant'. Also, the feminine of 'chef', 'cheftaine', has the vaguely ridiculous meaning of chief girl-guide, and 'chefesse' may be used as a term of condescension, for instance, by a team of men working under a woman's orders.

In spite of the resistance, not so much of the French language itself, which is rich in possible feminine suffix formations, but of the institution controlling it – namely the Académie Française[8] – to the feminization of titles, there is an indication of development in some areas; for example, the serious use of 'avocate', 'ingénieure', 'professeure' seems to be spreading. Some feminine terms, such as 'une architecte', 'une aviatrice', 'une sculptrice', have been acceptable in the written language for some time; others, such as 'une maire', 'une juge', 'une poète', 'une pilote', 'une ministre' may only be known in spoken usage, but are used increasingly.

As there seems to be no definable reason, in grammatical or lexical terms, why certain feminine forms should be used rather than others, the cause must be primarily social. The question posed by sociolinguists and feminists remains, whether it is preferable to accept the predominantly masculine model, in the belief that the distinction between masculine/feminine forms is becoming less and less necessary, or to insist on feminine equivalents as a sign of respect for equal rights.

Another tendency of (dictionary) lexicology is to confine portrayals of women within certain moral and physical extremes, such as vice/virtue, prostitute/angel, ugly/beautiful. The abundance of terms used to describe women in the French dictionary denoting moral or physical attributes (mostly related to sexual morality or appearance) is striking compared to those used for men (see Texte 6.11). In dictionaries of synonyms, such as the Hachette *Dictionnaire des synonymes*, it is also striking how many words referring to prostitutes appear as synonyms of 'femme', particularly in argot (see the words marked by an asterisk in Texte 6.15). A number of euphemisms referring to prostitutes also commonly appear in dictionaries under the heading 'femme', for instance: 'dame', 'bru', 'cousine', 'sœur', 'nymphe', 'Vénus'.

A comparative look at word associations under the headings 'homme'/'femme' reveals areas of dissymmetry (see Texte 6.14) and considerably more words with pejorative connotations to describe women.

There is also a clear tendency for words referring to 'homme' to be more general and global, often denoting moral and spiritual attributes, whereas those referring to 'femme' tend to be more concrete and specific.

French feminists, through their efforts to break away from the traditional lexis associated with women, have managed, though in a limited way, to impose their own usage, with words such as 'sexisme', 'phallocrate', etc. Much of feminist jargon borrows from socio-political terminology, trade-unionism, marxism, and psychoanalysis. In addition, 'argot' is espoused, or the 'langage mec',[9] as a means of breaking down barriers and entering the territory of 'male' language.

We shall see in the chapter on French contemporary women writers how aspects of language outlined here are also major themes in literature.

DOCUMENTS

STEREOTYPES – WOMEN'S MAGAZINES

Tableau 6.1 Le pourcentage de femmes qui lisent la presse féminine:

Mon Ouvrage Madame	90,3
Femme Pratique	83,1
Modes et Travaux	82,5
Marie-France	79,9
Marie-Claire	78,7
Pour Vous Madame	77,4
Echo de la Mode	77
Femmes d'Aujourd'hui	76,8
Elle	76,2
Echo de Notre Temps	73
Intimité	72,5
Arts Ménagers – Madame Express	71,9
Bonnes Soirées	70,6
Point de Vue – Images du Monde	70,3
Nous Deux	70,1
Confidences	70,1
Notre Temps	68,3
Jours de France	66,1
Parents	65,6
Clair Foyer	65,5

Source: Sois belle et achète, Geneviève Rocard, C. Gutman, Denoël-Gonthier, 1968.

Texte 6.1

– *Elle*, c'est le journal qui parle urbanisme et cuisine, qui mène l'enquête sur le travail féminin et public, en un an 2,216 photos de mode, qui traite à fond des problèmes d'éducation et s'interroge sur le nouveau bonheur du couple, qui organise les Etats Généraux de la Femme, et invente des petits modèles pas chers en tricots ou en tissus.

« Parce que pour nous, les femmes sont des femmes à part entière,[1] et parce que c'est notre rôle de les informer de tout ce qui bouge dans le monde et dans la mode, même quand ça bouscule un peu. »

Etes-vous une bonne épouse?
« Organisée, parfaite, mais heureuse?

– Georges est heureux quand il prépare un dossier ou le plaide. Je dois donc, moi, trouver un bonheur complémentaire dans mes petits métiers. »

Aux hommes aussi de comprendre que la vie familiale, conjugale, amoureuse n'est jamais donnée une fois pour toutes . . . les femmes ont besoin de la même attention et valent le même effort que la profession.

Je suis une femme fière de mon mari
Pourquoi les maris préfèrent les cheveux longs.
Travailler avec son mari.
Quand un mari s'accroche à sa maîtresse.
Mon mari me donne des complexes.
Ne touchez pas aux maris des autres.
C'est plus mon tyran que mon mari.
Les premières victimes des bourreaux de travail: leur femme.
Il me rendait folle.
Il faisait de moi un objet.

Extraits de *Elle*, 1972

« J'ai cru que je serais plus douce, meilleure que les autres, que je l'aimerais mieux, que je le comprendrais mieux. Mais . . . il aurait fallu être une sainte ou bien, peut-être, disposer des fameuses armes féminines: la ruse, la duplicité, feindre, dire amen à tout, me transformer en poupée soumise et perpétuellement admirative. Et encore . . . il aurait trouvé que je manquais de personnalité. »

Elle, no. 1366

« Mais à notre époque, encore et toujours, le mariage reste un lien plus fort que les autres. Même quand on le nie. Parce qu'il est plus difficile à rompre, parce que le tribunal s'en mêle, parce qu'il laisse des suites. Mais aussi parce qu'un acte public est doté d'une puissance unique, et, d'une certain façon sacrée. Le fait de donner son nom, de prendre le nom d'un autre, de l'avoir donné, de l'avoir pris, de l'avoir conservé, le fait d'avoir ouvertement vécu ensemble, constitué une famille, garde pour beaucoup de gens un poids mystérieux. »

Elle, no. 1355

Etes-vous sensuelle?

Dans le cœur de l'épouse (ou de la célibataire) la plus dévouée, la plus organisée, la plus efficace, se cache, souvent, un autre être. Une femme secrète et sauvage qui ne connait rien aux machines à laver ni à la manière d'accommoder les restes d'un pot-au-feu, ou de faire taire un bébé qui pleure la nuit. Une femme-flamme qui aime dîner au champagne et aux chandelles, voluptueusement allongée sur des couvertures de fourrure. Et cette femme, c'est peut-être un peu vous. Mais vous cachez sans doute, ce moi sensuel et insolite sous un costume-pantalon impeccable et sous un chignon bien tiré. A moins que votre métier, votre maison ou vos enfants ne vous accaparent tellement qu'ils vous l'ont fait oublier? Ce test vous permettra d'en avoir le cœur net. . . .

Elle est l'essence même de la féminité.
Sa féminité se dégage de tous ses gestes.
Le côté ardent de la féminité.

Extraits de *Elle*, 1974

Une femme qui a la grâce – grâce des gestes, de démarche, de maintien, une musique dans la voix – peut s'affubler de tout et de rien, il n'importe. Elle sera toujours belle. Elle rayonnera.

Marie-Claire, no. 234

A tous les âges, on évite les tics, on ne tire pas dans tous les sens en se maquillant ou se démaquillant, on se protège du soleil, qui fait crisper les traits, et dans la mesure du possible, on s'immunise contre les émotions, les colères et on s'efforce de donner aux gens et aux choses leur juste valeur.

Votre Beauté, septembre 1971

Evitez d'être brutalement compétitive . . . une femme excitée est ridée plus vite.

Dans *Vogue*, 1972

Il arrive que l'amour représente comme un horrible combat
L'impudeur en Amour.
Nous avons demandé à des femmes jusqu'à quelles extrémités avait pu les entraîner l'amour fou.

Par passion, jusqu'où vont les hommes?
Les femmes qui aiment trop fort.
Les grandes passions qui se vivent mieux de loin.
Jalousie – quand les femmes se vengent.
Quand l'amour fait trop mal.
Chagrin d'amour.

« – Soit, je vais rarement au spectacle, mais jamais je ne m'ennuie. Comment le pourrais-je? Je m'occupe d'abord de l'indispensable: les enfants, la maison, les bêtes. Ce qui ne m'empêche pas de jouer au tennis ou d'aller aux ventes aux enchères. »

22 conseils pour acheter sans se faire rouler.[2]

« Soldo = maso. En période de crise le dernier snobisme consiste à acheter du très beau à prix réduit. Pour cela une première solution, courir les soldes de luxe . . . supporter 4 heures d'attente nécessaires à l'acquisition d'un Hermès. »

Marie-Claire, nos. 406, 408, 409, 410, 411, 412.

J'ai besoin de me détendre en regardant un coucher de soleil sur la campagne. Je suis libre. Quel travail me permettrait de découvrir les premiers perce-neiges au revers d'un talus de février?

Marie-Claire, no. 223

Quand on est marié, on est marié; quand on est divorcé, on est divorcé.
La femme sera toujours la femme.
Une double vie, ce n'est plus une vie.

Extraits de *Marie-Claire*, 1971, 1979

« En 1962, c'est elle, Jackie, qui, à l'issue d'un dîner, sauve peut-être les USA, et le monde, d'une catastrophe irréparable: John Kennedy vient d'apprendre que les Russes acheminent des missiles atomiques vers Cuba. Il en avertit sa femme, alors occupée par ses invités, à la Maison Blanche, Jackie le rejoint dans son bureau: « C'est une folie, dit-elle. Tu peux l'arrêter. Fais-le. » John l'écoute. De justesse le pays est sauvé. »

20 ans, no. 132, 1971

Texte 6.2 *Fraîche comme une fleur*

La fraîcheur est dans l'air, explosion du printemps. Sous cette heureuse influence, le ton de saison: une femme impeccable et lumineuse, pimpante et douce. L'envie d'être en forme, jolie et féminine, bien dans son corps, bien dans sa tête. La netteté en toutes choses. Une élégance de charme « tirée à quatre épingles », une beauté naturelle soignée. Des vêtements simples, de qualité, bien finis. Dessus. Dessous. Une lingerie épurée et gainante: le corps n'est plus effacé, il est galbé impeccablement. Des couleurs fraîches: le blanc-éclat joué avec le noir, ultra-facile et chic; le mélange raffiné, « bien élevé », du bleu ciel, du jaune pâle et du blanc; la limpidité dynamique du bleu azuré. Une apparence parfaite. Une bonne mine également harmonieuse, nette: le teint transparent, un peu doré. Un maquillage léger, qui joue palette des fleurs, avec mesure, en petites touches: juste une bouche anémone ou juste des cils verts. Le cheveu brillant, beau volume, reflets vivants. Cette mode et cette beauté vont avec une attitude, un maintien « irréprochables ». Une certaine discipline, votre participation personnelle, est de rigueur; la « consigne »: se tenir droite, le cou dégagé, la taille fine. Ni sophistication, ni laisser-aller: équilibre et méthode douce, l'amélioration du naturel. La bonne formule pour réussir aisément la belle saison au quotidien? Un joli cardigan bleu, une éclatante blouse blanche, une jupe droite bien coupée, la jambe claire, une bouche lilas ou des yeux pervenche, et, pour le panache, un bouquet de fleurs à la boutonnière. Le tour est alors joué, et bien joué. Vous êtes dans la bonne atmosphère-fraîcheur. Vive et alerte.

Marie-Claire, avril 1986

STEREOTYPES – EDUCATIONAL MATERIAL

Texte 6.3 *Les femmes dans les livres scolaires*

Victimes sociales. Lorsque l'on évoque des métiers exercés par des femmes, ceux-ci sont pratiquement toujours subalternes. En guise d'exemple, citons « Les repasseuses » de Degas, « Les fileuses » de Valasquez. Un chapitre intitulé « La Vie de tous les jours » nous montre des dactylos, une laborantine (aidée par un homme), une fermière, une infirmière. Les métiers qu'exercent les femmes sont donc limités et la plupart du temps auxiliaires, dépendants du pouvoir masculin. Une photo d'institutrice ne peut évidemment pas rétablir l'équilibre. Quant aux activités que pratiquent les femmes, elles sont essentiellement domestiques. Visiblement, on cherche à enfermer les femmes dans ce rôle. On les confine encore dans les manuels très récents. Quelques exemples en attestent. Ces trois toiles de Chardin: « La pourvoyeuse », « La bénédicité », « La rôtisseuse de navets ».[3] Ou encore « L'âge viril » de Renard-Dubos: au premier plan, le créateur; à l'arrière-plan, dans l'ombre, l'épouse s'occupant de son enfant. . . . Enfin quelques reproductions évoquent la maternité. Mais ces images sont tellement schématisées que le contenu perd toute sa richesse.

Autre constat: les illustrations sont porteuses de stéréotypes précis. En tête de liste, le romantisme. Puis la peur. Puis la coquetterie. Le stéréotype de la coquetterie est probablement lié au pôle de la « putain ». Quelques exemples de romantisme: une femme dévalant les escaliers d'un château au clair de lune, une fillette qui émerge au milieu de colchiques, une grande bourgeoise rêveuse, dans un intérieur luxueux. La peur? Une femme épouvantée dans la pénombre d'un couloir sinistre, deux fillettes en proie à la panique, deux filles paralysées par la peur. La coquetterie? Une fille qui se coiffe en prenant des roses, une comtesse prétentieuse et sophistiquée.

Un autre constat repose sur l'analyse des livres scolaires récents: le sexisme qui imprègne de nouveaux langages comme la publicité, la bande dessinée, le roman-photo. L'image publicitaire est entrée dans certains manuels, véhiculant l'image de la femme-objet et tous les vieux stéréotypes liés aux femmes! Un exemple? Une affiche pour Air Afrique: sur fond d'éléments folkloriques, une Européenne oisive, sur la plage. La bande dessinée me semble plus sexiste. Elle est délibérément masculine. Les femmes y apparaissent rarement et de manière extrêmement stéréotypée: la pin-up séductrice et plutôt bête. . . . Quelques exemples: une hôtesse de l'air sexy, une épouse qui prend un bain de soleil à côté de son mari qui lit un journal, l'épouse qui repasse un coquet tablier. Heureusement qu'une Cléopâtre affirmée vient un peu nuancer les choses. Ajoutons que le dessin humoristique contemporain a fait son entrée dans les manuels. Bonne initiative. Mais, ici encore, les femmes et les rôles sont schématisés. L'esprit est proche de la bande dessinée. Un dessin de Sempé est révélateur: un troupeau de femmes attend, à la sortie de l'école. Pas l'ombre d'un père! Paradoxe donc de ces livres récents qui s'efforcent de s'ouvrir à de nouveaux langages, mais ne réagissent guère au contenu sexiste de ceux-ci.. N'auraient-ils pas d'ailleurs ouvert la porte trop vite, trop brutalement?

Un dernier constat, rapidement cerné et évident: l'occultation presque complète des femmes artistes et de leurs œuvres. Les œuvres féminines interviennent dans l'ordre de 2%. Il s'agit donc de l'exception. Voici nos agréables découvertes: une aquarelle et une huile de Berthe Morisot, une planche de Claire Bretécher, une scène du film « Molière » d'Ariane Mnouchkine, un dessin de Madeleine de Boulogne, une photo de « Cléo de 5 à 7 » d'Agnès Varda.

Sainte, putain, passive, victime, coquette, timorée, romantique à l'excès, ou ménagère dans l'ombre: voilà les facettes de la femme telle qu'elle apparaît dans les illustrations. Ce miroir ne serait-il pas déformant et réducteur? Peut-être découvrira-t-on dans les textes un portrait plus riche et nuancé?

Dans les commentaires de textes et les exercices – Présence de stéréotypes

Lorsque nous fouillons les commentaires de textes littéraires, les phrases qui servent d'exercices grammaticaux, les suggestions de rédactions et travaux divers, nous décelons des stéréotypes précis et très fréquents: la coquetterie en premier lieu, puis la maladresse, puis la peur. La coquetterie est omniprésente, teintée de narcissisme et de frivolité.

99

Quelques exemples de coquetterie: « Ma sœur a voulu mettre une robe de printemps », « La jeune fille s'est regardée dans la glace et s'est trouvée jolie ». La maladresse: ce sont surtout les filles qui commettent des gaffes, tombent, sont renversées. Le hasard? « Ma sœur écrivait maladroitement. » « La fillette, courant toujours à travers la maison, finit par tomber dans les escaliers. » « Une fillette de six ans a été renversée par une automobile alors qu'elle traversait la rue. » Epinglons également « un exemple typique de lettre maladroite » fourni par un manuel: « Mon chien Biki est malade, il vomit tout le temps par la faute de la cheminée qui laisse entrer la fumée. Mon mari a des migraines tout le temps, moi moins car je prends de l'aspirine, et puis le plafond de la cuisine tombe. . . . » L'auteur de cette lettre est manifestement de sexe féminin. Hasard, probablement. Enfin, il y a la peur. « Des filles inquiètes », « Valérie s'est douté de quelque chose et n'a plus voulu lâcher la main de son père. » Ajoutons que les filles (ou les femmes) sont chargées de plus de défauts que les garçons. Ce sont elles qui sont jalouses, trop sensibles, trop sentimentales. C'est d'abord à elles qu'il arrive de petits malheurs: elles tombent malades, elles s'évanouissent, elles pleurent la mort de leur chien, etc. Portrait fragile, larmoyant, futile, passif . . . plutôt négatif des filles-femmes! On le voit, les commentaires de textes et les phrases d'exercices sont truffés de stéréotypes. Mais ils nous offrent aussi d'étranges préjugés. Un exemple: « un poème d'amour écrit par une femme qui n'a pas honte d'aimer ». Que sous-entend donc cette réflexion?

Sexisme dans les rôles domestiques et professionnels
Ces visions déformées ne nous ont guère surprises. Elles rejoignent d'ailleurs l'esprit des illustrations. Mais un autre constat s'impose, éclate: un profond sexisme ancré dans les rôles domestiques et professionnels. Les manuels très récents n'y échappent pas. Les rôles apparaissent donc parfaitement distincts et établis. Le père travaille, prend les grandes décisions, exerce le pouvoir, voyage, conduit la voiture, connaît la réussite professionnelle. La mère n'exerce jamais un métier (parfois d'autres femmes travaillent, mais pas maman!) passe sa vie dans la cuisine (et quelques moments dans les magasins), prépare le repas du père. Cette description ne peut que nous faire sourire. N'empêche que cette vision schématisée est profondément enracinée dans les manuels. Lorsque l'on songe aux mutations contemporaines, ce tableau devient grotesque, tant la distorsion est grande. Pouvoir souverain du père: quelques exemples en attestent: « Mon père s'achètera une voiture après son retour de vacances », « Mon jeune frère ne regarde jamais la télé sans l'accord de papa ». Dépendance, enfermement domestique de la mère. Il est évident que ce travail quotidien est dévalorisé, sous-estimé, tant l'image en est stéréotypée. Le fait qu'on occulte pratiquement l'éducation des enfants est symptomatique.

Méditons ces quelques exemples: « Les femmes sont restées à la maison ». « On diminue le prix du café. Cela fait plaisir aux ménagères », « Il ne sied pas à une jeune fille de parler à quelqu'un dans la rue », « Peu avant le moment où le plafond de la cuisine s'est écroulé, sa mère terminait la vaisselle », « Comment feriez-vous votre choix à la place de cette ménagère? », « L'artisan rentre chez lui; sa femme l'accueille; imaginez leur conversation », « L'éducation des filles tient compte de leur rôle futur », « Accompagnez votre mère au marché ».

Mêmes discriminations dans les hobbies, les occupations des filles et des garçons. Un exemple: « Vous avez sans doute eu déjà l'occasion de faire chez vous un travail utile (rangement, réparation électrique, peinture . . . ou pour les filles, ménage, cuisine, couture) ». Enfin les métiers reflètent également ces mêmes clivages. Au père, les métiers préstigieux, brillants, détenteurs de pouvoir. A la femme (non à l'épouse) les métiers subalternes quand ils sont évoqués. Infirmière, secrétaire, vendeuse, assistante sociale. Quelquefois directrice.

Epinglons cette remarque grammaticale: « Les suffixes -ette, -ine, dans la langue familière, donnent une note gracieuse à certains noms de métiers féminins: cousette, midinette (qui à midi se contente d'une dinette), laborantine ». Epinglons aussi cette phrase qui évoque enfin un métier moins auxiliaire: « Ces femmes qui éditent des livres de femmes ». Phrase que nous abandonnons à votre réflexion.

Brigitte Crabbe, Marie-Luce Deltosse, *Les Femmes dans les livres scolaires*, Pierre Mardaga, 1985

Texte 6.4 Les stéréotypes masculins et féminins

Traits rentrant dans le stéréotype masculin	Traits rentrant dans le stéréotype féminin
Stabilité émotionnelle	
décidé – ferme – posé – calme	capricieux – hystérique – sensible – peureux – émotif – puéril – frivole
Mécanismes de contrôle	
discipliné – méthodique – organisé – rigide – goût pou l'organisation – discret – franc	bavard – incohérent – maniéré – secret – étourdi – rusé
Autonomie, dépendance	
patriote – goût du risque – indépendant	besoin de se confier – besoin de plaire – coquet – soumis
Dominance, affirmation de soi	
besoin de puissance – besoin de célébrité – ambitieux – goû du commandement – dominateur – suffisant – sûr de soi - besoin de prestige – arriviste – besoin de s'affirmer	faible
Agressivité	
combatif – cynique – goût pour la lutte	rusé
Niveau d'activité	
fougueux	passif
Acquisition	
égoïste – matérialiste	curieux
Qualités intellectuelles, créativité	
créateur – lucide – objectif – goût pour les idées théorique: – aptitude pour les sciences – aptitude pour le: mathématiques – sceptique – raisonneur	intuitif
Orientation affective, sexualité	
obscène	caressant – compatissant – doux – pudique – goût pour la toilette – besoin d'avoir des enfants – besoin d'amour

Voici le portrait de l' « homme-type » et celui de la « femme-type », tels qu'ils figurent dans les expectations des sujets. C'est une sorte de « condensé » des opinions toutes faites sur les hommes et les femmes, que l'on rencontre aussi bien dans les conversations particulières que dans les films et les romans.

Source: D'après Anne-Marie Rocheblave-Spenlé, *Les rôles masculins et féminins*, ouvrage publié avec le concours du CNRS, PUF, 1964.

MALE/FEMALE LANGUAGE DIFFERENCE

Texte 6.5 *Proverbes*

Où femme y a, silence n'y a.
Il y a mille inventions pour faire parler les femmes, mais pas une pour les faire taire.

Texte 6.6

Le bavardage devient la marque de la différence entre un univers masculin et un univers féminin. Trait réel ou imaginaire, il est amalgame avec une entité biologique: les femmes, et fonctionne de ce fait comme un trait racial. Par le biais de l'altérité, une différence entre hommes et femmes est posée en absolu. Et c'est cette différence qui situe les femmes en dehors de l'univers masculin. Pourtant, on reconnaît volontiers les similitudes qui existent entre les deux univers: des femmes et des hommes peuvent appartenir à la même culture, à la même nation, peuvent avoir le même comportement, parler le même langage. Mais une certaine forme d'amalgame des différences et des similitudes entre univers masculin et univers féminin fait du dernier un groupe minoritaire. La mineurisation de la femme, aussi bien que celle de toute autre minorité, passe par une attitude fasciste. . . .

Cette marque, ce sceau de la différence, est dûe à des impressions fixes qui proviennent du fait que l'observateur définit avant d'observer. C'est ainsi qu'une femme qui parle est perçue bavarde, son discours futile et inefficace. Parler de la pluie et du beau temps, parler pour ne rien dire, parler sans réfléchir, parler pour parler, parler futilités, banalités, tricot, chiffon, parler de tout et de rien: voilà un lourd fardeau de la spécificité naturelle! . . .

Le bavardage féminin a comme toute représentation sociale une existence réelle, presque matérielle, pour celui qui le perçoit, et comme toute représentation, produit des effets. Chaque fois qu'une femme parle, un jugement est attaché à son énonciation. Il suffit de savoir que le sujet parlant est de sexe féminin pour lui attribuer les qualités qu'on sait. . . . En effet, les caractéristiques attribuées aux femmes et leur parler peuvent ne rien avoir en commun avec ce qu'elles disent effectivement. Il convient alors de souligner, et avec force, que ce n'est pas l'objet, en l'occurrence le sujet parlant de sexe féminin, qui participe à la représentation sociale, mais uniquement les descriptions qu'en fait l'observateur. . . .

Les résultats de ce chapitre illustrent éloquemment que lorsqu'on parle de femme bavarde, portée vers la futilité, la frivolité et l'indiscrétion, il importe peu que cette femme parle ou qu'elle ne parle pas. L'observateur lui attribue les traits donnés sans qu'elle y soit pour quelque chose. Il cherchera dans ses traits, dans son comportement, la confirmation à sa représentation. . . .

En effet, le « parler des femmes » est presque toujours présenté comme un fait accompli. On ne cherche pas à étudier les similitudes des deux parlers, et on s'intéresse presque exclusivement aux différences. La différence entre le parler masculin et le parler féminin étant relevée, les évaluations que font ensuite les spécialistes du parler féminin, en opposition avec un parler masculin, ne sont pas sans rappeler les « vérités » établies par la sagesse populaire. A les croire, le parler des femmes est plus maniéré que celui des hommes, plus précieux et hypercorrect, pas assez affirmatif, indécis, émotionnel, plus vide de contenu, mais aussi plus fluide et plus abondant. Ces qualificatifs ne sont en fait pas très éloignés de ceux que l'homme dans la rue donne au bavardage.

« Pourquoi tout le monde a l'air d'accord lorsqu'on évoque le bavardage féminin? Tout le monde a l'air d'accord pour dire: Oui, oui il y a un bavardage féminin – et évidemment le mot lui-même est tellement déprécié, et il est bien entendu que le bavardage soit des paroles gratuites, sans beaucoup d'intérêt, en dehors de l'action, et qui est futile. C'est lié à la condition féminine. De la même façon, il y a un consensus très large: les femmes sont ceci, et les femmes sont cela, eh bien, on retrouve le même consensus, c'est la même chose à propos du bavardage féminin. »

« Les hommes bavardent autant que les femmes. C'est aussi stérile, c'est pareil. »

« C'est une marque de gens de condition inférieure, tu vois, on dira le bavardage des esclaves. »

« J'ai l'impression que les hommes bavardent beaucoup. Autant que nous. Ils doivent passer beaucoup de temps à bavarder de n'importe quoi. Je suis presque sûre. De la mécanique de la voiture qui ne marche pas, d'un bouquin ou du dernier match qu'ils ont vu. »

« Les femmes au foyer ont peut-être tendance à être plus bavardes parce qu'elles sont totalement isolées. Effectivement les femmes sont très bavardes, tout de suite, elles vous racontent leur vie. Moi, je viens d'un milieu où on parle beaucoup moins. Souvent ces femmes-là, les femmes au foyer, sont des femmes terriblement isolées dans la journée. Quand elles voient quelqu'un qui les écoute, enfin, elles sont heureuses et elles se défoulent. »

« Bavardage, c'est de petites choses qui sont grandes. »

« Dans le bavardage des femmes, il y a des choses très, très importantes qui se disent. . . . Si nous avons l'idée que le bavardage est important, toute chose prend la valeur qu'on lui donne. »

« Les femmes qui sont complètement dans le pouvoir des hommes n'ont pas de parole des femmes. Elles ont une parole de sous-hommes, c'est la parole des serviteurs des hommes, d'inférieures des hommes. »

« Quand les femmes parlent entre elles, dans un salon de thé, ça ne m'intéresse pas fondamentalement. Et je pense qu'elles tiennent le discours que les hommes leur ont enseigné, de parler chiffon et ça, c'est pas passionnant. »

« Les choses qui sont féminines et qui sont dans le langage sont considérées souvent de façon négative. C'est toujours selon les mêmes schémas, c'est-à-dire la femme qui est le sentiment, l'intuition, la beauté. Tous ces mots sont en général de type féminin. Soit c'est encenser la femme, soit c'est la nier. »

« J'ai souvent le sentiment de me sentir coincée, enfin, ancrée dans un mode d'expression qui n'est pas moi, enfin, qu'on peut appeler masculin. Je sens comme une limite, si tu veux, comme un carcan, dans la mesure où c'est à la fois, si je veux m'exprimer, je suis obligée de l'utiliser, parce que j'en ai pas d'autres. Et si je l'utilise, je suis pas vraiment moi-même, tu vois? »

« Moi, quand je relate un fait à mon mari, je me rends bien compte que je lui donne quantité de détails, quand lui me relate un fait, c'est dit en trois mots. C'est bref. C'est l'essentiel. Les hommes ont une façon de voir l'essentiel des choses. »

« Je vois une différence, un fossé énorme entre le langage des femmes entre femmes et le langage des hommes entre hommes. Déjà du fait de la différence gigantesque qu'il y a entre l'esprit de l'homme en tant qu'homme et de la femme en tant que femme, enfin, beaucoup plus compliqué, beaucoup plus complexe, beaucoup plus. . . . Je m'imaginerais le cerveau d'une femme avec des ramifications dans tous les sens, toutes fines, toutes fines, alors qu'un homme, je le vois avec des ramifications mais épaisses et pas beaucoup. »

« Une femme peut tenir un même langage, un même dialogue qu'un homme peut tenir sur un plan intellectuel, sur un plan sentimental, sur un plan social. Je pense elle peut raisonner de la même manière. »

« Ils parlent beaucoup de leur travail. J'ai souvent entendu cela. Mon père, mes frères, mes amis: travail, bla, bla, bla, ils se sentent un certain poids par leur travail. C'est certain. Moi, ça me fait rigoler, parce que c'est idiot de se justifier par son travail. Je trouve que ce n'est pas valable. On n'existe pas par son travail. On existe par soi-même. »

« Un groupe de trois hommes, je les vois très bien en train de discuter, eh bien politique. Et puis, trois femmes, eh bien, du déjeuner qu'il va y avoir à midi. Donc, ça n'a aucun rapport. On n'a pas les mêmes directions dans le travail. »

« On parle de tout, ça peut aussi bien être de notre métier, de notre vie sentimentale que la façon dont on ressent la politique, que la position de la femme dans le couple, que le cinéma, la musique. . . . Je crois qu'il n'y a aucun sujet inabordable. Il n'y a pas de censure. Alors, qu'il y a avec les hommes – c'est évident. »

« C'est quelque chose complètement extérieur à l'homme, ce sont des choses pas du tout ressenties par les hommes, qui sont internes chez les femmes. L'aventure de la mère et de l'enfant, que d'être mère et de porter un enfant, ça c'est un secret terrible qu'un homme ne peut absolument pas sentir, qu'il ne peut absolument pas saisir ni comprendre. C'est un langage important et unique. »

« Je suis très dure vis-à-vis de la femme à l'heure actuelle, parce que je pense que c'est vraiment un pantin. Elle ne se voit pas agir. . . . C'est un théâtre, je l'ai vécu moi-même, maintenant, je le vois. . . . La femme joue un rôle toute sa vie. L'homme aussi, mais je crois que la femme est encore plus marquée par ça. . . . La façon dont elles suivent les modes. »

« Je ne peux pas oublier que c'est un homme et moi suis une femme. J'ai une attitude que j'appellerai typiquement féminine, à savoir de lui sourire, de lui dire des choses plus gentilles, simplement parce que c'est un homme. »

« Je crois que ça c'est une grande différence entre les relations amicales entre deux hommes entre eux et de plusieurs femmes entre elles. Les femmes ont beaucoup plus vite tendance à parler de sujets extrêmement intimes . . . leur vie intime, de vie conjugale, vie affective, vie amoureuse, enfin, tout ce qui peut toucher à la vie intime, et je suis sûre que des hommes, même très amis, ne parlent jamais de cette façon. »

« Une femme qui est féminine, dès qu'elle a un homme, même si elle ne veut pas le conquérir, c'est simplement pour qu'on la regarde, il y a toujours une petite attitude, un petit truc, même si c'est discret. Souvent c'est inconscient. Je trouve que c'est pas mal. C'est normal. »

Verena Aebischer, *Les Femmes et le langage*, PUF, 1985

Texte 6.7 *Société de culotte cousue*

Ma caverne mon royaume
Des fils pour en sortir – les langages
expression – langage
expressions – langages
des rumeurs au fond du moi – des pulsions à dire sous
formes multiples
    langage du sexe interdit
    langage du corps interdit
    langage des mains interdit
    langage des yeux interdit
   société de culotte cousue
      de mains cousues
      de cœurs cousus
      d'esprits cousus
le seul language = le langage verbal appris
seules cotations scolaires
   la rédaction, l'orthographe, la grammaire, la mathématique. . . . une certaine intelligence au service d'une certaine société.

Individus broyés dans un lieu restrictif, sclérosé, dépendant d'une société de profits = l'école. Lieu où il est interdit de parler, où il faut se laisser nourrir au presse purée, malgré l'envie que l'on a de bouffer avec fracas des gros morceaux. Toutes marches à suivre indiquées – suivez les flèches. Tournez à droite . . . Le plus soumis est le plus intelligent. Rêver devient une action suspecte – avoir envie de dessiner, une dérision, un irréalisme – pauvre son, il n'arrivera jamais – Arrête ces bêtises, fillette, et fais le travail important; la vaisselle, la lessive, les poussières. Des enseignants entament le dialogue – situation que ne peuvent assumer les enfants assis dans le corridor étroit des structures avilissantes. La bonne volonté n'a que peu d'action.

Langage vertical – la racaille est en dessous, nous allons la dresser.

Combien de fois n'ai-je pas vu la fillette ramenant désolée un petit bricolage dont on n'avait pas voulu à la maison.

Et celles-ci exécutant des bagues drôles, pleines d'humour, des choux, des tomates, des libellules courent sur les doigts.

Joie de faire, expression dans la façon de cette matière.

On s'oublie dans l'acte. Soudain, réveil brutal. On se retrouve dans la réalité désséchée du corridor:

« Qui va porter cela? » « Moi! » parce que je suis là pour vous prouver que ce que vous faites peut être aimé, peut servir, que vous pouvez en fait être aimée.

Mais un exemple est insuffisant dans l'immeuble structuré dans lequel elles désévoluent, raides, mal aimées, sclérosées, sans langage, sans repère.

Il me faut. Il nous faut. Il vous faut un langage différent pour ne pas crever dans ce boyau préfabriqué.

Des cartes confortable n'est plus de mise.

On m'a eu. O nous a eu. On nous a eu. Suspectez votre raison.

Chacun est seul, dupé par cette logomachie morte.

Un tas de briques bien rangées.

Le fou déplace les briques. Tourne à l'envers.

Etre fou dans ce tunnel est la seule situation possible.

 Langage de fou

 Langage autre

 Trouver un langage

 Langage de fou. Le fou celui qui est différent

Moi différente de ce qui est

Moi en opposition à ce qui est

Le fou celui qui ne peut se satisfaire d'un langage prétracé – Récupération des langages dits fous – les seuls authentiques:

 les langages féminins, enfantins, musicaux.

plastiques poétiques, sexuels, corporels, déviés et autres, les langages des animaux, des plantes.

 Langages de tous ceux qui brimés au plus profond de leur être sont les seuls à pouvoir parler, parce qu'ils sont les seuls à être révolutionnaires

 Femme fais ta révolution

  parle ta révolution

 Langage de la révolution

 Ne pas sombrer dans de nouveaux couloirs préfabriqués, dans de nouveaux bagnes

 Ecolier parle

  refuse d'école

 Attrape le prof et les patrons par le collet, dégoise-leur des choses, plein le cigare, et colle-les sur les bancs.

 Chrono en main, vérifie le temps qu'ils mettront à s'écrouler dans ce no man's land du dire, où crever à ne pouvoir s'exprimer vous rétrécit

tant la vue qu'il n'existe plus qu'une seule demande:

 que personne ne s'amuse

 que personne n'ait l'air de rigoler, l'enfant moins que les autres. Vos gueules; ici on apprend sérieusement.

 La peur s'installe aux tripes quand tu n'apprends pas à lire et écrire aux heures prescrites.

 Et pour être certain que l'enfant n'entame pas un dialogue entre lui et lui, supprimons dès la naissance tous les langages possibles:

 pas de sein

 pas de touche pipi

pas de caca bien chaud dans les langes,

 le pot plus vite que cela

Il faut des êtres aseptisés

  aveugles

  asservis

  muets

    Marie-Claire GOUAT.

Les Cahiers du GRIF,[4] octobre 1976

Texte 6.8 *'Parler femme' ou 'parler homme': de quoi parler?*

« Faire dégorger, cuire à feu doux, cocotte, petits lardons, lotion, masque antirides, crème nourrissante. . . . » Gabrielle Rolin a dénoncé ici « le parler femme », langage de ghetto, souhaite sa disparition.

 Voilà donc méprisé un art de vivre – une jouissance – apanage d'une minorité opprimée qui, faute du pouvoir, se réfugie dans le plaisir. Mais quoi, est-ce l'impérialisme masculin qu'il faut supprimer ou le désir?

 Il faudrait s'entendre. Qu'est-ce que le « parler homme » qui serait supérieur – ou plus adulte – que le « parler femme »? « Arbre à cames en tête, tiercé,[5] Saint-Etienne bat Montpellier 3 à 1 », la chasse, belote, la bagnole, la compétition, l'agressivité, le gadget? Non, il n'est pas très utile de parler, mais, s'il faut parler, je préfère « parler femme », c'est-à-dire parler du corps, de la nourriture, de la sensualité, de la beauté, de l'art, de la jouissance.

 Le monde a été façonné par les hommes et le résultat n'est pas vraiment très beau. Il est temps de passer la main et la parole aux femmes. Mais si les femmes se mettent à revendiquer le droit d'être aussi agressives et abstraites que les hommes, si elles se mettent à avoir honte d'être des femmes, il n'y a plus aucun espoir de changement.

 Les femmes sont en train de commettre la même erreur que tant de pays du tiers-monde qui plagient l'Occident au lieu de mettre en valeur leur orginalité propre.

 Je ne comprends rien aux bielles, aux pistons et aux cylindrées. Je me moque des résultats sportifs, je déteste les chasseurs, les lecteurs de *L'Equipe*[6] et les discutailleurs de Café du Commerce. Je n'aurais pas honte, si j'en avais le loisir, de parler de massages avec des huiles rares et des onguents au risque de passer pour « efféminé » et je ne connais rien de plus délectable que de mijoter un petit plat. Je préfere de beaucoup l'odeur du linge que je repasse à l'odeur du cambouis. Gabrielle Rolin préférerait-elle que les femmes abandonnent leurs illusions cosmétiques et conservent leurs points noirs et leurs poches sous les yeux? S'il s'agit de dénoncer les méfaits de la publicité et la consommation excessive de produits de beauté, très bien, mais que diable? Il vaut mieux acheter des produits de beauté que des cartouches, des pots d'échappement ou des bouteilles de pastis. Si les Occidentaux s'occupaient un peu plus de leur corps, ils seraient mieux dans leur peau. Si nous réapprenions à nous servir de nos cinq sens, nous découvririons vite que les jouissances qu'ils peuvent nous offrir sont moins coûteuses – et sans doute moins illusoires – que tous les produits fabriqués au prix de la dévastation de la planète par la société marchande.

« Parler femme? », « Parler homme? » Et si l'on laissait plutôt parler notre corps?

Michel Polac, *Le Monde*, 6 avril 1975

LEXIS

Texte 6.9

B.G.: La langue n'est pas un véhicule neutre . . . elle est en réalité le miroir d'une société, de ses préjugés, de ses structures. Mais ces livres de femmes démontrent à quel point les mots sont aussi misogynes et comment ils véhiculent ce mépris du féminin, qui finit hélas par s'inscrire aussi dans l'inconscient féminin. La preuve de ce mépris, on la trouve dès l'origine dans les mots qui servent à désigner le féminin et qui peuvent toujours prendre un sens péjoratif. A commencer par le mot FEMELLE. La femelle n'est pas seulement la compagne du mâle, mais aussi le symbole de l'obéissance rampante ou de la lubricité; alors que le mot MALE n'implique que des qualités: énergie, assurance et puissance sexuelle. On voit déjà que ce qui est puissance sexuelle chez l'un s'appelle lubricité

chez l'autre! De même GARCE n'est plus le féminin de GARS, mais est devenu synonyme de salope. FILLE veut aussi bien dire être humain femelle que prostituée. En argot, les mots féminins ont subi la même dérive péjorative. Dire à quelqu'un qu'il n'est qu'une gonzesse, c'est lui faire injure. Le plus grand compliment qu'on puisse faire à une femme, c'est finalement de la traiter d'homme! Je ne sais plus qui a dit que Simone Veil[7] était 'le seul homme du gouvernement'.

Même les femelles animales sont atteintes par ce mépris: alors que le CHIEN est un animal estimable, au féminin, il sert à insulter les femmes. Il n'y a pas de pendant masculin à « la chienne de Buchenwald ». Quand à la volaille, c'est ridicule; que ce soit bécasse, oie blanche, tête de linotte, poule mouillée, pie jacassante, perruche. . . .[8] En revanche, quand on compare l'homme à un animal, c'est un animal noble: il est un lion, un aigle, un vrai coq, un ours . . . à la rigueur un lapin, mais alors c'est un rude lapin! . . .

La plupart des gens croient que les phénomènes linguistiques sont le fait du hasard. Alors que j'ai été frappée par un phénomène: plus les femmes s'élèvent dans l'échelle sociale, qui correspond généralement aussi à l'échelle des salaires, plus on leur refuse un titre féminin. C'est un mécanisme diabolique et qui fonctionnait admirablement parce que personne ne songeait à le dénoncer. Mais les exemples sont éloquents. Si je suis la devouée secrétaire d'un patron, aucun problème, tout le monde dira de moi LA secrétaire. A ce niveau-là, le signe du féminin ne porte atteinte à aucun privilège féminin. Mais si je veux pénétrer dans le bastion du pouvoir politique, un des mieux gardés, soudain je n'ai plus droit à mon article normal et je deviens Madame LE secrétaire d'Etat. Avouez que c'est curieux! Quand une femme fait un travail jusqu'ici réservé aux hommes, on l'excise en somme, on lui enlève un signe extérieur de féminité! Preuve qu'elle usurpe une fonction qui n'est pas dans sa nature!

Et cela joue même, dans le cas où la forme féminine est évidente et serait très facile à utiliser, par exemple juge, ministre, qui se terminent par un e muet. Grammaticalement, qu'est-ce qui empêche de dire Madame LA ministre? Mais nous savons bien que ce n'est pas au niveau de la grammaire que ça accroche: c'est au niveau des mentalités.

C'est si vrai que dans les métiers moins prestigieux, le problème des dénominations s'évanouit comme par miracle: on est LE ou LA concierge, LE ou LA garde, LE caissier ou LA caissière, l'instituteur ou l'institutrice. Mais si on monte en grade, alors il faut se soumettre à la loi de l'universel masculin. . . .

A.F.: Mais ne faut-il pas mettre en cause une certaine pusillanimité de la part des femmes elles-mêmes, qui subissent une situation souvent aberrante mais n'osent pas imposer leur point de vue?

B.G.: Absolument. Aucune institution, aucune loi, aucun homme n'aideront les femmes à changer l'état de fait actuel. C'est à chacune de celles qui se sentent concernées d'oser dire « je suis une peintre . . . une juge . . . une avocate ». Il existe bien sûr des cas épineux et la Commission[9] ne sera pas tenue de trancher sur tout, mais au moins quand il s'agit de mots qui ne posent aucun problème, phonétique ou grammatical, il est important d'habituer nos oreilles à ces formes nouvelles. C'est extraordinaire, d'ailleurs, de voir comme on s'accoutume vite à un terme qui surprend au début, à condition qu'il soit logique.

A.F.: Afin de donner le moins de prise possible à cette résistance que vous décrivez, à la dérision aussi qui risquerait de discréditer l'ensemble de l'effort entrepris, le problème du choix de tel ou tel féminin ne sera-t-il, pas essentiel? Les travaux de la Commission sont en cours, rien n'a été tranché encore, mais quelle est votre position de principe à ce sujet?

B.G.: En principe, il me semble que plus le mot proposé sera phonétiquement proche du masculin, moins il aura de chances d'être dénigré, puis rejeté. Par exemple, personnellement, je penche pour docteure . . . qui est plus facile à faire passer que docteuse et même que doctoresse. Doctoresse me semble le cas typique du mot parfaitement bien formé, qui a même été bien admis par le public il y a 10 ou 20 ans et qui est aujourd'hui rejeté par les intéressées elles-mêmes. Pourquoi? Tout simplement parce qu'il a subi de dévalorisation systématique qui frappe le féminin, en l'occurrence les suffixes en -esse. Les mots en -esse sont devenus vaguement ridicules: qui a envie d'être une poétesse aujourd'hui? Une chefesse? Chaque fois qu'on dit ministresse, c'est avec un sourire ironique. Alors qu'au Moyen Age, abbesse ou diaconesse paraissaient des formes normales. Mais on ne lutte pas contre cette dérive des mots. Quand elle est commencée, mieux vaut s'y prendre autrement. Dire par exemple une poète, une peintre, formes simples, inattaquables.

Pour donner un deuxième exemple, je préférerais auteure à autrice ou à auteuse (qui rappelle malencontreusement menteuse, voleuse, etc.) car les féminins en -euse ne sont pas non plus valorisants. Mais je ne peux pas encore préjuger des décisions qui seront prises et moins encore du succès qu'elles rencontreront. . . .

En réalité, tout va dépendre en fin de compte non pas tant du choix des mots que du courage de chacune des femmes qui osera les porter, les imposer à son entourage, les rendre usuels par l'usage!

'Je suis une écrivaine', entretien avec Benoîte Groult, par Alain Fantapie, *Médias et langage*, no. 19–20, avril 1984 (Benoîte Groult est chargée de présider la commission ministérielle de terminologie pour la féminisation des titres.)

Texte 6.10

Le problème de la féminisation des titres et des noms de profession est double, et ses deux aspects sont bien différents et parfois contradictoires.

Sur le plan des besoins de dénomination, c'est-à-dire de la culture et des mœurs, le problème est entendu: il est bon que toute profession ou titre auxquels les femmes ont accès soient désignables de manière différentielle. Cependant, sur le plan linguistique, le problème se complique: certains mots sont utilisables sans modification au masculin et au féminin (une archéologue, une algébriste, une lampiste). D'autres possèdent une morphologie active et leur féminin est au pire virtuel ou disponible (une mathématicienne, et même une autrice). Dans certains cas le sentiment de néologie rend le féminin d'emploi difficile (une professeuse), forme par ailleurs normale; en outre des homonymies gênantes prêteraient à sourire (une médecine, une plombière), sans être plus choquantes d'ailleurs que des homonymies existantes (une cuisinière). Enfin certains mots n'ont d'autres féminins que dans la détermination (la chef) ou dans la suffixation (la chefesse) d'emploi difficile pour des raisons phonétiques. Mais les difficultés dues au système de la lange (morphologie du substantif et système de déterminatifs) ne sont pas insurmontables. C'est plutôt l'usage qui révèle des blocages dont le linguiste, et même le puriste, ne sont pas responsables. Si l'on dit docteur et avocat en parlant des femmes, alors que doctoresse et avocate sont des formes bien éprouvées, c'est affaire d'usage et, précisément, d'usage par les femmes. Celles-ci préfèrent apparemment s'appeler le ministre, le député, le préfet que la ministre (nom inchangé), la députée (variation purement graphique), la préfète. La raison est ici sémantique. On a longtemps utilisé le féminin avec un nom de titre plus ou moins prestigieux, pour désigner l'épouse de celui qui portait ce titre (la générale, la sous-préfète); un discrédit léger en est résulté au détriment des féminins dans la langue. Pour le lexicographe, c'est l'usage et non les possibilités du système qu'il convient d'observer. Mais ces possibilités servent de cadre à l'usage, et il est indispensable de les analyser.

Cette féminisation résulte aussi de la mention que nous avons décidé de faire de formes féminines conformes au « génie de la langue », mais dans ce cas le féminin est donné comme virtuel, ce qui n'exclut pas qu'un usage effectif existe et nous ait échappé.

Le succès de la féminisation des titres et des noms de profession dépend donc essentiellement, selon notre point de vue, des usagères elles-mêmes. Ce n'est pas la langue et encore moins les critiques de la langue, les lexicographes, qui mettront le moindre bâton dans les roues.

Alain Rey, directeur des dictionnaires Le Robert, 'La Langue française au féminin', dans *Médias et langage*, no. 19–20, avril 1984

Texte 6.11 *Femme: termes généraux*

Termes généraux. ⇒ **Fille, bonne femme** (ci-dessous, 3.); fam. et argot **frangine, nana** (cour.), **nénette.**

Termes marqués sexuellement. – Neutres ou positifs. ⇒ **Beauté, belle, mignonne, tendron; pin-up**; (métaphores) **bijou, fleur, fruit, joyau, poupée**; (fam. et argot) **caille** (petite), **gigolette, gonzesse, gosse,** **gosseline, guêpe** (vx), **langoustine, méné, ménesse** (argot anc.), **mistonne** (et **nistonne**), **môme, pépée, poule, poulette, sœur, souris, volaille**; (poét.) **sylphide, tanagra, vénus.**

Termes péjoratifs, quant au physique. ⇒ **Laideron; guenon**; fam. et pop. **goyau, grognasse, mochetée, pétasse, pouffiasse, raquin** (vx); (grosseur, taille) **bombonne, boudin, cageot, dondon, pot, tonneau; cheval** (grand cheval), **jument, vache** (grosse vache) . . .; (maigreur) **bringue, échalas, girafe, limande, planche** (à pain), **sauterelle**; (virilité) **dragon, gendarme, virago**; (saleté) **cochonne, guenippe, salope** (rare), **souillon, marie-salope** (vx), **maritorne.**

(Vieillesse – souvent associée à la laideur et à la saleté: ensemble de traits anti-érotiques). ⇒ **Bique** (vieille), **carabosse, douairière, fée** (argot anc.: fébosse), **matrone, mémère, rombière, sorcière, tableau** (vieux), **taupe** (vieille), **toupie** (vieille).

Termes, en général péj., caractérisant le caractère, la psychologie. – (Mauvais caractère). ⇒ **Chameau, chipie, choléra, furie, garce, harpie, peste, poison** (n. f.), **teigne; carne, carogne** (vx), **vache.** – (Bêtise). ⇒ **Bécasse, buse, dinde, gourde, oie, pécore** (vx). – (Ruse). ⇒ **Coquine, diablesse, drôlesse, masque** (vx), **mouche** (fine mouche). – (Affectation, prétention). ⇒ **Péronelle, pimbêche, pimpesouée** (vx).

Termes caractérisant le comportement érotique, sexuel. – (Jalousie). ⇒ **Lionne, panthère, tigresse.** – (Prudence et bigoterie). ⇒ **Bégueule, mijorée, sainte-nitouche; grenouille** (de bénitier), **punaise** (de sacristie). – (Séduction). ⇒ **Enjôleuse, sirène, vamp.** – (Liberté sexuelle condamnée). ⇒ **Chienne** (vx), **coureuse** (vieilli), **créature** (vx), **dévergondée, fille, gaillarde** (vx), **garce, gourgandine** (vieilli), **luronne, salope**; (argot fam.) **affaire, baiseuse, bandeuse, bonne** (argot mod.), **bourrin**; (littér.) **bacchante, ménade, messaline.** – (Homosexualité). ⇒ **Homosexuelle invertie, lesbienne**; (péj. et vulg.) **gouine, gougnotte, gousse**; (littér.) **sapho, tribade.**

Termes d'insulte (avec une valeur sexuelle dépréciative liée à la prostitution, au moins à l'origine). ⇒ **Bégasse** (vx), **bougresse, cagne** (vx: chienne), **chabraque** (vx), **chausson** (vx), **peau** (et: vieille peau), **pétasse, pouffiasse, putain, pute, roulure,** saleté, **salope, traînée.** – N.B. De nombreux termes péj. signalés ci-dessus peuvent être employés en insulte, seuls ou précédés de *sale* (→ aussi Gonzesse, typesse).

Traits sociaux traditionnels. ⇒ **Dame, lady** (vx), **princesse, reine, souveraine** (propre et fig.).

Désignation des femmes dans leurs rapports sociaux et sexuels à l'homme (point de vue de l'homme). ⇒ **Amante** (cit. 16), **amie, belle** (sa belle), **chacune** (sa chacune), **compagne, concubine** (vx), **épouse, favorite** (vx), **femme** (II., ci-dessous), **fiancée, maîtresse;** (fam. et pop.) **bergère, bonne femme** (ci-dessous); **gigolette, gonzesse, gosse** (et: petite gosse), **langouste, langoustine** (vulg.), **ménesse** (argot, vx), **môme, mousmé** (vx), **moukère** (vx), **nana, nénette, pépée, poule** (vulg.), **souris.** – REM. Ces mots sont le plus souvent employés avec un possessif (*sa môme*) ou un compl. de nom.

Types sociaux de femmes, définies par leur « facilité » plus ou moins monnayée (thème dépréciatif autour de la prostitution, donnant lieu à des termes descriptifs anciens et modernes, à connotation péjorative ou injurieuse). ⇒ **Belle-de-nuit, biche** (vx), **castor** (vx), **cocotte, crevette** (vx), **dégrafée** (vx), **demi-castor** (vx), **demi-mondaine, gourgandine, grisette** (vx), **hétaïre** (littér.), **horizontale** (vieilli), **lionne** (vx), **lorette** (vx); **catin, courtisane, prostituée;** (vulg.) **putain, pute, respectueuse, traînée;** (fam.) **grue.**

La femme dans la mythologie et dans l'art. ⇒ **Déesse, divinité, vénus; démon, démone, succube; amazone, bacchante, danaïde, furie, grâce, harpie, kère, ménade, muse, nymphe, parque, sirène; fée; sylphide, walkyrie; houri; cariatide.**

Types sociaux de femmes, dans l'antiquité. ⇒ **Esclave; affranchie.**

Types religieux de femmes. ⇒ **Religieuse; moniale, nonne, sœur; sainte; martyre, vierge;** et aussi **héroïne, martyre.**

Le Grand Robert de la langue française, edition 1987, pages 454 et 455

Texte 6.12 *Femme: termes socio-professionnels*

Traits socio-professionnels modernes. ⇒ **Aristocrate** (n. f.), **bourgeoise, ouvrière, paysanne, prolétaire; commerçante, fonctionnaire.** – (Activités traditionnelles). ⇒ **Chaisière, concierge, couturière, dactylo, employée, hôtesse, mannequin, midinette, ouvreuse, sage-femme, scripte, secrétaire, speakerine, vendeuse; actrice, artiste, comédienne, danseuse, étoile, star, vedette; assistante** (sociale), **infirmière; institutrice.** – N.B. Il convient d'ajouter à ces termes des formes féminines régulières, notamment dans les professions du commerce. ⇒ **Bouchère, boulangère, charcutière, crémière, épicière, mercière, commerçante, marchande, vendeuse.**

REM. 1. *Femme* est premier élément d'un groupe quand on veut indiquer le genre féminin des professions et activités pour lesquelles seul un terme de genre masculin est habituellement employé (c'est l'un des procédés officiellement recommandés au Québec, les deux termes étant alors liés par un trait d'union). *Femme maçon, femme terrassier, femme ingénieur. Femme cadre. Femme patron. Femme reporter, correspondant d'un journal. Femme chef d'Etat. – Femme professeur (ou professeur femme). Femme metteur en scène, femme auteur, femme écrivain, femme philosophe, femme chercheur, femme peintre. – Femme pilote. Femme cosmonaute.*

La secrétaire-dactylo, la vendeuse de grand magasin, pensait Marat, dépendent de l'arbitraire du patron ou du chef de rayon. La femme fonctionnaire, par contre, est protégée par son statut (. . .). Roger VAILLAND, Drôle de jeu, 1945, p. 135.

2. Le nombre de formes au genre féminin tend à s'accroître, avec l'accession des femmes à des professions qui étaient traditionnellement réservées aux hommes (⇒ Artisane, attachée, aviatrice, avocate, rédactrice, présidente). Mais l'emploi traditionnel des formes féminines pour désigner les épouses (*générale, mairesse, préfète*) limite cette évolution. On dit aussi qu'une femme est *juge, maire,* parfois qu'elle est *directeur* (ou *directrice*), *avocat* (ou *avocate*), *médecin, docteur, général* . . . Le lexique français est, dans ce domaine, en pleine incohérence.

Enfin, de nombreux féminins existent, mais sont

connotés (→ Soldate, poétesse, etc.) et la revendication d'égalité avec l'homme conduit à deux attitudes inverses: adopter la même désignation (au masc.), créer systématiquement des formes féminines.

3. Au Québec, ces différents procédés font l'objet d'une recommandation officielle:

« Relativement au genre des appellations d'emploi, l'utilisation des formes féminines dans tous les cas possibles:
– soit à l'aide du féminin usité. Exemples: couturière, infirmière, avocate;
–soit à l'aide du terme épicène marqué par un déterminant féminin. Exemples: une journaliste, une architecte, une ministre;
– soit par la création spontanée d'une forme féminine qui respecte la morphologie française. Exemples: députée, chirurgienne, practicienne;
– soit par l'adjonction du mot femme. Exemples: femme-magistrat, femme-chef d'entreprise, femme-ingénieur » (Gazette officielle du Québec, 28 juil. 1979, p.« 7394–7395).

Le Grand Robert de la langue française, edition 1987, page 455

Texte 6.13

Une *femme galante* est une femme de mauvaise vie, un *homme galant* est un homme bien élevé.

Une *honnête femme* est une femme vertueuse, un *honnête homme* est un homme cultivé.

Une *femme savante* est ridicule, un *homme savant* est respecté.

Une *femme légère*, l'est de mœurs. Un homme, s'il lui arrive d'être léger, ne peut l'être que d'esprit.

On dit une *fille ou une femme facile*, mais pas un *homme facile*, une *femme de petite vertu*, mais pas un *homme de petite vertu*; on dit une *femme de mauvaise vie*, mais on dit un *Don Juan*. On dit une *faible femme*, mais pas un *faible homme*. Un *homme faible* est un homme trop indulgent.

On aime les *petites femmes*, mais on admire les *grands hommes*. Les *petits hommes* n'existent que chez Gulliver et les *grandes femmes* ont du mal à s'habiller en confection.

Une femme peut être *jolie, belle, mignonne, ravissante, laide* ou *moche*, un homme n'est que *beau* ou *laid*.

Extrait de Marina Yaguello, *Let Mots et les femmes*, Ed. Payot, 1987

Texte 6.14

Femme: sexe féminin, sexe faible, beau sexe, fille d'Eve, cotillon, jupon, quenouille, gynécée, harem, sérail, bambine, fille, fillette, demoiselle, jouvencelle, ingénue, Agnès, vierge, formée, nubile, caillette, nonnain, tendron, jeune personne, femmelette, miss, milady, mistress, lady, épouse, dame, matrone, vieille fille, blonde, brune, brunette, rousse, beauté, bas-bleu, mondaine, femme du monde, femme d'intérieur, ménagère, laideron, maîtresse-femme, péronnelle, commère, maritorne, mégère, hommasse, virago.

Homme: créature humaine, individu, individualité, personnalité, personne, quelqu'un, quidam, semblable, autrui, particulier, paroissien, prochain, mortel, les humains, humanité, amphisciens, antisciens, periscien, sexe masculin, sexe fort, humain, viril, enfant, adolescent, homme fait, vieillard, anthropologie, anthropomorphisme, anthropophagie, cannibalisme, anthropométrie, homicide:

Paul Rouaix, *Dictionnaire des idées suggérées par les mots*, Armand Colin, 1989

Texte 6.15

Femme: almée, amazone, (petite) amie, amante;
baigneuse, beauté, belle, blonde, blondine, bête, *bête à con, boudin, *bourrin, *briquette; brune, brunette, belle-mère, bonne sœur, bambine, bonne, bas-bleu;
commère, créature, courtisane, cocotte, camériste, chipie, concubine, caillette, cotillon, *cale, *carne, *cerneau, chameau, chatte, *chiasse, *chevreuil, *colibri, *colis, *con, *conifère, *connaude, *côtelette;
dame, demoiselle, demi-vierge, déesse, donzelle, demi-mondaine;
épouse, égérie;
fille, fille d'Eve, femme du monde, femme d'in-

térieur, femme galante, fée, femelle, femmelette, fatma, *fesse, fillette, *fumelle, favorite, furie;

grisette, garce, garçonne, garçon manqué, gonzesse, grognasse, *gerce, *gibier d'amour, *gisquette, *goyo, greluche, *grenouille, gendarme;

houri, héroïne, hommasse, hétaïre, *horizontale, harpie, *hirondelle;

ingénue;

jeune personne, jouvencelle, *jument, jupon;

laideron, lorette, luronne, *laitue, *langue, *lièvre, *limande, *linge;

Mère, ménagère, mégère, miss, matrone, maritorne, maîtresse, muse, madone, mijaurée, marâtre, moukère, mousmé, moitié, midinette, *mangeuse d'andouille, *mangeuse de pommes, *mémé, *mistonne, môme, *morue, maîtresse femme, maîtresse de maison, mondaine;

nana, *nénesse, nymphe, naïade, *nière, *niousse, *nistonne;

odalisque, ondine;

péronnelle, poule, poulette, poupée, *pétasse, petite, *pisseuse, *planète, *planche, poison, *pot de chambre, *pot de nuit, poufiasse, (belle) personne, personne du sexe, pucelle;

rombière, rousse, *requin, *ravelure, *repoussoir, *résidu, rosse, roulure;

sœur, sirène, soubrette, sainte nitouche, souris, snobinette, *sac de nuit, *saucisson, *sexe, sorcière;

tendron, *tortue, *trumeau, *toupie, typesse;

virago, vénus, vierge, vieille fille;

*zigouince.

Extrait de Henri Benac, *Dictionnaire des synonymes*, Hachette, 1981

Texte 6.16

« En argot, il y a cent mots (pour désigner les femmes) et, ce qu'il y a de plus chic, c'est que tous ces mots d'argot ne sont pas synonymes. Fichtre non! Margot la piquée, par exemple, était exactement ce que j'appelle un *choléra*. Un *choléra*, c'est une petite femme brune, pas très soignée de sa personne, avec des ongles en deuil, et maigre, surtout maigre à montrer les os des hanches et les côtes et tout le bazar. La même personne qui serait grasse, on l'appellerait un *boudin*. Si, par hasard, elle est plus grande, pas très grasse et mal peignée, c'est un *raquin* qu'il faut dire. La taille au-dessus, encore, avec un brin de fesse et le tout à l'avenant, alors ça devient très bath et c'est proprement une *gonzesse*. Et si la *gonzesse* est vraiment *maousse*, *houlpète*, *à l'arnache*, autrement dit, alors c'est une *ménesse*, quelque chose de tout à fait bien, l'article vraiment supérieur. Une *ménesse* qui prend de la bouteille, ça tourne vite en *rombière*, surtout si l'encolure commence à gagner en largeur. Et quand une *rombière* engraisse en gardant de la fermeté, c'est déjà presque une *pétasse*. Mais, malheur si ça ramollit, nous tombons dans la *poufiasse*, horreur, et dans la *grognasse*, et on ne sait plus où l'on va! »   (Duhamel, *Pasquier*, V, XVI).

Mentionné dans Marina Yaguello, *Les Mots et les femmes*, Ed. Payot, 1987

Texte 6.17   *Formation du registre féministe*

1) usage récurrent de termes empruntés aux sciences sociales:
— dynamique (du féminisme)
— contradictions (assumer, vivre, surmonter ses –)
— exploitation (de la femme par l'homme)
— schéma, structure
— groupe dominant, groupe dominé
— dialectique.

2) registre militant, souvent emprunté ou inspiré des différents mouvements contestataires:
— libération
— lutte contre l'oppression, femmes en lutte, lutte des femmes
— la cause des femmes (sur la cause du peuple)
— discrimination
— aliénation
— émancipation
— condition féminine (sur condition des noirs ou condition ouvrière)
— même combat!
— collectif (des femmes de X)
— femellitude et féminitude (sur négritude)

Marina Yaguello, *Les Mots et les femmes*, Ed. Payot, 1987

The condition of women in France

Exemples:

sororité, sororel, sororal

homme-objet, femme-objet

autrement, vivre autrement, autrement dit

plate-forme de lutte, collectif central, combat, membre délégué, mot d'ordre, commission, base sociale, mobilisation unitaire

sexiste, sexisme

phallocrate, société patriarcale, oppresseur, oppression masculine, mâles-média

nana, mec, compagnon

7
Work, politics, and power

Statistics show that whereas there was a steady decline in the number of women working in France between 1945 and the late 1960s, an increase began to occur again in 1968, and this has continued at an accelerated rate until the present (*see* Tableau 7.1).

The decline in the female workforce between 1945 and 1968, and the subsequent increase were the result of radical changes in patterns of work and also in the attitudes of the female workforce. For example, from the late 1950s onwards there has been a steady increase in the number of women entering the 'secteur tertiaire',[1] mostly from the agricultural sector, where there was the highest concentration of women before 1939. In addition, for psychological reasons, since 1968 women are less inclined to regard money as the main motive for working and are becoming more reluctant to abandon work for the sake of marriage and children. Recent studies show that there is no longer any correlation between patterns of family and work in France, that women do not stop work simply in order to have children, and that the decrease in marriage and the birthrate is not related to the increase in female activity; in short, marriage and children do not determine activity, nor is work a sufficient reason for the change in family patterns. Instead, it is considered that women will continue to work in ever increasing numbers in spite of other factors, and that women's participation in the workforce is becoming an ever more vital and irreversible fact.[2]

The enormous increase in the proportion of married women in the 25–54 age-group who work reflects the general trend (*see* Tableau 7.3). As regards age, the most active period is still 20–25 years and 40–45. However, as we have just seen, the previous decline in activity between 25 and 40, due to maternity, is now stabilizing, as women are less inclined to stop work even after their second child. On the other hand, women are tending to start work later, due to prolonged scholarity and an increased desire to obtain qualifications at a higher level.

As mentioned above, the 'secteur tertiaire' now employs the highest proportion of women, 47 per cent of whom occupy posts in administration, commerce, and information. A fifth of women occupy lower-grade posts in teaching, social and public administration – the so-called 'professions intermédiaires'; 14.4 per cent are workers in industry, more than three-quarters of whom are unskilled. The most female-dominated areas of employment still appear to be the 'caring' professions – childminders, nurses, also secretaries – over 90 per cent of people in these jobs are women – and areas where practically no skills are required, for example, unskilled workers in confectionery and other food industries. The most male-dominated areas of employment, where over 90 per cent of men are employed, are the building, metallurgical, mechanical, and electrical professions. There are still few women in the liberal professions (doctors, lawyers, etc.), in higher academic and managerial posts – 'cadres supérieurs' – and very few company directors. However, there are signs that this situation is beginning to improve. As more women enter higher education, in particular, the higher colleges of administration and commerce – 'écoles supérieures' – so the numbers in the liberal professions, higher and middle management are increasing. At the same time, there is less and less demand for women in the domestic service but there has been an increased demand for them as service personnel, office workers, and unskilled labour in industry. This varies, however, according to the region. For example, there is a higher percentage of women

113

working in the Paris area, where there is greater availability of work in the 'secteur tertiaire', whereas the female workforce is lowest in the north (département du nord) and in the department of Provence–Côte d'Azur, where the general level of unemployment is high. On the other hand, in the Lorraine, where the textiles and clothing industries are still relatively important, a higher proportion of women work as factory labour.

In general, there is a combination of factors that have led to the rise in the number of women at work. First, because of women's ability to control or reduce their period of maternity as a result of contraception, there has been an increase in the period of possible activity. However, as we have seen, family and children have ceased to have a direct influence on women's work. Second, women are increasingly desirous of financial independence. In order to obtain the independence they desire, they realize that the higher their qualifications, the better their chances of access to the upper levels of employment. Thus, job satisfaction and psychological fulfilment are beginning to replace economic factors as the main reasons for women's work. However, economic factors still play a primary role for the large proportion of the female skilled and unskilled workforce whose husbands are most affected by unemployment.

Salaries

France is not unusual in having a greater concentration of women in the poorest-paid jobs and the lowest grades of employment. It is also well known that traditionally feminine areas of employment are the worst paid. However, as a result of consistent action from the 1970s onwards, on the part of trade unions and the Ministry of Women's Rights,[3] the discrepancy between male/female salaries overall is beginning to narrow, although the disparity in average earnings of women and men still stood at 35 per cent in 1984 and about 31 per cent in 1988 (*see* Tableau 7.4).

As a result of the equal pay law in December 1972, women's salaries rose more, proportionately to men's, and the gap between male/female average

salaries was reduced between 1973 and 1975 by 2 per cent. Women also benefited more than men from the decree of July 1975 concerning the minimum wage (the SMIC).[4] Because two-thirds of the total female workforce are 'smicardes', a rise in the minimum wage automatically favours women, as can be seen from Tableau 7.5. Nevertheless, the number of women who are paid the SMIC is rising, particularly among unskilled workers, probably as a result of the poor industrial climate.

Fear of higher absenteeism among women workers and of paying expensive maternity benefits is cited as the main justification for women's lower rates of pay. In fact, according to statistics (*see* Tableau 7.6) the 'congé maternité' only accounts for a small part of female absenteeism and is considerably lower than male absenteeism for illness. A great deal of female absenteeism is due to children – illness, taking them to and from school, or to the 'nourrice' – and is thus a direct result of the lack of childminding facilities at the place of work. There also appears to be a direct correlation between absenteeism and the amount of money earned. Women tend to be absent more when they are less well paid; where women are paid more than men, it tends to be the men who are more frequently absent.

Since 1972 various attempts have been made through legislation to remedy the inequalities in male/female income. The equal pay law of December 1972 required employers to give the same salary to men and women for the same work or 'work of equal value'. However, the principle of 'work of equal value' proved difficult to apply in practice, mainly because of the problem of comparing different places of work, especially if one was predominantly female, the other predominantly male. In addition, the law was difficult to enforce because of inherent inadequacies in sanctions and controls. The law for professional equality of July 1983 was introduced primarily to overcome these shortcomings. It set out first of all to clarify and define the concept of 'work of equal value' by listing four main criteria: that the work should require the same professional knowledge and qualifications, the same experience, the same degree of responsibility, and the same physical or mental effort. Further, it enabled the controlling bodies to compare work in different establishments and introduced greater systems of control and sanctions against the employer.

Conditions of work

Statistics show that a greater proportion of women work on assembly lines than men. Twice as many women as men do work that requires total concentration on the task. A greater proportion cannot interrupt their work, are not allowed to speak, or do work of an extremely repetitive nature. Women also work a far greater proportion of Saturdays per year and have a shorter time for lunch. On the other hand, men suffer more from accidents at work, from dusty or toxic atmospheres, or from conditions of intense noise, heat, or vibration (*see* Tableau 7.7).

In recent years there has been a tendency towards an increase in part-time work for women. In 1985, 21.8 per cent of women worked part-time, compared to only 2.2 per cent of men (*see* Tableau 7.8). In France this is due less to efforts to create part-time work for women who have previously been employed full-time or who wish to return to work after bringing up a family, as is the case in Great Britain, than to a decline in the number of full-time jobs available. In almost half the instances of part-time jobs taken by women, they were unemployed or have not previously worked. Whereas in Great Britain part-time work has become the norm for married women with children, with an average of 75 per cent of married women with children working part-time, in France there has been considerable resistance to the notion of part-time work for women. It is regarded as a dubious solution to the problem of reconciling maternity and work, endangering and limiting women's access to higher levels of employment, and restricting them to traditional lower-status, lower-paid jobs. There is a tendency rather to regard married women's employment as a *fait accompli*, and to explore new ways of reconciling maternity and work, and accommodating women's maternity within the workplace. For example, there is a call for an increased number of child-minding facilities at or close to the place of work and for greater flexibility in the working day.

The law for professional equality of July 1983 is also concerned with this aspect of women's work. Reinforcing the 1972 law, it stresses that it is illegal for an employer to refuse to appoint a woman because of pregnancy or because of any aspect of her female status. It has allowed the introduction of measures to facilitate employment for working mothers. In addition to the 'congé maternité', mothers have the option of taking a 'congé post-natal' of a maximum of one year. In this case, employers must give them priority of employment after the agreed period. The 'congé parental' can be taken either by the mother or the father, with the proviso that an employee is at a place of work for a minimum of one year, and that the period of time required does not exceed two years. Both these arrangements help women to return to or stay in the work market. In addition, provisions have been made for breast-feeding at the place of work, one hour per day being allotted for this purpose as an absolute right. One can see that considerable efforts have been made, in the 1980s particularly, to come to terms with the realities of maternity and work, though in practice, as the interviews in this chapter testify, the question is as yet far from being resolved.

Education and training

One of the reasons for women's poor salaries was always that they had inferior skills and qualifications. However, women in France are now rapidly catching up. The proportion of women going to universities compared to that of men increased from 46.4 per cent in 1974 to 51.2 per cent in 1984, and is continuing to rise. There has been a similar rise in all sections of higher education, such as the 'écoles normales' (teacher training institutes), preparatory classes for the 'écoles supérieures' and schools of engineering (*see* Tableau 7.9). Although there continues to be a preponderance of women doing the Baccalauréat A (the literary branch), there is a marked increase in the number of women doing the Baccalauréat B (economics), and the maths and science branch (C, D). At university, while the majority of women continue to study arts subjects (67.8 per cent), there has also been an increase in women studying law, as well as a rise in female economics and medical students (*see* Tableau 7.10). An increasing number of women are accepted each year for the 'écoles supérieures', which have considerably more prestige than universities, due to their tight process of selection. There are still many areas where there are below 15 per cent women – most women go to schools of commerce or administration – but overall, the female 16–29 age-group is now far better qualified in relation to men than the older, 40-plus age-group.

Since the legislation of 1972, measures have been taken to improve opportunities for women to take part in training programmes. There have also been strong drives by trade unions, such as the CGT and the CFDT,[5] to improve access for women to all posts, at all levels. Moreover, the recent law of July 1983 considers training to be a vital aspect of women's professional status, and seeks to remedy discrimination in the selection of participants for training programmes, in a drive to obtain better chances of promotion for women. As a result, since 1975 there has already been a marked increase in training for women organized by state bodies. However, programmes financed by businesses are still trailing behind, with far more men attending courses than women. The larger the company, the more men tend to be favoured to the detriment of women.

Unemployment

In France more women than men are unemployed; indeed, they constitute an average of around 51 per cent of the unemployed population. The reasons for this are three-fold. First, because of the traditionally greater flexibility of the female workforce, it is usually the first to be hit by adverse economic conditions. The oil crisis in the early 1970s tended to affect women more than men, for example. This flexibility, however, is beginning to diminish as women claim greater parity of working conditions with men. A second factor is women's overall tendency to have inferior qualifications, and the concentration of women in unskilled jobs, or in situations (for example, typing pools) where they are unlikely to learn new skills. Third, there is the traditional notion of the 'salaire d'appoint', in other words, the idea that a woman's employment is simply a means of earning a subsidiary income to supplement her husband's.

Because unemployment hits the young most, it is young women between 20 and 24 who are most affected (*see* Tableau 7.11). In addition, women are likely to wait longer before finding a job than men – more than half of unemployed females wait more than one year before finding a job, and this trend is increasing.

For reasons already outlined, the highest rates of female unemployment are among unskilled factory workers, workers in agriculture, commerce, and the service industries, since, generally, the lower the skills and qualifications, the higher the rate of unemployment. Thus, there tend to be extreme regional variations, according to the preponderance of particular industries in the different areas. Blackspots of female unemployment are centred in the north, which is predominantly industrial, or in the south, where there has been a recent decline in agriculture.

There are also clear reasons for more frequent loss of work in the case of women, as compared to men. Since more men tend to be in permanent employment, they are more likely to be eligible for redundancy payment upon dismissal. Women, on the other hand, who tend to be on shorter-term contract work, are more likely to be dismissed without pay. Women are therefore a much easier target for dismissal than men.

Trade unions

Although there are no exact statistics, women in France appear to represent 25–30 per cent of total trade union membership. The number of women representatives diminishes higher up the trade union hierarchy, however. Though congress consists of 20–30 per cent membership, the national bureau and governing body consists of only 14 per cent female representation.

Female membership has tended to be drawn mostly from the skilled and unskilled workforce, where there is a tradition of greater female militancy. However, this tendency is counteracted by the preponderance of women in the small businesses which predominate in France, where trade unionism barely exists. Even in industry, many women consider that trade unions are not sufficiently open to their problems, and there are marked signs of female disaffection. It is, nevertheless, true to say that the main trade unions have exerted considerable pressure on behalf of women in France, and have helped to pave the way for all the important legislation related to women's working conditions, salaries, and maternity benefits.

Politics and power

Politics remains the area in which women are least represented in France. In 1983 there were fewer female members of the Sénat and Assemblée Nationale[6] than in 1946, admittedly the period of greatest political activity for women. Thus, in 1946 there were 8 per cent women in the Sénat and 7 per cent in the Asemblée, as compared to 3 per cent and 6 per cent respectively in 1983. From 1946 onwards representation declined steadily, reaching its lowest point in 1965. Since 1968 it has been rising again, but slowly, and is far from reaching any significant level (*see* Tableau 7.13).

Compared to other European countries, France lies thirteenth in the league of female parliamentary representation, way below Scandinavia, and below Germany and Italy, with Great Britain in seventeenth place. One of the key factors determining this situation is the nature of the French two-tier electoral system, where a single candidate is elected to represent the parties of the left and right in the second round. This system has been found to be prejudicial to women. Statistics show that between 1946 and 1956, when there was proportional representation, 10 per cent of women were put forward as deputy candidates; under the new system, introduced in 1958, the percentage fell to 2.2 per cent. It began to rise again from 1973, but only to 6.7 per cent. It has been found that a more open electoral system, with proportional representation, depersonalizes competition and encourages more women to apply for candidature. In the European Parliament elections, for example, there were 25 per cent women among the French candidates and 22 per cent were elected. In the French presidential and legislative elections the percentage of women candidates is notably lower than this. In the legislative elections of 1981, the average was around 6.7 per cent with a considerably higher percentage in the Communist party.

Legislative elections – 1981

	Women as % of total number of candidates	Women elected as % of total candidates
PC	13.5	6.8
PS	8.0	5.3
PR	3.2	1.6
RR[7]	2.0	1.2

Another key factor is that since 1958 political life in France has been characterized by the exclusivity of the 'hauts fonctionnaires', in other words, access to politics has been exclusively via the 'grandes écoles' such as the ENA (Ecole Nationale d'Administration), the Ecole Polytechnique,[8] and the Ecole Militaire. Still today, 75 per cent of those who enter politics are from these schools. Since a very limited number of women are selected by these bodies – and they have only recently been admitted to the Ecole Polytechnique – this obviously presents a considerable handicap to women entering the field.

There have, nevertheless, been a number of positive changes, regarding French women's access to politics in recent years; for example, there has been a marked rise in the number of women represented in municipal elections – between 1977 and 1983 the percentage rose from 8.4 to 14 per cent. Numbers decrease, however, further up the hierarchical scale, since only 3.9 per cent of mayors are women, and these are found mainly in small municipalities – only 5 women are mayors of large towns. Nonetheless, the increasing politicization of women in the municipalities is slowly spreading to other areas. There has also been a process of feminization in certain parties, such as the Parti Socialiste, which reserves, at least in theory, a certain quota of places for women: for instance 20 per cent in 1979.

In addition, under successive socialist administrations there has been a gradual erosion of the influence of the 'hauts fonctionnaires', which has favoured women. Although women tend to occupy peripheral posts in parliament, such as those connected with culture or social affairs, rather than key posts in foreign affairs or finance, the socialist government of Pierre Mauroy[9] appointed six women to key positions. Furthermore, the Ministry of Women's Rights, created in May 1981 with an autonomous, though modest, budget, can play a decisive political role in matters relating to women. Women are also beginning to climb the echelons of cabinet and ministerial posts and now number 15 per cent. However, they are still extremely sparse in high civil service posts (*see* Tableau 7.14).

In spite of the slowness in the progression of female access to the upper positions of politics and power, there are other interesting changes which point to a deeper politicization of the French female electorate at large. Post-1945, although there was higher female representation in parliament than in the 1980s, the female electorate was characterized by a high rate of abstentions and a tendency to vote to the right. In the 1980s, both these tendencies have been reversed. Since 1977 the gap in votes for the left and the right has steadily narrowed (*see* Tableau 7.15). Similarly, whereas twenty years ago the male/female vote for the Communist party stood at 60 per cent to 40 per cent in 1983 it was 52 per cent to 48 per cent. In the first round of the 1988 presidential elections, for the first time women voted predominantly for the socialist Mitterrand (a significant contrast to the 1965 and 1974 elections, where Mitterrand lost as a result of the female vote). From the statistics (*see* Tableau 7.16) one sees that the proportion of women voting to the left or to the right varies noticeably with age. The greatest gap between the male/female vote, with a very high proportion of women voting to the left, is in the 18–24 age-group. By contrast, the highest female vote to the right is in the over-65 age-group. Occupation plays an equally significant role. As one sees from Tableau 7.17, 34 per cent of housewives voted for Mitterrand, compared to 40 per cent of working women. One also sees that whereas there was a swing to the right among male students, this was not the case for female students, with 61 per cent of male students voting to the right, as against 43 per cent of female students. It seems, too, that women are more resistant to the extreme right and left. The National Front vote in 1988 was predominantly male – 69 per cent against 31 per cent women – and the female unemployed showed a marked preference for Mitterrand, rather than for Le Pen (National Front).

The male vote also slightly outweighs the female vote in the Communist party – by 9 to 5 per cent.

In the second round of the presidential elections, the results were as follows:

1988 Presidential Elections – 2nd Round

	Mitterrand %	Chirac %
Total	54	46
Men	54	46
Women	54	46

	May 1981	*May 1988*	
Men	56	54	−2
Women	49	54	+5

From the above table one sees that the general trend in France, as in other places in the world, such as Scandinavia and the USA, is towards women becoming more politically active and progressive in the future. Determining factors for this, as we have seen from statistics, are women's growing participation in the workforce and increased education.

The interviews in this chapter all illustrate in various ways how women are still on the periphery of the main power structures, mainly because of the difficulties of reconciling family and work. However, they also point to significant areas of potential change in the future, as a result of education, a greater motivation among women to alter structures through their own efforts, and changing attitudes generally.

DOCUMENTS

Texte 7.1 *Interview avec des ouvrières à l'usine France-Cartes*

Quel est votre emploi exactement?
1 Alors, moi, je suis contrôleuse baccarat,[1] c'est-à-dire – trier les jeux . . . pour les baccarats pour les casinos.
Vous fabriquez les cartes?
1 Non, les cartes sont déjà fabriquées . . . on les recontrôle . . . c'est-à-dire, qu'on les trie . . . carte par carte . . . le dos, la face . . . compter . . . pour vendre, pour les casinos . . . parce que les casinos . . . il faut que ça soit précis.

Tableau 7.1 Population active depuis le début du siècle. Evolution de la population active depuis 1901

	Population active de 1901 à 1985						
	Effectifs, en milliers				*Pourcentage (population totale = 100)*		
	Femmes	*Hommes*	*Ensemble*		*Femmes*	*Hommes*	*Ensemble*
Recensement[1]							
1901	7 000	12 600	19 600	1901	36,0	67,0	51,0
1906	7 100	12 700	19 800	1906	36,0	66,5	51,0
1911[2]	7 100	12 900	20 000	1911	35,5	67,0	51,0
1921	7 200	12 900	20 100	1921	35,5	70,0	52,0
1926	6 900	13 400	20 300	1926	33,0	69,0	50,5
1931	7 000	13 500	20 500	1931	33,0	68,0	50,0
1936	6 600	12 700	19 300	1936	31,0	64,0	47,0
1946	6 700	12 600	19 300	1946	32,0	66,0	48,5
1954[3]	6 646	12 848	19 494	1954	29.8	62,2	45,4
1962	6 585	13 158	19 743	1962	27,6	58,3	42,5
1968	7 124	13 559	20 683	1968	27,9	55,9	41,6
1975	8 132	13 911	22 043	1975	30,3	54,0	41,9
1982	9 585	14 192	23 777	1982	34,5	53,6	43,1
Enquête sur l'emploi							
1982	9 790	13 899	23 689	1982	35,4	54,1	45,3
1984	10 018	13 815	23 833	1984	36,5	53,3	44,7
1985	10 128	13 867	23 995	1985	36,8	53,3	44,8

(1) Jusqu'en 1946, la population totale à partir de laquelle est calculée la population active est la «population statistique». D'autre part la population active agricole a été reconstituée selon la définition de l'activité à partir du recensement de 1954. Source: J. J. Carré, P. Dubois, E. Malinvaud «La Croissance Française».
(2) Jusqu'en 1911, non compris la population d'Alsace-Lorraine.
(3) Inclusion à partir du recensement de 1954 du contingent hors métropole des militaires en Allemagne, et des aides familiaux.

Champ: Population active y compris le contingent.

Source: INSEE – Recensements de la population. Enquêtes sur l'emploi 1982, 1984, 1985.

Références: Volume population active RP 82. Données sociales – Edition 1984. Archives et Documents nº 120. Collections de l'INSEE. Séries D 105 et D 107.

2 Moi, je suis sur la machine . . . c'est-à-dire, il y a une autre fille qui est au-dessus de moi, qui passe une grande feuille qui retourne dans une autre machine . . . c'est là que j'interviens . . . je la réceptionne, je travaille pratiquement toujours sur la même machine.

Et vous?

1 Je travaille . . . c'est pas une machine . . . c'est trié à la main . . . c'est les yeux et les mains . . . Voilà.

Mais vous faites toujours la même chose – vous ne changez pas.

1 En principe, non . . . vraiment si y a besoin de quelqu'un qui manquerait dans la salle . . . on fait un peu de polyvalence,[2] mais c'est rare maintenant . . . au casino-là, on est deux. On a toujours du travail . . . on est obligées de rester là.

Et vous?

3 Moi, je suis sur une solace,[3] je sépare les jeux.

Et vous faites toujours la même chose?

Non, non . . . je change.

Vous préférez changer . . . ou vous préférez rester sur la machine?

119

The condition of women in France

Tableau 7.2 Activité professionnelle des femmes selon la situation familiale. Activité professionnelle des femmes de 25 à 54 ans

Femmes	Population active (en milliers)	Population totale (en milliers)	Taux d'activité (en %)
Selon la situation familiale			
vivant en couple	5 460	8 539	63,9
seules	678	737	92,0
chez leurs parents	319	406	78,5
avec enfants, ascendants, amis	698	817	85,5
Selon l'état civil			
célibataires	1 220	1 401	87,1
mariées	5 264	8 305	63,4
veuves	192	263	73,0
divorcées	585	672	87,0
Selon le nombre d'enfants			
(Femmes vivant seules ou avec conjoint ou avec enfants, ascendants, amis)			
0 enfant de moins de 18 ans	2 635	3 511	75,1
1 enfant de moins de 18 ans	2 033	2 724	74,6
2 enfants de moins de 18 ans	1 671	2 550	65,5
3 enfants ou plus de moins de 18 ans	497	1 306	38,0
Ensemble des mères de famille	4 201	6 580	63,8
Ensemble	7 252	10 660	68,2

Source: INSEE, Enquête emploi 1984.

1 Mois, je préfère rester sur la même.
Pourquoi?
1 Parce que je me trouve bien . . . on apprend le travail . . . j'aime mieux.
Et vous?
2 Moi, j'aimerais bien changer mais je ne peux pas puisqu'on est pas assez pour faire ce travail-là. Il faut rester mais si je vais faire de la polyvalence, je suis contente . . . parce que ça change un petit peu.
Et la majorité préfère la polyvalence. . . ?
2 Non, pas tout le monde.
1 Etant donné que moi, je suis bien où je suis . . . je ne fais jamais pareil . . . il y a plusieurs façons de les séparer . . . donc, moi sur la même machine c'est très varié.
Alors, ça dépend de ce qu'on fait.
1 Voilà.

Quel est votre salaire brut?
1 Quatre mille francs brut par mois.
Est-ce que votre salaire a augmenté depuis l'an dernier?
2 Oui, ça suit l'inflation . . . 2% par an . . . si . . . les syndicats ont réussi à ce que le patron . . . suit l'inflation.
Est-ce que vous décririez votre salaire comme au-dessus ou en-dessous de la moyenne des autres employés à l'usine?
3 En-dessous.
1 Oui, parce qu'on est pratiquement au SMIC.
Est-ce que vous pensez que vous gagnez plus ou moins qu'un homme qui travaille dans une usine?
1 ⎫
2 ⎬ Beaucoup moins!
3 ⎭

Tableau 7.3   Taux d'activité selon l'âge. Taux d'activité professionnelle selon l'âge regroupé

| | | Femmes | | | | | | Hommes | | | | | |
| | | Recensement | | | Enquête emploi | | | Recensement | | | Enquête emploi | | |
Age	Année	1968	1975	1982	1982	1984	1985	1968	1975	1982	1982	1984	1985
16–25 ans		45,9	54,8	41,7	42,3	41,1	40,3	69,3	68,0	55,4	51,4	49,3	49,0
25–54 ans		44,5	53,0	63,5	66,1	68,2	68,9	95,8	95,6	94,8	96,1	96,0	96,0
55–64 ans		37,3	34,2	34,6	35,7	31,0	31,0	74,4	67,0	60,1	59,8	50,3	50,1
65 ans et plus		8,0	5,0	2,2	2,4	2,4	2,2	19,1	10,7	5,0	5,9	5,4	5,3

Source: INSEE – Recensements de la population. Enquêtes sur l'emploi.

Références: Archives et Documents n° 120. Volume « Bordeaux » population active RP 82. Collections de l'INSEE série D n° 105, 107.

Combien de moins?

2 Difficile à dire, parce que les salaires sont variés chez les hommes. Mais dans une usine équivalente . . . disons . . . 1000 à 1500 de moins.

A quel âge avez-vous quitté l'école?

1 A 16 ans.

2 14 ans.

3 14 ans.

Et vous avez commencé de travailler aussitôt?

2 Oui, à 14 ans.

3 A 13 ans, moi . . . dans l'agriculture.

1 Moi, à 16 ans dans les textiles.

2 Moi, dans les confitures.

Avez-vous obtenu de l'avancement depuis que vous êtes là?

2 Avancement . . . non, parce qu'il y en a pas . . . il n'y a pas d'avancement ici . . . tous les salaires sont à peu près égaux . . . l'avancement ici . . . c'est contremaîtresse . . . ça passe de l'ouvrière à la contremaîtresse.

Dans l'usine en général, est-ce qu'il y a davantage d'hommes ou de femmes dans des positions élevées?

1 ⎫

2 ⎬ Plus d'hommes . . . oui.

3 ⎭

Et plus de femmes dans des positions inférieures?

1 Oui, en général . . . c'est ça.

Mais, la directrice, c'est une femme?

2 Oui, la contremaîtresse, c'est une femme . . . mais

autrement ce sont des hommes dans les positions plus élevées.

Quelles sont les causes de ces inégalités, pensez-vous?

1 Les conventions propre à l'entreprise, moi . . . c'est ce que je pense.

2 C'est ouvrier ou contremaître . . . il n'y a pas d'intermédiaire.

Quel est votre avis à l'égard des compétences des hommes ou des femmes?

2 Bien, les femmes sont plus manuelles pour les petits travaux . . . les hommes, c'est sûr qu'ils ont leur travail à eux de force . . . je parle . . . Je parle du point de vue employé . . . Mais au point de vue intelligence . . . c'est sûr qu'un chef . . . donc il a été formé pour . . . que nous . . . nous ne sommes pas formées . . . c'est pas dire qu'il n'y a pas de femmes intelligentes qui pourraient être formées pour faire ces choses-là.

Ça dépend de la formation?

1 ⎫

2 ⎬ Voilà, c'est ça.

3 ⎭

Est-ce que vous pouvez participer à des stages de formation payés par l'employeur?

1 J'en ai fait un, moi, mais hors de l'usine . . . avec aucun rapport donc avec l'usine.

Quel nombre d'heures travaillez vous par jour?

1 39 heures par semaine.

2 Etalées sur 5 jours.

The condition of women in France

Alors vous commencez à. . . ?

2 7.15 à 12 h, 12.45 . . . 16.15 . . . et les vendredi 7.15 à 13 h d'affilée.[4]

Vous avez combien de temps pour le déjeuner?

2 Trois-quarts d'heure.

1 Sauf le vendredi – le vendredi on a que 10 minutes de pause.

Et les pauses?

1 Tous les jours on a dix minutes de pause le matin de 9 h à 9.10 et l'après-midi de 2.15 à 2.25.

Une pause seulement le matin et l'après-midi. Est-ce que c'est suffisant?

2 Pas le vendredi . . . non . . . la semaine – oui, mais pour moi le vendredi – non, étant donné que je mange beaucoup, moi, 10 minutes c'est rien.

3 Il faut dire qu'on a besoin d'au moins 20 minutes.

2 Ah, oui . . . c'est long de 7.15 à 13.15 . . . c'est 6 heures d'affilée.

6 heures avec 10 minutes de pause. . . .

2 On ne se nourrit pas de sandwichs, hein? Je suis désolée.

Est-ce que vous travaillez quelquefois le weekend?

1
2 } Non.

Est-ce qu'il vous arrive de travailler des heures supplémentaires?

2 Oui, mais dans le temps – plus maintenant . . . enfin, pratiquement plus.

Combien de jours de congé payé avez-vous par an?

2 Alors, cinq semaines . . . quatre semaines d'été, une semaine d'hiver.

Bénéficiez-vous d'un congé maternité?

2 Les congés légaux . . . c'est-à-dire, huit semaines avant, dix semaines après . . . remboursées donc . . . disons . . . maladie, et puis si les personnes veulent un congé parental, ils peuvent prendre un an ou deux ans, mais sans garantie de reprendre l'emploi après.

Est-ce qu'il y a d'autres bénéfices dans cet emploi – des primes, par exemple?

2 Oui, alors la prime de productivité qui nous est payée tous les trois mois . . . c'est-à-dire qu'on a un pourcentage; tous les mois il y a un graphique affiché au tableau en bas et on sait combien on va avoir de pourcentage de votre salaire brut . . . vous voyez, l'échelon monte . . . le plus qu'on gagne . . . et la prime de 87 heures . . . c'est-à-dire, le 13 ième mois,[5] divisée en deux . . . 87 heures . . . c'est-à-dire, en juillet et 87 heures en décembre et on a la prime de participation tous les cinq ans . . . on l'aura cet année . . . on l'a au mois de juillet.

Et est-ce qu'il y a des primes individuelles?

1 Il y en a eu.

3 Au mois de juillet j'en ai eu, moi.

2 Oui, je ne sais pas s'il y en a toujours.

Qu'est-ce qu'on pourrait gagner alors par mois . . . les primes comprises?

2 Bon, on a déjà le treizième mois, la prime de productivité n'est jamais la même puisque c'est suivant la production, alors il faut compter 4000 balles – ça fait plus de 14 mois de salaire.

3 Non, quinze mois . . . donc ça fait 1600 francs en plus 500 francs tous les trois mois – 5000 francs, c'est ce qui fait qu'on a relativement une bonne paie, du fait des primes.

1 Oui, si on nous supprimait les primes, ça serait le SMIC.

2 Oui, ce qui est bien ici, ce qui relève notre salaire mensuel, c'est les primes, que d'autres entreprises n'ont pas.

Y a-t-il une crèche à votre lieu d'emploi?

2 Non.

Pour garder les enfants, qu'est ce qu'on ferait?

3 Il faut les donner aux nourrices ou bien il y a des crèches municipales.

C'est cher?

2 A peu près 50 francs par jour, ça fait à peu près 1000 par mois.

Est-ce qu'il y a des personnes qui travaillent à temps partiel ici?

2 Oui, surtout des femmes.

Est-ce que ça vous plairait personnellement de travailler à temps partiel?

3 Oui, tout à fait.

2 Oui, si je pouvais le faire, question de salaire, je le ferais.

Est-ce que vous avez jamais été en chômage?

2 Ah, si.

Pendant combien de temps?

2 En 1980 on avait eu . . . oh, je ne me rappelle plus, une semaine en 1981, ça, je me rappelle, une semaine de chômage.

Vous êtes là depuis quand, Madame?

2 15 ans – deux semaines depuis 15 ans, je crois.

3 Moi, 5 semaines en 17 ans.

Est-ce que vous avez été en chômage avant de travailler ici?

2 Non.

Et vos maris?

2 Il travaille pour le moment, touche du bois.

Est-ce que vous avez peur du chômage?

1
2 } Oui, très peur.
3

1 On se sent vraiment concerné par le chômage.

2 Oui, parce que les maris n'ont pas des salaires assez élevés pour qu'on puisse rester au foyer . . . alors si on se trouve au chômage . . . c'est un problème.

3 Et puis, si on a des enfants avec nous qui sont encore au chômage, nous sommes mals.

Est-ce que vous pensez que la situation va s'améliorer dans cette région?[6]

3 Ça devient pire.

2 Pire, parce que beaucoup d'entreprises disent toujours que les femmes . . . enfin . . . on parle pas du chômage des femmes.

Il y a davantage de femmes au chômage que d'hommes, à votre avis?

3 Oh, il y en a autant.

2 Si on prend des usines comme ci c'est sûr qu'il y aura plus de femmes que d'hommes . . . dans le nord . . . les sidérurgies . . . c'est des hommes.

1 Bon, si on va à Pompey. Pont-à-Mousson, c'est tous des hommes, Neuf-Maisons,[7] c'est des hommes aux travaux, aux aciers. Ici, bon, les femmes c'est des filiatures, le textile. Mais en Lorraine, c'est les hommes en majorité.

A votre avis y a-t-il plus d'absentéisme parmi les hommes ou les femmes dans votre emploi?

2 Je dirais les femmes.

Pour quelles raisons?

2 Les enfants malades, la fatigue, parce que la femme, en sortant d'ici, n'a pas fini de travailler . . . alors que très souvent les hommes, bon, ils aident mais, c'est pas pareil . . . on fait le lavage, le repassage, le ménage, on est obligée de le faire le soir.

3 Oui, on fait deux métiers, femme de ménage et . . .

Mais vos maris aident quand-même un peu à la maison?

2 Moi, si . . . oui c'est un bon cuisinier.

3 Moi, c'est le ménage, quoi.

Etes-vous membres d'un syndicat?

1 Oui.

2 Oui.

3 Non.

2 Moi, c'est la CGT.

Y êtes-vous active?

2 Non, pas tellement, mais on a deux heures d'informations syndicales par an.

Pensez-vous que les syndicats puissent constituer un pouvoir de pression pour les femmes? Pensez-vous qu'on fait assez pour les femmes dans les syndicats?

1 Pas assez, c'est-à-dire que, bien souvent le syndicat, il y a des . . . je vous donne un exemple, la semaine dernière il y avait une demande de grève d'un délai de quatre heures – la sécurité sociale – c'est extérieur à l'usine, ça concerne tout le monde mais on aimerait mieux que les syndicats travaillent pour nous-mêmes, pour nos problèmes, nos augmentations de salaire . . . et ça c'est assez rare quand-même.

2 Ah oui, ou pour les conditions de travail.

Est-ce que c'est parce qu'il n'y a pas assez de membres féminins peut-être?

3 Bon, moi, je ne suis plus membre d'un syndicat – j'ai été membre mais étant donné que je ne voyais aucun résultat . . . on défendait toujours les causes de Pierre et Jacques[8] . . . défendre les autres, ça va, mais étant donné que nous, on a jamais été défendues dans nos propositions à l'égard de nos conditions de travail, etc., je me suis dit, ça sert à rien . . . et c'est pour ça que moi, je me suis retirée.

2 S'il y avait plus de femmes au sein de l'usine. . . .

3 Il y a eu, hein?

2 Il y en a eu, mais il n'y a pas assez de femmes, c'est sûr . . . pourquoi, parce que les femmes . . . c'est pareil, le problème est là . . . c'est que les femmes ont moins de temps pour s'occuper d'un syndicat qu'un homme . . . question familiale.

C'est une question de temps?

2 De temps, oui, pour les femmes surtout.

1 Oui, parce qu'il n'y a pas mal de travail dans un syndicat . . . si on veut s'en occuper vraiment à fond.

2 Oui, il y a des stages à faire quand-même et tout.

Si les femmes pouvaient exercer plus de pouvoir aux syndicats . . . qu'est-ce que vous exigeriez comme changements?

The condition of women in France

1 Déjà . . . conditions de travail . . . questions sécurité . . . là il y a beaucoup de choses qui devraient être demandées – hygiène . . . les sièges mieux adaptés. L'hygiène – ici il n'y a pas de douches, par exemple.

1 Les toilettes aussi sont très sales . . . des petites choses.

2 Et puis les questions de travail . . . moi, j'ai des problèmes de dos. Si on avait des sièges mieux adaptés.

1 Moi, j'ai une machine qui n'est pas du tout adaptée.

Et ça cause des problèmes physiques?

1 Oui, étant donné que, moi, j'ai une barre, c'est-à-dire que je suis extrêmement droite . . . j'ai toujours une patte en l'air, moi, parce que, je ne peux pas placer mes pieds en-dessous de la machine . . . si je me mets vraiment en face de la machine, croyez-moi que, oui, ça fatigue.

2 Moi, en triant j'ai la tête baissée toute la journée . . . on aurait des sièges mieux adaptés qui ont un dossier qui colle bien au dos, ça serait quand-même mieux.

Est-ce que vous avez jamais fait la grève?

1 Oui.

Et vous, est-ce que vous seriez disposée à faire la grève?

2 Pour un conflit à intérieur de l'entreprise, oui, pour un conflit à l'extérieur, non . . . on est moins disposé.

Quelles circonstances vous provoqueraient d'agir comme ça?

2 Un licenciement abusif . . . ça c'est arrivé . . . questions de salaire . . . une demande de salaire refusée.

Et pour les conditions de travail?

2 Oui, mais enfin pas à aller jusqu'à la grève.

1 Moi, j'ai manifesté.

2 Oui, on a déjà manifesté pour des fenêtres . . . parce que pour le papier,[9] à ce moment-là, il n'y avait pas de fenêtres – il y avaient de toutes petites fenêtres qui avaient été sondées . . . il fallait pas qu'on les ouvre . . . alors, à ce moment-là, tout le monde a arrêté de travailler – on a exigé qu'ils rouvrent les fenêtres, donc maintenant c'est bien. Il y a eu le dialogue quand-même – on a eu du mal, mais ça a été écouté avec un arrêt de travail sur le tas.[10]

Quels aspects de votre travail vous dérangent le plus, à part les sièges? Est-ce que le bruit vous dérange?

3 Ah, oui, c'est ce qui nous fatigue le plus, ah oui, ça fatigue.

Et autrement?

2 Les odeurs, oui, de l'humidificateur. Mais enfin, ils viennent assez vite les nettoyer dès que ça sent fort.

Et la cadence?[11]

3 Oui . . . le va-et-vient,[12] hein? . . . la solace, ramasser, soit de faire les paquets ou alors les ramasser pour les mettre sur les tas . . . revenir dans la chaîne . . . refaire . . . oh . . . la cadence, c'est dure.

Et il faut faire une certaine quantité?

3 Oui, un rendement.

Et si vous ne le faites pas?

3 Bon, ils vont pas me tuer . . . mais enfin, moi, personnellement c'est les machines qui sont avant moi . . . je fais ce que je peux . . . si je ne le fais pas, c'est que je ne peux pas suivre.

Ma dernière question, est-ce que vous avez l'intention de rester dans cette usine?

3 Oh, on reste.

1 Moi, non, je voudrais m'installer à mon compte,[13] ouvrir une salle de sport . . . c'est ce que j'aimerais faire. Je fais partie d'une fédération qui me donne cette possibilité de formation, et si je peux arriver dans ce domaine, je n'hésiterais pas à quitter l'usine.

2 Non, non, je reste . . . on a pas assez de qualifications pour pouvoir aller ailleurs, et puis le chômage est tant et . . . il n'y a plus de possibilités de . . . il y a une dizaine, quinzaine d'années on aurait pu, mais il n'y a pas de débouchés ailleurs . . . on n'est plus jeunes.

Texte 7.2 *Interview avec Michelle, vendeuse*

Où travaillez-vous?

Je travaille aux Magasins Printemps.

Quel est votre emploi, exactement?

Je suis démonstratrice. Je représente une marque de cravate, et, en fait, c'est la marque de cravate qui m'emploie, pas le Printemps.

Quel est votre salaire brut?

Ça change tous les mois suivant la cadence des ventes. Je suis payée au pourcentage. J'ai un petit fixe et puis tout est en rapport avec les ventes . . . ça varie tous le mois, en moyen ça fait 6000 francs.

Tableau 7.4 Salaire selon la catégorie socio-professionnelle

Salaires annuels nets selon la catégorie socio-professionnelle dans les secteurs privé et semi-public

Salaire annuel net (en francs/an)	1980			1984			Effectifs 1984 (en milliers)	
	Femmes	Hommes	H/F[1]	Femmes	Hommes	H/F[1]	Femmes	Hommes
Cadres supérieurs	103 532	146 946	142	158 130	214 299	135	128	795
Cadres moyens	62 132	76 991	124	93 359	110 359	118	687	1 204
Contremaîtres	59 902	70 381	(118)	86 212	98 777	(115)	42	394
Employés	41 781	51 585	123	62 845	75 087	119	1 782	870
Ouvriers qualifiés	38 364	47 471	124	57 043	69 698	122	402	2 554
Ouvriers spécialisés	32 951	41 621	126	49 692	61 781	124	572	1 186
Manœuvres	29 166	35 316	121	44 437	53 337	120	144	270
Ensemble	43 974	59 874	136	67 291	90 647	135	4 320	7 663

(1) Indice: base 100 = salaire féminin.

(…) Chiffres non significatifs.

Source: Déclaration annuelle des salaires.

Référence: Economie et statistique n° 178.

En 1984, les salaires des hommes sont dans l'ensemble supérieurs de 35% aux salaires des femmes.

Est-ce que votre salaire a augmenté depuis l'an dernier?

Non, parce que j'ai moins de vente cette année, donc je gagne pas plus . . . le salaire de base va peut-être augmenter en juillet . . . c'est normalement en juillet que ça augmente.

Est-ce que vous décririez votre salaire comme au-dessus ou en-dessous de la moyenne des autres employés dans votre lieu d'emploi?

Au-dessus quand-même des autres . . . oui, de ceux qui font partie du Printemps.

A quel âge avez-vous quitté l'école?

A 17 ans.

Et à quel âge avez-vous commencé à travailler?

A 17 ans.

Quel est votre niveau d'études?

Je n'ai pas fait d'études secondaires . . . j'ai fait le Certificat d'études . . . je l'ai eu et puis j'ai fait un CAP,[14] mais je ne l'ai pas eu.

Quel avancement avez-vous obtenu depuis que vous avez commencé de travailler?

En bien . . . j'ai fait plein de choses différentes . . .

Tableau 7.5 Proportion de salariés ayant bénéficié du relévement du SMIC (en %)

1 – Etablissements de 10 salariés et plus

	Juillet 1979	Juillet 1980	Juin 1981	Juillet 1982	Juillet 1983	Juillet 1984
Ouvriers						
Femmes	11,5	9,8	25,1	20,3	18,2	22,1
Hommes	4,2	3,9	7,2	5,6	6,6	6,9
Employés						
Femmes	2,7	2,7	6,4	4,7	5,9	6,5
Hommes	1,0	1,0	1,8	1,4	1,8	1,9
Salariés						
Femmes	6,2	5,6	13,9	10,8	10,4	12,1
Hommes	3,0	2,8	5,1	3,9	4,6	4,7

La proportion des femmes payées au SMIC s'accroît.

Source: Ministère du Travail.

Tableau 7.6 Absentéisme selon la cause d'absence

L'absentéisme de la main-d'œuvre selon la cause d'absence

	Proportion d'absents (en %) au cours de la journée du 26 avril 1979				
	Ensemble des causes d'absence sauf maternités	Accidents, maladies	Dont absences autorisées (congés prévus par textes législatifs ou conventionnels)	Autres absences	Congés maternités
Femmes	5,9	4,8	0,5	0,6	1,6
Hommes	5,1	3,8	0,5	0,8	–

Source: Ministère du Travail.

mais c'est sûr que c'est maintenant que je gagne mieux ma vie.

Décririez-vous le système de travail dans votre emploi actuel comme hiérarchique, ou pas?

Oui, j'ai mon chef donc ici et j'ai aussi mes patrons de Paris . . . ils sont pas embêtants mais ils sont là quand-même . . . donc j'ai des comptes à rendre à beaucoup de monde.

Comment décririez-vous votre position dans ce système?

En bas . . . oui . . . quand-même.

Y-t-il davantage d'hommes ou de femmes dans des positions élevées dans le magasin?

Plus de femmes . . . il y a des femmes responsables aussi . . . Oh . . . c'est peut-être égal quand-même . . . tant d'hommes que de femmes.

Et dans des positions inférieures?

Plus de femmes dans des positions inférieures . . . oui, parce que dans la vente, il y a beaucoup de femmes – plus de femmes que d'hommes.

Quel est votre avis à l'égard des compétences des hommes et des femmes dans votre emploi?

Des fois il y a des femmes qui ne valent pas grand-chose . . . et puis les hommes, c'est pareil . . . mais il y a quand-même des femmes qui ont des responsabilités . . . des fois on peut en faire autant.

Avez-vous jamais ressenti ou remarqué du sexisme envers vous ou une autre personne dans votre lieu de travail?

Non, ça va.

Quelle formation avez-vous reçu pour votre travail?

Aucune.

Avez-vous participé à des stages de formation payés par votre employeur?

Oui, mais c'était pas dans le cadre de ce travail . . . c'était avant, dans la restauration.

Quel nombre d'heures travaillez-vous par jour?

Huit heures . . . 39 heures pas semaine.

Travaillez-vous le week-end?

Non . . . mais les vendeuses employées par le magasin . . . si.

Recevez-vous une prime pour les heures supplémentaires que vous travaillez?

Non . . . on récupère . . . si on fait des heures en plus, on récupère 15 jours après avec du temps libre . . . mais pas payé en supplément . . . surtout en plus que je fais pas partie du Printemps . . . je suis payée par ma maison à Paris. Il m'arrive . . . là, par exemple, pour la fête des pères, j'ai mangé en une heure au lieu d'avoir 2 heures . . . pour aider ma collègue et tout . . . mais là . . . j'ai récupéré la semaine après . . . parce que là, je ne le signale pas à mes patrons . . . mais au Printemps on s'arrange comme ça.

Combien de jours de congé payé avez-vous par an?

Cinq semaines.

Bénéficiez-vous d'un congé maternité?

Ça existe, oui.

Quelles autres bénéfices . . . primes . . . existent?

C'est le règlement intérieur du Printemps . . . donc on a des prix coûtants,[15] c'est-à-dire on a une carte pour acheter des habilles moins chers . . . les chaussures et puis on a 4 tenues par an et 4 paires de chaussures par an et puis on a 15% sur tous ou presque tous les articles qu'on veut acheter.

Combien de personnes travaillent à temps partiel dans votre emploi?

Alors, on est 300 en tout . . . oh, maintenant il y a beaucoup de temps partiels, mais je sais pas le pourcentage.

Est-ce que ce sont plutôt des femmes?

Oui.

Avez-vous jamais été au chômage?

Si . . . mais avant. Je suis restée un an au chômage, mais j'ai pas tellement cherché à l'époque . . . mais disons que là . . . j'ai trouvé cet emploi par une annonce dans le journal et je suis venue me présenter . . . c'était à l'époque où on embauchait encore et . . . ils m'ont pris. A l'époque, ça allait.

A votre avis, y a-t-il plus d'absentéisme parmi les hommes ou les femmes dans votre emploi?

Il y pas plus . . . c'est pareil . . . oui.

Quelles sont les raisons principales de cet absentéisme?

Si on est malade . . . oui, malade, quoi . . . mais on est une bonne équipe . . . oui, ça va.

Quelles sont vos chances d'accéder à un poste de responsabilité, à votre avis?

Il y en a aucunes, puisque je suis démonstratrice . . . donc je représente une marque . . . donc . . . je serais au Printemps, je pourrais peut-être être responsable de groupe ou une chose comme ça . . . enfin ça se pourrait. Mais là, je fais pas partie du Printemps, donc, en fait, je compte pas dans l'effectif Printemps.

Quels sont, selon vous, les facteurs déterminants pour l'accès des femmes aux postes de responsabilité – la formation, les qualifications, une plus grande volonté d'ouverture envers les femmes?

Eh bien . . . il y a quelques-unes qui sont devenues chefs de groupe autour de moi . . . mais je trouve que c'est parce qu'elles étaient capables de le faire . . . c'était pas avec l'intention de trouver des ouvertures . . . si c'étaient des garçons, ça serait pareil.

Etes-vous membre d'un syndicat?

Non, aucun. Je ne veux pas être membre.

Ne pensez-vous pas que les syndicats puissent constituer un pouvoir de pression pour les femmes?

Oui, ça peut aider . . . sûrement . . . puisqu'au syndicat il y a énormément de femmes, puisqu'il y a une majorité de femmes dans le magasin . . . mais s'il y a une décision de prise . . . c'est tout de même pour tout le monde . . . donc là on a réussi à avoir une heure pour aller chez le coiffeur . . . et puis une demi-heure pour les hommes . . . mais autrement, ça n'a pas vraiment changé les choses. . . . Par exemple, pour les salaires . . . tout a été entrepris, mais ils n'ont pas accepté.

Seriez-vous disposée à faire la grève si nécessaire?

Oui, je l'ai déjà fait. J'ai fait ça parce que . . . pour être sur l'état de mes camarades, même que je fais pas partie du syndicat . . . parce que c'était la trente-neuvième heure . . . maintenant on ouvre le magasin à 9.15h; avant on ouvrait à 9h et on avait une heure de libre . . . en une heure on fait énormément de choses, alors qu'en un quart d'heure ou en trois quarts d'heure on fait plus rien; alors ça, on s'est battu pour ça . . . alors que ça nous servait à rien . . . mais enfin, là, moi ça m'arrangeait . . . mais ça n'a pas réussi.

Selon vous, y a-t-il des qualités particulières que les femmes puissent apporter au travail?

Oui, parce qu'elles sont plus ordonnées, et puis, je pense qu'elles suivent mieux ce qu'elles font.

Pensez-vous que les femmes mariées actives, chargées d'enfants, soient suffisament aidées par l'état?

Je ne sais pas, puisque j'ai beaucoup de filles seules autour de moi.

Quel est l'âge moyen des femmes qui travaillent au magasin?

31 à 40 ans, mais il y a beaucoup de femmes seules.

Quel aspect de votre travail vous dérange le plus?

Le bruit . . . ah oui, et l'agressivité des gens . . . ah oui, ça me démolit . . . pas les gens eux-mêmes, mais leur agressivité, et puis le bruit parce que, oui, il y a des jours que je le supporte plus . . . c'est fatiguant. Oh, on l'a plein la tête.

Quelles sont vos ambitions dans votre vie professionnelle?

Faire autre chose . . . mais je ne sais pas encore quoi. Mais je suis bien ici pour l'instant . . . ça me plaît bien.

Comment envisagez-vous l'évolution de votre vie professionnelle dans l'avenir?

Bien . . . j'envisage pas . . . j'ai ce que j'ai, on verra bien, mais pour l'instant je cherche pas trop autre chose, je me contente de ce que j'ai.

The condition of women in France

Tableau 7.7 Conditions de travail des salariés

Conditions de travail	Proportion de salariés concernés (en %)	
	Femmes	*Hommes*
Temps de travail		
Commencent leur travail avant 7 h le matin	6,4	12,4
Terminent à 20 h ou au-delà	7,7	9,2
Ont une amplitude de journée de travail de 11 heures et plus	6,7	11,0
Travaillent en 2 équipes alternantes	4,3	5,6
Travaillent en 3 équipes alternantes	0,5	4,4
Travaillent plus de 50 nuits par an	1,9	7,1
Travaillent plus de 20 dimanches par an	8,5	8,0
Travaillent plus de 20 samedis par an	33,7	26,0
Ont au plus 20 minutes pour prendre leur repas au cours de la journée de travail	5,8	4,3
Pression temporelle		
Pointent	18,5	19,1
Travaillent à la chaîne	4,7	2,5
Doivent suivre la cadence d'une machine	4,9	6,5
Doivent répéter toujours une même série de gestes ou d'opérations	24,9	18,2
Ne peuvent choisir le moment de pause	68,4	68,0
Ne peuvent interrompre leur travail	33,2	27,5
Peuvent l'interrompre mais à condition de se faire remplacer	8,6	6,7
N'ont pas le droit de parler	3,6	1,3
Sont dans l'impossibilité de parler en raison des exigences de leur tâche	4,7	4,2
Charge physique		
Restent longtemps debout	45,6	54,9
Restent longtemps dans une posture pénible	15,4	18,5
Portent ou déplacent des charges lourdes	12,1	27,6
Subissent des secousses ou vibrations	1,2	11,8
Subissent un niveau de bruit tel qu'ils n'entendent que si on élève la voix	11,5	18,9
Subissent des températures toujours ou souvent très élevées	14,3	22,8
Subissent des températures toujours ou souvent très basses	9,4	19,6
Hygiène sécurité		
Sont exposés à:		
– La saleté	12,9	32,0
– L'humidité	5,0	19,5
– Les odeurs désagréables	8,7	18,8
– Les poussières	16,0	34,9
– L'inhalation de toxiques	6,7	17,6
– Les risques de chute	5,8	24,1
– Les risques d'électrocution	4,7	15,5
– Les risques de brûlure	6,7	16,8
– Les risques de blessure sur machine	8,2	22,2

Source: Ministère du Travail.

Tableau 7.8 Temps partiel

Proportion de femmes travaillant à temps partiel[1]

Statut	Années	1978	1981	1982[2]	1985[2]
Non salariées					
Indépendantes-employeurs		14,4	13,7	16,0	15,7
Aides familiales		30,6	30,8	32,4	34,3
Salariées					
Services domestiques		50,7	57,6	62,3	72,1
Entreprises privées		11,7	13,8	16,8	19,2
Etat ou collectivités locales[3]		11,2	13,2	14,7	19,6
Services publics		7,4	9,5	12,1	15,3
Ensemble des femmes		15,3	16,7	18,9	21,8
Ensemble des hommes		2,2	2,1	2,5	3,2

(1) Proportion de femmes s'étant déclarées « à temps partiel » par rapport à l'ensemble des actives occupées (salariées, non salariées).
(2) Changement de questionnaire de l'enquête. Résultats redressés à l'aide des données par sexe et âge du recensement 1982.
(3) Y compris TUC en 1985.

Source: INSEE Enquêtes sur l'emploi.

Référence: Premiers résultats n° 44.

Texte 7.3 *Interview avec Mme Pariset, administrative*

Où travaillez-vous?
Je travaille dans une administration dans le secteur public.

Quel est votre emploi exactement?
Je suis agent de manuel . . . c'est-à-dire, je rédige des contrats de location–vente . . . je m'occupe aussi de l'urbanisme, du plan d'occupation des sols, etc.

Décrivez un peu vos fonctions dans votre emploi.
Bon . . . disons que lorsqu'il nous arrive une demande, j'étudie le dossier, je fais un rapport pour l'administration centrale pour demander s'ils sont d'accord . . . on fait des propositions d'abord.

Quel est votre salaire brut?
7000 francs par mois.

Est-ce que votre salaire a augmenté depuis l'an dernier?
Non . . . disons, ça fait . . . on nous a donné des augmentations de 0.5 ou 0.6, et comme il y a eu de la solidarité qu'on nous augmente de 20% . . . résultat . . . ça a été négatif.

Décriveriez-vous votre salaire comme au-dessus ou en-dessous des autres employés dans votre lieu d'emploi?
Dans mon lieu d'emploi, disons que, en tant que personnel de bureau, je suis dans une bonne moyenne, parce que la majorité du personnel de service ont un peu plus que le SMIC, mais guère plus, mais chez nous il y a deux catégories de personnels – il y a les administratifs et les techniciens. Or, les techniciens qui font le même travail que moi, puisque dans un bureau on a des techniciens, qui dans le temps ont été embauchés techniciens, moi j'ai été embauchée administrative . . . et bien ils ont le double de moi, le triple de moi.

A quel âge avez-vous quitté l'école?
J'avais 17 ans.

Et à quel âge avez-vous commencé à travailler?
Peu après, c'est-à-dire à 17 ans et demie.

Quel est votre niveau d'études?
Disons que je . . . dans le temps . . . maintenant c'est plus comme ça – j'ai une licence de droit.[16]

Avez-vous reçu de l'avancement depuis que vous étiez embauchée?
Certes que oui . . . parceque premièrement, j'ai été embauchée tout en bas de l'échelle, je me suis fait moi-même . . . j'ai persévéré, et en fait je suis responsable de . . . pratiquement de service, alors que d'autres personnes qui ont été embauchées en même temps que moi sont restées toujours au petit emploi. . . . Mais j'ai commencé dans un établissement privé et puis . . . j'ai eu mon fils . . . alors j'ai arrêté deux ans, et puis après, j'ai recherché à travailler . . . alors je suis entrée dans cet établissement public parce que j'avais des avantages . . . pour le gamin, étant donné que j'étais tout près de chez moi, d'une part . . . que je rentrais à midi et qu'en même temps, j'avais fait un autre concours dans une autre administration qui était mieux rémunérée mais je ne l'ai pas pris à cause du gamin . . . parce que j'ai préféré avoir le gamin en permanence, plutôt que le confier . . . enfin je l'ai confié à une nourrice entre les heures de travail, mais je le reprenais et j'étais disponible pour lui . . . je pense que c'est quand-même mieux quand les enfants sont jeunes.

Tableau 7.9 Population scolarisée dans les établissements des enseignements secondaires et supérieurs. Etablissements publics et privés France métropolitaine

	1973–74			1983–1984		
	Effectifs (en milliers)		*Proportion de filles (%)*	*Effectifs (en milliers)*		*Proportion de filles (%)*
	Filles	*Garçons*		*Filles*	*Garçons*	
Enseignement secondaire						
1er cycle	1 516,8	1 468,0	50,8	1 580,4	1 534,9	50,7
C.P.P.N.–C.P.A.	40,7	70,3	36,7	58,3	96,5	37,7
2e cycle court	332,8	361,3	48,0	386,1	424,6	47,6
2e cycle long + TI' et préparations diverses	516,6	425,6	54,8	639,5	505,7	55,9
Total secondaire	2 405,9	2 325,2	50,7	2 664,3	2 561,7	51,0
Enseignement supérieur						
Ecoles normales	16,4	11,4	58,9	16,9	7,7	68,5
Sections de techniciens supérieurs	20,0	15,1	56,8	50,0	43,0	53,7
Universités (établissements publics uniquement)	341,1	394,8	46,4	473,4	451,2	51,2
dont IUT[17]	11,8	27,5	30,1	21,8	36,0	37,7
Classes préparatoires aux grandes écoles	9,3	23,0	28,8	13,9	30,0	31,7
Ecoles d'ingénieurs	2,8	32,1	7,9	4,9	25,8	15,9
Total supérieur	389,6	476,4	45,0	559,1	557,7	50,1
Enseignement spécial du niveau secondaire dont:						
Sections d'Education Spécialisée	26,9	35,9	42,9	48,7	66,0	42,5
Etablissements du Ministère des Affaires Sociales				32,0	56,9	36,0

Source: Ministère de l'Education.

Décriveriez-vous le système de travail dans votre lieu d'emploi comme hiérarchique?

Si on veut, oui, mais moi, je suis, disons, au sommet actuellement de l'administratif dans cette administration . . . mais dans d'autres administrations je pourrais encore acquérir d'autres choses.

Y a-t-il davantage d'hommes ou de femmes dans des positions élevées?

En principe, la plupart sont des hommes. . . .

Et dans des positions inférieures?

Des femmes . . . surtout. Mais nous sommes un service où il y a malgré tout assez d'hommes . . . c'est un des rares services de l'administration . . . car l'ensemble de l'autre administration est plus en femmes et nous, nous sommes, disons, 60% hommes.

Quel est votre avis à l'égard des compétences des hommes et des femmes?

Bien, pour tout dire, je peux citer dans notre bureau, par exemple, nous sommes quatre – 2 hommes, 2 femmes, nous avons un homme qui est m'enfoutiste[18] – c'est lui le coq – c'est un technicien, justement . . . tandis que l'autre homme, ça va . . . et l'autre femme – elle est aussi licenciée en droit mais, ce qu'il y a –

Tableau 7.10 Etudiants dans les universités

Etudiants dans les universités selon la discipline

	1973–1974			1982–1983		
	Total des effectifs (en milliers)	dont femmes	Proportion de femmes (%)	Total des effectifs (en milliers)	dont femmes	Proportion de femmes (%)
Lettres	236,3	155,6	66,0	272,9	185,1	67,8
Pharmacie	28,0	16,7	59,7	37,6	23,2	61,7
DEUG pluridisciplinaire[19]	1,6	0,8	50,0	24,7	14,6	59,2
Droit	115,7	48,6	42,0	134,2	70,3	52,4
Médecine	144,2	52,5	36,5	136,2	59,6	43,8
Dentaire				11,4	4,1	36,4
Sciences économiques	52,7	15,0	28,4	81,6	34,6	42,4
IUT	39,3	11,8	30,1	54,9	20,6	37,6
Sciences	118,0	40,1	33,9	151,7	50,0	32,9
Ensemble	735,8	341,1	46,4	905,2	462,2	51,1

(1) Maths appliqués aux sciences sociales et Administration économique et sociale.

Source: Ministère de l'Education.

elle est lente, mais elle est très consciencieuse . . . je trouve qu'en général les hommes sont plus m'enfoutistes que les femmes – les femmes sont plus consciencieuses.

Avez-vous jamais remarqué ou ressenti du sexisme quelconque dans votre travail?

Dans mon bureau, évidemment, celui qui est technicien-là, si, parce que ça l'a toujours gêné qu'une femme soit à sa hauteur . . . puis il dit: 'de toutes façons les femmes ne valent rien', enfin avec des plaisanteries et trucs, il est toujours en train de se gonfler.

Quelle formation avez-vous reçu? Avez-vous participé à des stages payés par votre employeur?

Dans mon bureau . . . j'ai fait des stages, effectivement, payés par l'employeur . . . on peut dire ça, il y a des possibilités de formation pour celui qui veut . . . tous les stages ne sont pas toujours acceptés, mais il y a beaucoup de candidats qui ne tiennent pas à les faire . . . ce qui est dommage d'ailleurs . . . Il n'y a pas de ségrégations, ni de restrictions. Disons que c'est comme tout actuellement, les crédits sont restreints, et c'est en fonction des crédits que les stages sont réalisés ou pas.

Quel nombre d'heures travaillez-vous par semaine?

39 heures par semaine, et sur ces 39 heures par semaine, nous avons des plages-horaires,[20] donc c'est à nous de les planifier. En principe on devait faire 7 heures 46 je crois, par jour, mais si on fait un jour de plus on peut se récupérer le lendemain, c'est à nous de pointer.

Est-ce que vous travaillez le weekend?

Jamais.

Recevez-vous une prime pour les heures supplémentaires que vous faites?

Oui, ça arrive. C'est-à-dire que c'est en fonction des crédits qu'ils ont et puis aussi du nombre d'heures qu'on a parce que par exemple si on dépasse le quota parce qu'il nous reste 5 heures de rab[21] sur notre compteur, le patron reçoit des crédits et nous paie des heures supplémentaires là-dessus. Donc ça nous arrive d'avoir une centaine de francs de temps en temps, quoi.

Combien de semaines de congé payé avez-vous par an?

Cinq semaines de cinq jours ouvrables.[22]

Et un congé maternité?

Oui.

Y a-t-il une crèche?

Non.

Combien de personnes travaillent à temps partiel dans votre lieu d'emploi?

Je ne sais pas, peut-être 2% – 1% de chaque – hommes et femmes.

Avez-vous jamais été au chômage?

Non, étant donné que dans le secteur public, c'est pas possible.

A votre avis y a-t-il plus d'absentéisme parmi les hommes ou parmis les femmes?

Peut-être quand-même les femmes . . . parce qu'elles ont par exemple un enfant malade ou . . . il y en a aussi qui sont plus fatiguées, mais il y a certains qui sont vite fatigués aussi. . . .

Quels sont les facteurs déterminants pour l'accès des femmes aux postes de responsabilité? Pourquoi, pensez-vous, que vous avez réussi, pendant que beaucoup de femmes ne réussissent pas?

Personnellement, moi j'ai toujours été une battante . . . bon, on m'a remarqué dans mon poste, ensuite, je vais peut-être me vanter mais, j'ai été meilleur, donc, quand il y a eu un poste supérieur on m'a demandé si je le voulais, donc je l'ai pris, ensuite, pour avoir le poste que j'ai maintenant, on m'a fait confiance, on m'a demandé si je voulais également le prendre et, bon, j'ai fait des stages. De toute façon il faut regarder que sur une cinquantaine de femmes, par exemple, chez nous, il y aura que 4 postes pris pour les femmes – il n'aura pas 5 – c'est quand-même limité, et il y aura plus pour les hommes parce que, bon, ce sont des hommes et que chez nous c'est un peu un service particulier où il y a beaucoup de techniciens. Donc les techniciens, il y a des chefs des bureaux d'étude, il y a les chefs des bureaux techniques – et ce sont tous des hommes. Mais en général, dans l'administration les femmes sont l'égal des hommes . . . je vois, comme je vais en réunion avec d'autres administrations . . . actuellement c'est une femme qui dirige tout l'ensemble des postes dans les communes. Donc les femmes commencent à accéder à des postes plus élevés et, de toute façon, les femmes étant plus battantes que les hommes, je pense que dans quelques années les femmes seront sans doute presque toutes en tête. C'est mon point de vue, tout personnel, mais je me rends compte de toute façon qu'aux réunions on voit bien, les femmes

en veulent plus. Bon, par exemple, à l'administration des services fiscaux que je courtoie, tous les postes d'inspecteurs et d'inspecteurs principaux sont tenus par des femmes. . . . Je pense qu'en fait la voie est ouverte, à condition, bon, pour les battants ça ira, pour les autres sûrement pas.

Etes-vous membre d'un syndicat?

Oui.

Y êtes-vous active ou participez-vous souvent à des reunions?

Je participe à des réunions sur place, mais je vais aux réunions régionales, c'est tout.

Pensez-vous que les syndicats peuvent constituer un pouvoir de pression pour les femmes?

Je pense que oui; je pense que, justement pour demander une ouverture de poste de responsabilité, ou d'autres postes pour les femmes. Autrement point de vue salaire, il faut pas oublier que . . . à part chez nous, qui est une administration un peu particulière, dans les autres administrations, les femmes sont l'égal de l'homme. En France dans les administrations il n'y a pas de différences entre les femmes et les hommes – on a des indices – un poste correspond à un indice[23] et tous les indices, que ce soit un homme ou une femme, pour le même poste, l'indice est le même, donc salaire égal.

Seriez-vous disposée à faire la grève?

De principe je ne suis pas partisane d'une grève, ou alors il faudrait qu'elle soit très, très justifiée, parce que je trouve que bien souvent les grèves fichent à plat un pays et c'est pas toujours utile . . . or, c'est sûr qu'il fut un temps dans le passé où nos anciens, quand il n'y avait pas toute l'évolution sociale que nous avons maintenant, là c'est sûr que ça a été utile, mais maintenant, les grèves, mal à-propos – je suis contre.

Selon vous y a-t-il des qualités particulières que les femmes puissent apporter au travail?

Ça dépend du travail, je sais, par exemple que dans des postes de précision les femmes sont plus douées que les hommes, elles sont plus minutieuses – donc elles réussissent mieux.

Pensez-vous que les femmes actives chargées d'enfants soient suffisamment aidées par l'état?

Oh, ça, le système est encore à voir, hein? C'est pas assez perfectionné, c'est sûr que de toute façon il n'y a pas assez de crèches, et les nourrices à la maison sont pas toujours très recommandées. Je pense qu'il y a encore à faire dans ce domaine, c'est sûr.

Quelles sont vos ambitions dans l'avenir?

Oh, maintenant, mon ambition c'est d'essayer d'avoir une cessation progressive d'activité aussi rapidement que possible . . . mais il est bien évident que ça serait une ouverture de nos postes administratives . . . normalement il faudrait qu'un poste administratif ne soit pas bouché, et puis savoir tenir un objectif supérieur, donc des possibilités d'avancement supérieur . . . comme les hommes qui ont certaines catégories que nous n'avons pas dans notre administration à nous . . . alors que dans d'autres administrations, ça existe.

Est-ce que vous êtes contente de votre carrière dans l'ensemble?

Disons que, moi, au début, c'était un salaire d'appoint, alors c'est sûr que, par rapport à certaines de mes collègues, je suis satisfaite de mes . . . mais par rapport à ce que je fais, je ne le suis pas, parce que j'estime que je vaux plus, compte tenu du travail que je fais . . . par rapport aux autres administrations où pour le même travail que moi, ils sont nettement plus rémunérés.

Texte 7.4 *Interview avec Corinne, secrétaire*

Où travaillez-vous?

Alors, je travaille dans un cabinet privé – nous conseillons les entreprises dans le recrutement de leur personnel.

Et quel est votre emploi exactement?

Alors, j'occupe un poste de secrétaire – secrétaire du directeur.

Quelles sont vos fonctions? Que faites-vous, exactement?

Bon, mes principales fonctions sont l'étude du courrier qui arrive le matin, hein . . . son traitement, et puis d'autre part, beaucoup de relations avec l'extérieur, des communications téléphoniques assez nombreuses. Egalement, une fonction d'accueil importante et puis, un grand travail de frappe[24] également, frappe de compte-rendu, les comptes rendus[25] d'expertise, et puis voilà essentiellement. . . .

Quel est votre salaire brut?

5800 francs.

Est-ce que votre salaire a augmenté ou va augmenter dans l'année qui vient?

Je sais qu'il a augmenté au bout de 4 mois de travail de 250 francs – il était d'abord à 5500.

Est-ce que vous décrieriez votre salaire comme en-dessous ou au-dessus de la moyenne des autres employés dans votre lieu d'emploi?

Disons, peut-être un peu en-dessous, je pense, compte tenu du travail fourni, je pense qu'il est un peu en-dessous de la barre[26] qu'on devrait fixer quand-même.

Vous trouvez votre salaire suffisant pour le travail que vous faites?

Non, je pense qu'il faudrait un petit peu le rehausser quand-même.

A quel âge avez-vous quitté l'école?

A 20 ans.

A quel âge avez-vous commencé de travailler?

A 20 ans également. Je viens de commencer.

Quel est votre niveau d'études?

C'est le niveau bac plus deux ans. Donc deux années supérieures après le bac.

Décriveriez-vous le système de travail dans votre emploi comme hiérarchique ou non?

Oui, oui, il est très hiérarchique – on voit bien les différences entre les niveaux de postes qu'on occupe . . . on voit bien donc le rang du secrétariat, de l'assistance, le rang du directeur, disons tout est bien clair et bien défini.

Et comment décrieriez-vous votre position dans ce système?

Comme je travaille depuis peu de temps, au bas de l'échelle, disons, le secrétariat. . . .

Y a-t-il davantage d'hommes ou de femmes dans des positions élevées?

C'est-à-dire que moi, c'est un peu particulier, c'est un petit cabinet . . . il y a peu de personnel, mais, disons, c'est un petit peu plus féminisé, mais quand-même, dans des positions élevées, il y a plus d'hommes – les chefs sont des hommes en général . . . le directeur, c'est un homme.

Et dans des positions inférieures?

Il y a plus de femmes.

Quelles sont les causes de ces inégalités ou différences à votre avis?

Je pense qu'en général, peut-être plus d'hommes ont envie d'accéder à un poste de responsabilité plus

The condition of women in France

Tableau 7.11 Chômage par sexe et âge

Effectifs et taux de chômage par sexe et âge

	1975	1976	1977	1978	1979	1980	1981	1982	1983	1984	1985
					Effectifs (milliers)						
Femmes	460	582	639	622	726	843	931	1 030	1 046	1 212	1 275
Hommes	367	414	446	472	559	548	662	798	846	1 032	1 154
Ensemble	827	996	1 085	1 094	1 285	1 391	1 593	1 828	1 892	2 244	2 429
					Taux de chômage (%)						
Femmes											
– 15 à 24 ans	10,1	14,1	15,1	15,0	18,3	21,7	23,5	25,2	25,5	30,2	30,5
– 25 à 49 ans	4,5	5,1	5,5	5,5	5,8	6,5	7,3	7,8	7,9	8,9	9,7
– 50 ans et plus	3,0	3,6	4,2	3,7	4,3	5,5	5,7	5,9	6,4	7,0	7,1
Hommes											
– 15 à 24 ans	6,7	7,5	8,7	8,7	10,1	10,6	12,9	15,6	17,0	22,1	24,5
– 25 à 49 ans	2,0	2,3	2,2	2,5	3,0	2,8	3,5	4,2	4,4	5,5	6,2
– 50 ans et plus	2,1	2,5	2,9	3,2	3,5	3,5	4,0	4,6	4,9	5,2	5,9
Ensemble	3,8	4,5	4,8	4,9	5,6	6,1	6,9	7,8	8,1	9,5	10,2

A partir de 1982, résultats redressés à l'aide de données par sexe et âge du dernier recensement.

(1) Proportion de chômeurs par rapport à l'ensemble des actifs de la catégorie.

Source: INSEE Enquêtes sur l'emploi.

Référence: « Premiers résultats » n° 44.

importante, par exemple on verra plus un homme chef d'entreprise qu'une femme et je pense que ça peut être dur à la vie personnelle qu'on a en plus de notre travail. Par exemple, la femme peut avoir une vie familiale assez complète, avec des enfants, etc, tandis que, bon, on a l'habitude de penser que l'homme passe plus de temps à son travail.

Est-ce que vous diriez que c'est une question de compétence?

Moi, je ne pense pas, c'est plus leur vie personnelle.

Avez-vous jamais remarqué ou ressenti du préjugé ou du sexisme quelconque envers vous ou une autre personne?

Envers moi, non, mais sinon, c'est que dans plusieurs entreprises ça existe, mais où je travaille, non.

Quelle, formation avez-vous reçu pour votre travail?

C'est-à-dire que j'ai été formée au travail propre de l'entreprise, compte tenu de la formation que j'avais au préalable, mais disons qu'une formation de plusieurs mois.

Et avez-vous participé à des stages de formation payés par votre employeur?

Non, aucuns.

Quel nombre d'heures travaillez-vous par semaine?

Par semaines, une quarantaine d'heures.

Travaillez-vous le weekend?

Oui, une permanence le samedi matin . . . enfin un samedi matin sur deux.

Et recevez-vous une prime?

Oui, les heures supplémentaires sont payées au tarif supplémentaire, ça doit être à 15% je crois – 15 à 20% du prix de l'heure habituelle.

Combien de jours de congé payé avez-vous par an?

Alors, un équivalent de 5 semaines, donc environ 30 jours.

Bénéficiez-vous d'un congé maternité?

Je pense que oui.

Quels autres bénéfices existent?

L'avantage de tickets de restaurant, donc l'employeur participe à la moitié des frais du déjeuner,

Tableau 7.12 Taux de chômage depuis vingt ans

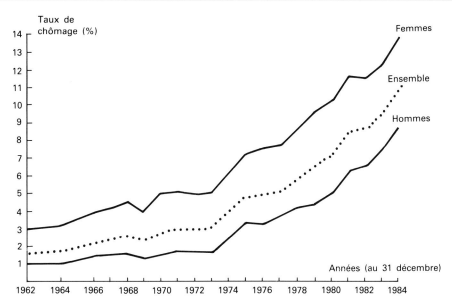

Référence: Economie et Statistique N° 183. Décembre 1985.
Source: INSEE.

donc c'est quand-même un avantage considérable. Sinon, il y a également parfois une prime en intéressement de l'entreprise,[27] c'est-à-dire si l'entreprise a bien marché, peut-être en fin de l'année on a une prime de rendement.

Avez-vous jamais été au chômage?

Non.

Avez-vous peur du chômage?

Oui, très peur.

A votre avis y a-t-il plus d'absentéisme parmi les hommes ou les femmes?

Je pense qu'il y a plus d'absentéisme parmi les femmes, en général, pour des raisons de maternité ou d'enfants, essentiellement – les enfants sont malades ou il y a des problèmes de garde.

Quelles sont vos chances d'accéder à un poste de responsabilité?

Dans cet emploi, il me semble pas que j'ai beaucoup de chances d'accéder à un poste avec beaucoup plus de responsabilité. Je pense que c'est assez bloqué . . . le secrétariat reste le secrétariat et il y a pas tellement

de promotion, sinon, on change de poste et puis on fait plus la même chose. Alors, je crois qu'il faudrait que je change d'entreprise.

Quels sont selon vous les facteurs déterminants pour l'accès des femmes aux postes de responsabilité?

Je pense que c'est surtout la qualification, et puis, il faut d'autres preuves de caractère aussi . . . si une femme accepte un poste de responsabilité. Donc il faut bien avoir la force de commandement d'avoir plusieurs personnes sous ses ordres. Je pense que le caractère est vraiment une chose d'important. Si une femme veut réussir, elle le peut, mais elle aura peut-être plus de difficultés qu'un homme à trouver un poste qu'elle désire. Parce que toutes les entreprises ne sont pas prêtes à employer forcément une femme à un poste de responsabilité.

Etes-vous membre d'un syndicat?

Non.

C'est parce que ça ne se fait pas dans votre entreprise ou pour d'autres raisons?

Bon, déjà, j'ai pas entendu parler de syndicats et puis

135

d'autre part ça ne m'intéresse pas.

Ne pensez-vous pas que les syndicats peuvent avoir un pouvoir de pression pour les femmes?

C'est difficile à répondre, peut-être oui, mais je ne sais pas si ça joue vraiment en leur faveur pour beaucoup de choses, puisque certains principes sont déterminés depuis longtemps et que je ne sais pas si la force syndicale jouera vraiment son rôle. Peut-être davantage dans une entreprise de fabrication où il y a beaucoup de femmes que dans d'autres emplois où il y a plus d'hommes.

Seriez-vous disposée à faire la grève ou à prendre d'autres moyens d'action, si nécessaire?

Je pense plutôt d'autres moyens, la discussion déjà . . . je pense que le dialogue, c'est le plus important . . . essayer de bien montrer ses points de vue . . . pas forcément par la force, mais essayer de bien les exposer clairement, dire ce que l'on veut.

Selon vous, y a-t-il des qualités particulières que les femmes puissent apporter au travail?

Bon, le soin, le goût, on peut faire un travail avec plus de plaisir, plus de goût, par exemple, si c'est un travail plutôt artistique on aura peut-être une petite tendance à mieux réussir.

Quels aspects vous dérangent le plus?

Par exemple, dans mon poste de secrétariat j'ai un petit peu l'impression que la secrétaire est vraiment la personne qui exécute ce qu'on a préparé pour elle . . . disons, que j'ai pas assez de prises de décisions personnelles – c'est ça qui me manque. Donc j'aimerais mieux prendre mes décisions moi-même et agir comme bon me semble et non pas toujours qu'on me dise ce que je dois faire.

Quelles sont vos ambitions dans votre vie profession-nelle?

Evoluer vers un poste avec plus de responsabilité . . . ça c'est la première des choses, sinon avoir un travail un petit peu plus intéressant, c'est-à-dire où je prends mes décisions moi-même, et surtout avoir beaucoup de contacts. Enfin continuer d'avoir des contacts, puisque mon poste ici en est assez riche.

Et pour l'avenir?

Pour l'instant j'ai envie de changer d'orientation professionnelle et je voudrais me diriger plutôt vers l'enseignement. Je pense que l'enseignement m'apportera plus de satisfaction, le contact avec la jeunesse, avec des jeunes enfants.

Texte 7.5 *Interview avec Docteur F., femme-médecin*

Quel est votre emploi?

Je suis femme-médecin, dans le secteur privé – la profession libérale.

Quel est votre salaire?

C'est difficile à évaluer parce qu'en fait, il y a des périodes creuses, ça varie énormément; bien, par mois, 30 000, 35 000 francs par mois, par là.

Est-ce que vous décririez votre salaire comme en-dessous ou au-dessus de la moyenne dans la profession médicale?

Je crois que je suis plutôt dans la bonne moitié, mettons, en laissant de côté les médecins spécialistes, les chirurgiens ou hospitaliers. Parmi les généralistes qui travaillent dans le privé, je suis globalement dans la bonne moitié.

Avez-vous fait une spécialité?

J'ai commencé une spécialité que j'ai très vite interrompu parce que j'attendais un bébé et j'avais trop de mal, si je peux dire, à mener deux activités.

Alors, vous auriez fait une spécialité si votre fille ne serait pas née à ce moment-là?

Vraisemblablement, oui.

Décririez-vous la profession médicale, en général, comme hiérarchique ou non?

Ah oui, certainement, ne serait-ce que finalement le pouvoir médical dépend de la connaissance, c'est-à-dire, qu'il y a des moyens techniques dont ça dispose.

Dans la profession médicale est-ce que vous pensez qu'il y a davantage de femmes ou d'hommes dans des positions élevées?

D'hommes.

Et dans des positions inférieures, plutôt des femmes?

Oui, mais pas dans le système libéral en fait, puisqu'il y a moins de femmes. Il y a beaucoup de femmes dans le système salarié . . . mais dans le système libéral elle sont minoritaires.

Quel pourcentage y a-t-il de femmes à peu près?

J'ai vu ça récemment dans une revue professionnelle, je crois qu'actuellement nous sommes 20% dans la profession libérale.

Y a-t-il beaucoup de femmes-chirurgiens?

Oui, il y en a, pas beaucoup, on a notamment dans le service de chirurgie au niveau des transplantations cardiaques une femme à N., mais il y en a très peu,

Tableau 7.13 Evolution de représentation féminine dans les assemblées élues 1945–1983

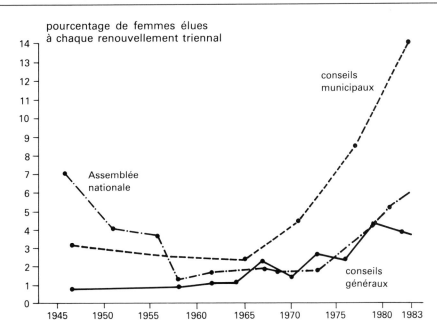

Source: *Population*, 1985.

puisque ne serait-ce que physiquement, c'est un travail auquel les femmes sont peu adaptées.

Quelles sont les causes des inégalités entre hommes et femmes dans la profession selon vous?

Parce que les conditions de travail ne sont pas des conditions féminines simplement.

Dans la profession libérale aussi?

Ah, oui, surtout . . . il est très difficile de concilier vie familiale et vie professionnelle . . . en médecine générale on ne peut rien arranger, on est obligé, je ne peux pas planifier une épidémie de grippe, je suis obligée d'être disponible quand les problèmes se présentent . . . et la famille de son côté, là, mon Dieu, il me faudrait un petit peu de présence là aussi.

Quel est votre avis à l'égard des compétences des hommes et des femmes?

Alors, écoutez, j'estime que c'est exactement la même chose au plan des compétences. Je dirais peut-être qu'à mon avis, le travail médecin en général est plus un travail féminin, génétiquement féminin. Je ne dis pas que ces messieurs n'ont pas d'aptitudes pour, mais je crois que quand il s'agit de médecine des enfants ou autres, à mon avis c'est un travail de femme plutôt.

Du point de vue de soigner. . . ?

Voilà, voilà, mais techniquement, sur le plan des acquisitions intellectuelles, etc., de toute évidence on est à égalité. C'est peut-être la façon de vivre ce métier qui est différente.

Est-ce que vous avez jamais ressenti des préjugés quelconques envers vous de la part de vos patients, mâles, par exemple?

Actuellement, je pense que je vois davantage d'enfants que d'adultes, mais hommes, femmes c'est à égalité . . . je n'ai jamais ressenti de préjugé envers moi, uniquement parce que j'étais une femme. Par contre, j'ai eu un jour un vieux monsieur d'environ 80 ans qui m'a dit « Ah, ben, je suis content, j'en ai vu

137

The condition of women in France

Tableau 7.14 Participation des femmes aux instances de pouvoir

	Nombre de femmes	*Total des membres*	*Proportion de femmes en %*
Personnel politique			
Parlement (1983)			
● Assemblée Nationale	29	491	6
● Sénat	9	317	3
Gouvernement			
● Ministres et secrétaires d'État (1983)	6	43	14
● Cabinets ministériels (1981)	80	514	15
dont Directeur de cabinet	3	70	4
Chef de cabinet	9	44	20
Conseiller technique	52	372	14
Attaché parlementaire	12	26	46
Conseil Constitutionnel (avril 1983)	0	9	0
Conseils municipaux (1983)			
● conseillers	72 131	499 358	14
● maires	1 451	36 451	4
Conseils généraux	158	3 694	4
Députés européens français (1984)	17	81	21
Instances dirigeantes des partis politiques			
(1982) (Parti socialiste, Rassemblement pour la République, Parti communiste, Parti républicain)			
Instances exécutives (secrétariat, bureau politique . . .)			6 à 20
Instances législatives (comité central, conseil national . . .)			8 à 32
Adhérents			21 à 43
Haute fonction publique			
Emplois de direction et sous-direction dans les administrations (1982)	36	602	6
Grands corps de l'État (1982)	27	499	5
dont:			
● Conseil d'État	11	210	5
● Cour des Comptes	13	199	7
● Inspection générale des Finances	3	90	3
Corps préfectoral (1981)			
● Sous-Préfets	8	555	2
● Préfets	1	182	1
Instances dirigeantes des syndicats de salariés (1983) (CGT, CFDT, CGT-FO, CFTC, CGC)			
Équipe dirigeante	13	96	14
Bureau national	22	159	14
Congrès			19 à 30
Magistrature (1983)			
Magistrats de la Cour de cassation	18	154	12
Magistrats des cours d'appel	79	660	12
Dirigeants d'entreprise			
Chefs de grande entreprise (au moins 500 salariés)	700	5 500	12
Chefs de moyenne entreprise (de 50 à moins de 500 salariés)	2 900	29 500	10

138

Tableau 7.14—suite

	Nombre de femmes	Total des membres	Proportion de femmes en %
Chefs de petite entreprise (de 10 à moins de 50 salariés)	11 800	89 000	13
Administrateurs des banques nationalisées (juillet 1982)	14	165	9,5
Professions de l'Information, des arts et des spectacles			
Journalistes, secrétaires de rédaction	5 800	20 100	29
dont:			
journalistes des chaînes de télévision	115	961	12
personnel d'encadrement des chaînes de télévision[6]	139	532	26
Auteurs littéraires, scénaristes, dialoguistes	1 400	4 200	34
Cadres de la presse, de l'édition, de l'audiovisuel et des spectacles	800	3 300	23
dont:			
réalisateurs de films	37	770	5
Cadres artistiques des spectacles	1 000	4 000	25
Artistes plasticiens	3 400	14 000	24
Artistes professionnels de la musique et du chant	2 500	12 300	20
Artistes dramatiques, danseurs	3 100	6 900	45
Artistes de variétés	1 700	4 100	41

Source: INSEE.

une . . . je ne croyais pas que ça existait une femme-médecin. » Ça m'a amusé, mais autrement je ne pense pas avoir des problèmes puisque je les revois . . . s'ils n'étaient pas contents, ou s'ils avaient des doutes je pense qu'ils auraient changé de médecin, surtout que je suis entourée d'hommes ici sur le plan médical.

Quel nombre d'heures travaillez-vous par jour?

Je commence en principe à 8h. Je suis de retour vers 12.15 . . . je repars vers 13.15 et je termine à 20h le soir environ, ça fait à peu près 11 heures, et en plus le travail administratif, etc. . . . ça fait énorme. Par contre je n'ai pas de consultations le mercredi, qui fait que je n'ai que mes visites à assurer . . . et je ne travaille pas le samedi.

Et vous avez à faire des visites la nuit?

Ça m'arrive, pas très souvent.

Est-ce que vous bénéficiez d'un congé maternité dans la profession médicale?

Depuis peu de temps effectivement il existe des congés de maternité pour les femmes-médecins . . . mais, parce qu'il y a un mais, le problème est celui de la prise-en-charge financière de ce congé maternité

. . . alors nous sommes indemnisées au même titre que le sont les épouses de médecins, qui font un travail de secrétariat auprès de leur époux . . . alors les pouvoirs publics ont rangé sous le même chapeau la femme-médecin et l'épouse de médecin, qui fait que financièrement, compte tenu des charges, etc., et les problèmes qu'il y a, le congé maternité est tout-à-fait symbolique et n'est pas prenable, si je puis dire; donc je considère que nous n'avons pas un congé maternité.

Je reviens à la question de l'hiérarchie dans la profession médicale. Quels sont les facteurs déterminants pour l'accès des femmes aux postes de responsabilité dans la profession, pensez-vous?

C'est-à-dire que c'est difficile de s'imposer . . . il est évident qu'une femme n'a pas le droit à la médiocrité. Pour qu'une femme passe, si je puis dire, et gravisse des échelons, ou elle est excellente et à ce moment-là ça ira . . . mais si elle est moyenne ou médiocre, ça n'ira jamais. Bon, en admettant qu'on soit à égalité entre une femme excellente et un homme excellent, l'autre barrière serait la barrière de la disponibilité. Pas évident du tout de passer ses nuits, ses weekends hors de chez soi si on veut un minimum de vie familiale. Sur le plan qualification, théoriques, professionnelles, à mon avis, ce n'est pas un obstacle, c'est en pratique, c'est toujours cet aspect vie familiale qui freine à mon avis.

Selon vous, y a-t-il des qualités particulières que les femmes puissent apporter au travail?

Une certaine sensibilité peut-être, une approche du malade, de la maladie qui est plus profonde, qui est différente, de celle des hommes, ces hommes qui sont probablement de meilleurs techniciens mais qui n'ont pas cette approche humaine.

Et comment envisagez-vous l'évolution de la profession médicale du point de vue de la femme? Pensez-vous qu'il y aura plus de femmes dans l'avenir?

Oui, oui, puisqu'il y a plus d'inscriptions en fac . . . donc automatiquement elles seront plus nombreuses à sortir avec un diplôme et progressivement effectivement le pourcentage de femmes installées au titre dans le privé sera de plus en plus important. Je pense qu'à ce moment-là on sera plus nombreuses, on aura plus de poids et à ce moment-là les conditions de travail seront modifiées vraisemblablement.

Texte 7.6 *Interview avec Florence, cadre*

Où travaillez-vous?
Je travaille actuellement à l'I.

Quel est votre emploi exactement?
C'est un post cadre, c'est très polyvalent, très large, mais c'est la gestion, quand-même, c'est de faire tourner l'entreprise . . . et là on veut fonctionner comme dans les entreprises américaines ou japonaises – en équipe, enlever cette hiérarchie, cette paternalisme qui existent dans les entreprises françaises, qui existent dans toutes les petites entreprises, et essayer de fonctionner autrement. Dans l'équipe il y aura que trois femmes, une qui a 45 ans et une autre femme et moi qui avons toutes les deux 29 ans.

Quel est votre salaire?
Là, c'est très peu . . . c'est autour de 4000 francs, parce qu'il n'y a pas d'argent. A la société de commercialisation ça va revenir à zéro francs. Je m'attends pendant au moins 3 mois pas toucher un franc et qu'après on va essayer de se payer mieux,

mais c'est un projet à long terme, hein, donc j'accepte de gagner moins pour faire quelque chose qui m'intéresse, mais à long terme quand-même pour gagner de l'argent. . . .

A quel âge avez-vous quitté l'école?
Bon, l'année dernière.

Quel est votre niveau d'études?
J'ai un doctorat en droit communautaire.

Comment décriveriez-vous le système de travail dans l'entreprise où vous travaillez?
Tout à fait hiérarchique, toutes les entreprises françaises sont comme ça. Mais on voudrait changer ça . . . travailler dans notre société autrement.

Y a-t-il davantage d'hommes ou de femmes dans des positions élevées?
A l'I., toujours des hommes. L'entreprise est toujours ur. milieu d'hommes . . . c'est pour ça qu'on a des problèmes.

Et les femmes – sont-elles plutôt dans des positions inférieures?
Oui, toujours . . . c'est-à-dire elles sont secrétaires, elles sont vendeuses, elles sont à l'atelier. C'est la première fois qu'ils ont des cadres femmes et ils ne le supportent pas.

De quelle manière est-ce que cela se manifeste?
On met des bâtons dans les roues dans les projets qu'on a à développer. On dit qu'on a tort, bon en plus, on dit qu'on est des femmes intellectuelles et rêveuses, on fait n'importe quoi, alors que c'est exactement dans la politique de Jacques Lang[28] . . . donc là-bas à Paris on dit «vous avez raison, continuez.» A Epinal on dit «Vous avez tort, arrêtez.» Donc nous, on va sortir de l'I. et essayer de faire notre truc manière indépendante parce qu'on nous a bloqués complètement. En plus c'est des coups sous la ceinture, c'est-à-dire que si on était là, c'était qu'on couchait avec le président, enfin, c'est un monde que j'ignorais que je commence à connaître et qui est bas . . . et il paraît que c'est comme ça. Il paraît que c'est la réalité dans les entreprises.

Vous avez des difficultés parce que vous êtes des femmes ou parce que vous avez des idées différentes?
Bon, on est des femmes et des femmes différentes, des femmes qui connaissent. Mais disons qu'eux, ils ont dit carrément, une femme doit s'occuper de ses enfants. Or, nous, on a amené nos enfants à

Tableau 7.15 Evolution du vote des Françaises lors des élections législatives et présidentielles, en pourcentage

élections présidentielles (second tour)			*élections législatives (premier tour)*		
	hommes	*femmes*		*hommes*	*femmes*
1965			**1973**		
François Mitterrand	51	39	gauche	50	41
Charles de Gaulle	49	61	droite	50	59
1974			**1978**		
François Mitterrand	53	46	gauche	52	46
Valéry Giscard d'Estaing	47	54	droite	48	54
1981			**1981**		
François Mitterrand	56	49	gauche	58	54
Valéry Giscard d'Estaing	44	51	droite	42	46

Sondage I.F.O.P. réalisé pour « Le Nouvel Observateur » du 22 décembre 1965, et sondages Sofres. « Le Nouvel Observateur » du 28 mai 1973, du 10 juin 1974, du 24 avril 1978, du 1er-7 juin 1981 et du 4-10 juillet 1981.

Source: SOFRES et IFOP.

l'entreprise, ça ne se fait pas. D'une part on les a destitués de leur pouvoir parce que, nous, on a mis en route des choses qu'ils sont incapables de maîtriser, on s'était immiscé dans leurs affaires, dans leur pouvoir. Et puis, en plus, bien que le chiffre d'affaires a augmenté comme il n'a jamais augmenté, ils ont continué à dire que ça ne vaut rien, on s'est heurté. Maintenant on va travailler avec eux parce qu'on a besoin d'eux pour la société de commercialisation mais en ayant une certaine autonomie en gérant toutes seules, on va prendre des risques toutes seules. La boîte va tourner comme elle a tourné avant, mais on est quand-même associé à eux puisqu'on a besoin de la marque, mais on préservera une certaine autonomie pour ne pas avoir de problèmes comme on a rencontré.

A votre avis, quels sont les facteurs déterminants pour l'accès des femmes aux postes de responsabilité?

Il y en a de plus en plus quand-même . . . mais c'est vrai que dans les postes de cadre, sauf les banques, souvent on préfère un homme. Déjà il y a le problème de la maternité. On commence par réfléchir qu'il y aura un certain congé de maternité à payer . . . que c'est très gênant pour l'entreprise, qu'il y en a entre eux qui s'absentent trois, quatre fois

dans sa vie, pour les enfants, que si les enfants sont malades c'est les femmes qui doivent rester à la maison pour les soigner. Ils n'arrivent pas à imaginer qu'il peut y avoir sur le lieu de travail quelque part où on peut avoir les enfants. Il y a aussi tout le problème de la formation puisqu'il y a peu de femmes encore qui font des études supérieures . . . ou bien elles font toutes lettres, histoire-géo . . . elles ne font pas les grandes écoles, elles ne font pas les filières qui donnent un poste de responsabilité . . . les filles qui font des doctorats de lettres sont profs, elles ne peuvent pas faire autre chose. Quelles sont les femmes qui ont des postes de cadre dans les entreprises? Ce sont des femmes qui ont fait les grandes écoles, qui ont fait des filières spéciales, et ça, en général, c'est des filières d'hommes.

Est-ce que vous êtes membre d'un syndicat?

Non, parce que tout est transitoire pour l'instant.

Quel est votre avis à l'égard de la représentation féminine dans les syndicats?

Ça c'est un problème que j'ai posé au lycée lorsque j'étais prof avant, parce que dans toutes les réunions syndicales, il n'y avaient pratiquement que des profs hommes et très peu de profs femmes. En fait, c'est soi-disant parce qu'elles ont leurs enfants, etc., à

141

Tableau 7.16 Vote au 1ᵉʳ tour de la présidentielle 1988 selon le sexe et l'âge

Age	% Sexe	Boussel	Laguil-ler	Lajoinie	Juquin	Mitter-rand	Waech-ter	Barre	Chirac	Le Pen	Total gauche	Total droite
18–24	Hommes	1	2	7	2	27	4	20	20	17	39	57
ans	Femmes	–	1	2	2	45	6	18	13	13	50	44
25–34	Hommes	–	2	10	4	36	6	17	10	15	52	42
ans	Femmes	–	4	8	3	42	5	15	16	7	57	38
35–49	Hommes	1	2	8	3	34	3	13	16	20	48	49
ans	Femmes	–	2	6	2	38	4	17	18	13	48	48
50–64	Hommes	–	2	8	2	25	2	15	28	18	37	61
ans	Femmes	–	1	2	1	34	3	21	29	9	38	59
65 ans	Hommes	–	1	10	1	34	1	12	27	14	46	53
et plus	Femmes	–	–	8	–	24	2	21	35	10	32	66
Total	Hommes	1	2	9	2	31	3	15	19	18	45	52
	Femmes	0	2	6	2	37	4	18	21	10	47	49

Source: Bull BVA.

garder et je crois que malheureusement dans le milieu des profs que, moi, j'ai rencontré, il y a un côté « Moi, ça ne m'intéresse plus. »

Est-ce que ce n'est pas peut-être parce que les syndicats ne s'intéressent pas aux femmes?

Non, parce que c'est des gens ouverts quand-même. C'étaient les hommes qui pensaient faire des crèches et des systèmes de garde pour les enfants pour que toutes les femmes profs puissent venir aux réunions du lycée, et c'est elles qui ont refusé parce que dans le fond, les enfants, c'étaient leur alibi pour rentrer chez soi.

Pensez-vous que les femmes actives chargées d'enfants soient suffisamment aidées par l'état?

Par l'état, ce n'est pas tellement la question, parce que ce n'est pas un problème financier, c'est plutôt un problème de structures, parce qu'il est possible de travailler avec ses enfants sur le lieu de son travail. Si on prévoit une garderie comme on a fait dans tous ces pays comme la Hollande, la Suède, etc., où on a créé des crèches pour les enfants, donc les enfants sont là, c'est-à-dire si on veut s'arrêter dix minutes pour voir son enfant au travail, l'enfant est intégré à la vie professionnelle. Bon, ce n'est pas possible partout, ça j'en suis sûre, mais il y a plein d'endroits où ça peut se faire. Et nous, c'est ce qu'on voudrait faire – travailler avec nos enfants, c'est les intégrer à ce

qu'on va faire – qu'ils aient une pièce, qu'ils acceptent que nous, on soit sur notre lieu de travail . . . je ne vais pas l'avoir sur mes genoux toute la journée, mais tout ça, ça peut se faire, et je pense que c'est surtout un problème de structures, c'est une question de mentalité surtout, pas tellement de finances, parce que, par exemple, tous ces systèmes de congés maternité – heureusement que c'est là pour protéger un peu la femme, mais c'est mal fait. Pourquoi obliger la femme de quitter son enfant après trois mois? C'est trop tôt – un enfant, on l'allaite six mois au moins, moi j'ai allaité ma fille huit mois. Si j'avais dû aller travailler j'aurais pas pu. Bon, il y a des structures qu'on pourrait aménager pour permettre la femme d'allaiter son enfant et de travailler. Bien sûr, pendant un an ça serait un peu ralenti mais elle est sur son lieu de travail. En tout cas, je pense que moi, j'ai pas besoin d'un congé maternité avant d'accoucher, moi, j'ai vécu tout-à-fait normalement jusqu'au dernier jour . . . il y a peut-être des femmes à qui ça se pose . . . en ce cas c'est médicale . . . mais je veux dire que c'est trop rigide, c'est pas adapté . . . ils le font pour protéger la famille, mais aujourd'hui, nous, dans la société, les circonstances ont changé. Mais c'est à la femme de l'imposer, c'est à la femme de prendre son bébé, vous voyez!

Tableau 7.17   Vote au 1er tour de la présidentielle 1988 selon le sexe et la profession

Profession de l'intéressé	% Sexe	Boussel	Laguiller	Lajoinie	Juquin	Mitterrand	Waechter	Barre	Chirac	Le Pen	Total gauche	Total droite
Ouvriers	Hommes	–	5	18	3	41	3	5	8	17	67	30
	Femmes	–	5	10	1	53	2	16	4	9	69	29
Employés	Hommes	1	1	11	4	34	3	15	10	21	51	46
	Femmes	1	3	7	2	42	3	16	15	11	55	42
Cadres moyens	Hommes	1	2	7	3	33	6	15	17	16	46	48
	Femmes	–	1	4	4	44	5	17	15	10	53	42
Cadres supérieurs	Hommes	1	–	2	4	35	4	23	22	9	42	54
	Femmes	–	–	2	1	39	6	19	23	10	42	52
Commerç. Artisans	Hommes	1	–	2	2	17	2	24	15	37	22	76
	Femmes	1	–	–	5	11	4	23	40	16	17	79
Chômeurs	Hommes	–	6	13	3	35	6	6	10	21	57	37
	Femmes	–	3	5	1	45	5	13	11	17	54	41
Retraités	Hommes	–	2	10	1	32	1	13	27	14	45	54
	Femmes	–	1	7	1	26	3	24	31	7	35	62
Etudiants	Hommes	1	1	7	2	24	4	27	24	10	35	61
	Femmes	–	2	–	4	43	8	20	17	6	49	43
Femmes au foyer		–	2	6	1	34	3	18	21	15	43	54
Femmes actives		1	2	5	2	40	4	17	19	10	50	46

Source: Bull BVA.

Vous pensez que les femmes vont le faire de plus en plus dans l'avenir?

Oui, de plus en plus . . . j'y crois quand-même, j'y crois, mais c'est mal vu pour l'instant. Il faut être solide quand-même, parce qu'il y a des fois on dit des méchancetés quand-même.

Texte 7.7   *Brèves*

Des femmes au service de l'état

Grande première dans les annales de la diplomatie française: une femme, Mlle Campana, est nommée ambassadrice. Cela crée un précédent dans un corps largement misogyne. Une autre femme est entrée cette année avec les honneurs à l'Ecole polytechnique, qui ouvrait pour la première fois ses portes aux jeunes filles. Anne Chopinet a été reçue major de la promotion 1972. Lors du défilé du 14 juillet, elle sera le porte-drapeau de son école et de la cause des femmes.

'Chronique de l'année 1972', *Paris Match*

Une femme à l'Académie

Un des derniers bastions masculins vient de tomber: Marguerite Yourcenar a été reçue aujourd'hui sous la coupole de l'Académie française. Bien que soutenue par Jean d'Ormesson, sa candidature avait agité pendant de nombreuses semaines les esprits les plus conservateurs de la docte assemblée. Mais le talent a eu raison de la misogynie, et l'auteur des *Mémoires d'Hadrien* ou de *L'Oeuvre au noir* a finalement été jugée digne de siéger aux côtés, par exemple, d'Alain Peyreffite.

'Chronique de l'année 1980', *Paris Match*

Texte 7.8   *PTT*

Pour la première fois depuis la création des Postes et Télécommunications, une femme a été nommée chef de service régional de la Poste à Limoges. C'est Annick Degove, 39 ans, mariée et mère de deux enfants, ancienne élève de l'Ecole normale supérieure des PTT.

The condition of women in France

Le taux de féminisation des effectifs de la Poste est en progression constante, depuis quelques années: 36.3% fin 1985, contre 33.2% en 1981. Dans l'ensemble des services de la Poste, les femmes représentent aujourd'hui 23.1% des cadres contre 19.6% en 1981.

Astronaute

Claudie Deshays, 30 ans, rhumatologue à l'hôpital Cochin, est la première astronaute française. Bardée de diplômes prestigieux et éprise d'émotions fortes, elle a été sélectionnée en 1985 par le Centre National d'Etudes Spatiales après des tests particulièrement sévères, parmi sept cent quatorze autres candidats. Elle forme équipe avec six hommes. D'ici 1991 Claudie et ses coéquipiers participeront à l'élaboration des programmes de la navette européenne Hermès.

Au quai d'Orsay

Isabelle Renouard a été nommée directeur des Français à l'étranger et des étrangers en France. Elle est la première femme à la tête d'une des cinq grandes directions budgétaires du quai d'Orsay.

Huit femmes sur la banquise

Voyage au bout de l'enfer blanc. 60 jours à ski sur la banquise, 600 km parcourus: tel est l'exploit qu'ont accompli, de février à mai 1986, huit femmes françaises et canadiennes. Une fantastique expérience humaine que ce défi contre la dérive des glaces polaires. De cette aventure au service de la science, ont été rapportées de superbes images, rassemblées en un diaporama sonorisé présenté par Madeleine Griselin, chef de l'expédition.

Pilote automobile

Nom: Baverey; prénom: Anne; situation de famille: mariée, trois enfants; profession: coureur automobile.

Un peu avant 1975, Bob Neyret, le fondateur de la première écurie de course féminine, mais aussi un ami, accepte de tester Anne Baverey sur le circuit Monte-Carlo. De rallyes en courses diverses, Anne collectionne aujourd'hui les titres: championne de France de la montagne; deuxième division en 1982, 1983 et 1984. Sans pour autant négliger sa famille: « J'essaie de donner le plus de temps possible à mes trois grands enfants. Mais quand je suis sur un circuit,

Tableau 7.18 Q23. Quels sont, selon vous, les facteurs déterminants pour l'accès des femmes aux postes de responsabilité? (indiquer par priorité les 2 facteurs les plus importants)

	Le plus important	Le 2e plus important
Un bon niveau de formation initiale	1	2
Des qualifications adaptées	1	2
Une plus grande volonté d'ouverture vers les femmes, de la part des entreprises	1	2
L'autorité	1	2
L'ambition	1	2
La combativité	1	2
L'esprit d'initiative	1	2
La confiance en soi	1	2
L'aide pratique et morale de son entourage	1	2
La mobilité	1	2
La formation continue	1	2
Autres (préciser)	1	2

Source: Bull BVA.

Q36. Dans la vie politique, quelles sont les causes de la faible participation des femmes? (Veuillez indiquer par priorité les 2 causes les plus importantes)

	La plus importante	La 2e plus importante
Le manque de temps	1	2
Le manque d'intérêt pour la politique	1	2
La place qui leur est faite lorsqu'elles essaient de participer à des instances politiques	1	2
Le sentiment que la politique ne règle pas les problèmes concrets	1	2
Le manque d'ambition	1	2
Le refus de s'engager	1	2
Le sentiment que c'est un domaine masculin	1	2
Le sentiment que les hommes sont plus compétents	1	2
Autres (préciser)	1	2

Source: Enquête SOFRES pour la Délégation à la Condition Féminine auprès des Associations féminines et familiales.

144

je tire un trait sur tout ce qui n'est pas la course »,
dit-elle.

Bulletin bimestriel de la Délégation à la Condition
Féminine, février/mars 1987

Texte 7.9 *Le CV – A quoi sert-il?*

Le CV est un outil important dans la recherche d'un
emploi. C'est en effet à peu près la seule façon de
vous faire connaître auprès d'un employeur éventuel
et votre premier contact avec lui.

Votre CV sera donc votre image de marque et
votre carte de visite.

La lecture de votre CV par l'employeur lui
donnera ou non envie de vous voir et donc de vous
fixer ou non un rendez-vous.

Un employeur reçoit plusieurs dizaines de CV
pour le poste proposé. Concevez donc votre CV en
tenant compte de cet élément: mettez tout en œuvre
pour en faciliter la lecture, capter l'intérêt du lecteur
et lui donner envie de vous voir.

La présentation doit être claire
Vous pouvez organiser votre CV de façon suivante,
tout en sachant que ce n'est en aucun cas une
obligation et que vous pouvez l'agencer d'une façon
totalement différente et l'adapter à votre personnalité: identité, formation initiale et complémentaire,
langues étrangères, expériences professionnelles et
extra-professionnelles, loisirs, vie associative, violon
d'Ingres,[29] projets ou objectifs professionnels.

Comment le rédiger
Utiliser un vocabulaire simple, concret, celui de
l'entreprise. Rédigez-le en style télégraphique, mais
pas trop. Votre CV doit être dactylographié et ne pas
dépasser deux pages, sans recto-verso.

'Guide emploi' réalisé par la Délégation à la
Condition Féminine et le CNIDF, à paraître début
janvier 1987, Bulletin Bimestriel de la Délégation à la
Condition Féminine, février/mars 1987

8
Home life

Until the 1960s French tradition was based firmly on woman's confinement in the home and her material dependence on her husband as breadwinner and financial administrator. Under the law of September 1942, which persisted until reforms in December 1964, the husband was the moral and material head of the family. It was he who made the ultimate decisions regarding choice of abode and the welfare of his (legitimate) children, and who dictated the nationality of his foreign wife. (Until the law of January 1973 a foreign woman automatically took French nationality upon marriage).

The sweeping changes in woman's role in recent years, her increased activity outside the home, and the growing separation of home and work have been reflected in major legislative changes, particularly during the 1970s. All these have tended to create greater independence for women and greater equality, especially between spouses. Previously the very definition of the family depended entirely upon its foundation on legitimate marriage. However, recent tendencies to delay marriage, or to opt out of it altogether, combined with the role played by free birth control in postponing parenthood have necessarily influenced the legal status of marriage and the constraints that this used to exert upon women. With the weakening of marriage and of family structures, a greater flexibility has crept in, which has tended to favour women's emancipation.

Marriage

The present marriage regime in France is based on the law of July 1965, which set out three different forms of marriage contract, described in chapter four ('The 1960s'). Although one regime takes precedence over the others – the 'communauté réduite aux acquêts', the legal regime which is automatically applied if no other is requested – a later reform of July 1975 allows spouses to change the regime under certain circumstances. In general this regime has moved towards total equality of spouses as regards the sale, purchase, or administration of common property and equal responsibility for the material and moral welfare of the family.

Although, superficially, the definition of marriage in France remains the same in the 1980s as it did in 1945 – that is to say that it is the union of a man and woman for life, based on certain conditions and obligations, such as mutual help and support, the sharing of a home, fidelity, and responsibility for one's children – the distribution of rights and responsibilities between spouses has greatly changed. Also, the consequences of any violation of the conditions and obligations of marriage have become less serious for women. For example, concerning the spouse's 'vie en commun', it was always assumed until 1965 that the husband's choice of abode could not be seriously challenged by his wife. In any case, since such changes were normally due to the husband's change of work, and as the husband was generally the sole or principal breadwinner, the wife had no alternative but to follow her husband. With the introduction of marriage reforms in 1965 the husband was obliged to consult his wife regarding any changes of domicile, and the wife obtained the right to oppose the husband if she considered it unreasonable. The law of 1970 further liberalized the rule in women's favour, stipulating that any choice of abode had to be by mutual agreement, and that it was not enough for a husband simply to consult his wife. The law of July 1975 does away with any stipulations whatsoever and allows the wife to live in a separate abode from her husband.

146

Living together is no longer an automatic prerequisite for marriage. The accent is on the intention of the couple to create a real marriage and to share their life – 'communauté de vie' rather than 'vie en commun'. Thus women whose work takes them away from their husband's home, for example, teachers, magistrates, or civil servants, who are frequently forced to move from one place to another, may establish a separate home. This has benefited the emancipation of married women and the development of women's work, though it seems to put in question the notion of 'the interest of the family', which was previously paramount in French law. According to the law of December 1975, however, if there are children, the place of the children constitutes the place of abode. There can therefore be parallel places of abode only in the absence of children.

A second essential condition of marriage, the 'communauté de lit', requiring fidelity between spouses, has also been eroded by the law of July 1975. Previous to this, adultery constituted a criminal offence punishable by a fine for the husband, and imprisonment or a fine for the wife. Greater sanctions were imposed on the woman as a guarantee of the legitimacy of children, and a safeguard for the family. The legalization of contraception, however, has made this irrelevant. Fidelity is no longer an obligation imposed by the institution of marriage, but a matter between individuals, based on mutual respect and equality.

Far more fundamentally, the notion of the permanence of marriage has been questioned. The extension of the average period of marriage to around fifty years, due to increased longevity, has altered people's willingness to enter into such a lengthy commitment. However, perhaps the real stumbling block is the notion of conjugal love. At many periods in the past the concept of love in marriage has been considered superfluous and has been superseded by questions of duty and material necessity.[1] Indeed, the code of 1804 made no mention of the obligation of love in marriage. The evolution of the notion of conjugal love and the recent decline in the influence of parents in contracting marriages of reason, or convenience, rather than love, has put pressure on marriage. Love

has become the prerequisite, the very foundation of marriage, and arguably a very fragile one because of the widely held view that love and permanence are incompatible. There has been a tendency, especially since the mid-1970s in France, to delay or reject marriage, and to consider that if marriage could previously exist without love, love could now exist without marriage. Statistics (*see* Tableau 8.1) show that there has been a steady drop in the number of marriages contracted in France in the 1980s. In fact, between 1975 and 1985 the number of marriages dropped by 30 per cent, and the number of children born outside marriage rose by 2.5 per cent.

Cohabitation

The total percentage of people in France who are cohabiting, that is, sharing the same premises in a situation of 'free union', or in some cases having retained a separate home, was estimated at around 10 per cent in 1986, and it is believed that it may possibly be higher, as compared to about 65 per cent who are married (*see* Tableau 8.3). The number of unmarried couples is considerably higher in the Paris area. Cohabitation is also much more widespread among the young 21–24 age-group and among the better educated; for example, the more highly qualified in industry or in the teaching profession are more likely to reject marriage. It has generally been found that the church exerts more influence than social pressures, although even practising Catholics cohabit before marriage (around 2 per cent). Statistically, a man or woman aged 21–24 was twice as likely to be cohabiting in 1986 as in 1972. However, there are recent signs of a slight reversal in this tendency.

Cohabitation has become an almost customary prelude to marriage. It is significant that whereas in the period 1960–69 only 8 per cent of couples cohabited before marriage, by 1980–85 the percentage had risen to 57 per cent, with the average period spent living together estimated at about two years. However, among the over-30 age-group a large proportion of unmarried couples have been found to be living together for over five years and regard cohabitation as an alternative, rather than merely as a prelude to marriage. In many cases, the union is as stable as a marriage, in terms of the number of years lived together, although two in three couples started living together without considering marriage or having rejected the whole idea. It seems that the main reason for couples deciding to get married after years of cohabitation is in order to have children, and to legalize their children's status (*see* Tableau 8.4).

In spite of the fact that cohabitation is no longer socially frowned upon and has become almost the pre-marital norm, free union continues not to be legally recognized in France.[2] Although since the 1972 law on filiation, an illegitimate child has the same legality and the same rights as legitimate offspring, this in no way seeks to condone extra-marital relations, but is simply to protect the interests and legal status of the child. Nor does there seem to be any visible movement in the legislature towards a recognition of free union in the future. However, support of marriage by the legislature does not appear to be reflected in married couples' financial situation, since an unmarried couple who both earn are likely to be better off after tax deductions than a married couple. As long as this is the case, children apart, French law does not appear to offer adequate incentives for people to get married. It is significant, then, that the traditional idea that a woman is obliged to marry is no longer socially applicable in the 1980s. Whereas until relatively recently the female 'concubine' was regarded as morally reprehensible, this is no longer the case. There is also a growing tendency for women to stay single a great deal longer than previously.

Divorce

Between 1973 and 1983 there was an enormous increase in the divorce rate. In fact, this trend seems to have started before the introduction of the law of July 1975 which fundamentally altered previous French divorce law. First, it introduced divorce by mutual consent, where divorce can either be requested by both parties or requested by one party and accepted by the other, and, second, it abolished adultery as a penal offence and 'cause péremptoire'[3] of divorce. Thus, whereas before 1975 divorce was based solely on fault, the new law, while preserving fault and considering adultery, among other factors, according to the gravity of the situation, allows divorce by mutual consent in the majority of cases. It also preserves divorce by separation, reducing the period of the divorce procedure; for example, a divorce by mutual consent may now take only four to six months. In the case of grave fault, the law also introduces a system of compensation in the form of damages, in addition to other contributions. Furthermore, it has succeeded in remedying the almost farcical law-suits of the pre-1975 period, where spouses attempted to obtain concrete evidence of their partner's adultery or other misdemeanours. Major improvements for women are the stipulations regarding financial contributions to the wife during the divorce proceedings. Since 1975 the wife may request a 'pension alimentaire',[4] contributions to court costs, and the use of her home. She may also apply directly to her spouse's bank or place of work in the event of her husband's failure to pay. This applies mainly where children are involved and ceases upon remarriage.

Children and parental authority

The present law governing the parents' responsibility as regards children is based on that of June 1970: 'l'autorité parentale', which states that 'pendant le mariage, les père et mère exercent en commun leur autorité . . . qu'ils assurent ensemble la direction morale et matérielle de la famille'. This law is the product of a gradual process of evolution from paternal authority towards total equality in the division of rights and responsibilities between the father and mother. The December 1964 law on parental authority had already greatly weakened the role of the father in the administration of the children's property, but the notion of the father as head of the family remained in the civil code, the mother being invested with the rights and powers of head of the family only in certain exceptional circumstances, such as separation or the death of her husband. The 1970 law does away with all notions of the head of the family, parental authority taking the place of paternal power. It also puts the accent not on powers, but on rights and duties which are primarily in the interest of the child, that is: 'protéger l'enfant dans sa sécurité, sa santé et sa moralité . . . droit et devoir de garde, de surveillance et d'éducation'.

Rights, duties, and responsibilities rest equally on the mother and the father, and any form of neglect incurs equal sanctions. The same applies to illegitimate or adoptive children, who since the 1972 law share the same legal status as legitimate offspring.

According to statistics (*see* Tableau 8.7) there has been a slight drop in the birth rate since the 1970s, the average number of children per couple being around 2.22, depending on social or professional background. There has been a general decline in the number of children born within the first year of marriage, with a tendency to delay the birth of the first child for at least two or three years. There are also fewer pre-nuptial births, though there has been an increase in births outside marriage, and in the number of couples with either no children or only one child. One of the most notable features of the 1980s has been the increase in one-parent families in France. In 1985 10 per cent of children belonged to one-parent families. Over 80 per cent of those caring for children alone are women, a great proportion of them separated, divorced, or widowed. A high proportion of them suffer serious financial difficulties and are eligible for an 'allocation de parent isolé', obtainable if the level of income is below that of the SMIC.

Another interesting and important change in recent years is the growing participation of fathers in the 'mothering' process, or the increase in 'pères-mères'.[5] It seems that men are taking an increasingly active part in the care of their babies and young children, and demanding to have a more prominent role in this area, with divorced men expressing a growing desire to have custody of their children. It seems that women's demands for a greater sharing of child-minding tasks have been met by significant changes in male attitudes.

Contraception and abortion

These are regulated by the laws of December 1967 and 1974 legalizing the sale and distribution of information concerning the use of contraceptives, and making them refundable by the 'sécurité sociale' (social security), and the loi Veil of January 1975, voted in again as permanent law in November 1979, legalizing abortion up to the tenth week in recognized

hospitals and clinics. The doctor reserves the right to refuse an abortion, on condition that he consults the patient. The doctor must also inform women of any possible risks. A minor should obtain the permission of her parents except where she is considered to be in a state of extreme moral or physical distress.

Since 1975 there has been an increase in registered abortions in France, as the law put an end to the necessity of clandestinity or abortions abroad (*see* Tableau 8.12). The statistics on methods of contraception (*see* Tableau 8.10 and 8.11) show that the pill is still the most common method, used by 25 per cent of women.

Housework and leisure

In spite of women's increased equality in many areas, statistics and interviews testify to the fact that French women are still much more likely to take responsibility for housework and to be burdened with the more mundane tasks in the home. Tableau 8.13 shows that whereas women do more housework when married than they did when they were single, the opposite is the case for men, especially where washing up, cleaning, and ironing are concerned. Surveys have also shown[6] that where men share actively in housework their contribution tends to be limited to cooking, repair work, and the care of the baby or children, considered less unpleasant tasks than washing, or organizing the shopping, responsibility for which tends to fall upon the woman, even though the actual buying may be executed by the man.

With regard to leisure, statistics show that whereas men have an inclination towards outdoor activities, women are more inclined towards indoor ones. Men also tend to spend more time in pursuit of a particular activity, be it television or sport, than women. This seems to be substantiated by Tableau 8.13.

Health and mortality

Tableau 8.15 shows that women resort far more frequently than men to medical services between the ages of 20 and 40, principally due to pregnancy and for gynaecological care. There is a sharp increase in

The condition of women in France

the use of health care by men over 60, surpassing that of women.

In spite of women's increased activity outside the home, they still outlive men (*see* Tableau 8.18) and are more than twice as likely to spend their old age alone than men (*see* Tableau 8.19).

Generally, we have seen a considerable increase in the independence and equality of women in the 1980s in relation to home life, with a particular accent on personal freedom and individuality. Traditional opinion appears to consider that these changes have been detrimental to the institution of the family and marriage. It is noticeable that among the young and the more educated, however, the changes are considered positive, with the proviso that social structures and attitudes adapt to the changing needs and circumstances of women in order to protect relations within the family or couple, and children in particular.

DOCUMENTS

Texte 8.1   *Interview avec Docteur F.*

Comment votre mari et vous vous êtes-vous rencontrés?
Mon mari était le copain du petit-ami de ma sœur . . . c'est une très vieille histoire!
Etiez-vous fiancés?
Oui, pendant deux ans.
Avez-vous eu des noces traditionnelles à l'église?
Oui, tout à fait, à l'église.
Trouvez-vous ce côté cérémonial important?
Oui, parce que ça permet au rassemblement de famille, c'est tout de même un point important dans une vie, un mariage. Je dois ajouter que nous nous sommes mariés à la campagne dans le petit village où je suis née, et les mariages à la campagne, c'est bien différent de ce qui se passe en ville – en ville c'est l'anonyma . . . ça met beaucoup plus un air de fête et de cérémonie.
Que pensez-vous des ménages non-mariés?
Ecoutez, moi ça ne me dérange pas. Personnellement je ne serais pas restée non-mariée . . . le mariage, la

Tableau 8.1   Mouvement naturel de la population: taux de nuptialité

Année (ou moyenne annuelle)	Nuptialité (nombre de mariages pour 1 000 habitants)
1935–1937	6,8
1946–1950	9,7
1951–1955	7,3
1956–1960	9,0
1961–1965	7,0
1966–1970	7,3
1971–1975	7,7
1976–1980	6,6
1972	8,1
1973	7,7
1974	7,5
1975	7,3
1976	7,1
1977	6,9
1978	6,7
1979	6,4
1980	6,2
1981	5,8
1982	5,7
1983	5,5
1984	5,1

Source: Les Femmes en chiffres, publié par la Délégation à la Condition Féminine.

famille, les enfants sont tout de même des valeurs sûres, des valeurs de référence, des sécurités. Vous savez, bien des fois dans les couples on se dispute, tout le monde se dispute avec son conjoint, pour un oui pour un non, parce qu'on est simplement différent – si à ce moment-là il n'y a pas quelquefois un garde-fou, qu'est-ce qui vous empêche quelquefois de prendre votre valise et partir . . . pour le regretter un mois, deux ans après . . . mais, enfin, quand le mal est fait, il est fait. Ces couples libres, non-mariés, pour moi, j'estime qu'ils manquent quelquechose, surtout quand il y a des enfants.
Quel écart d'âge y a-t-il entre vous et votre mari?
Trois ans.
Pensez-vous que l'écart d'âge est important dans un couple.
Ecoutez . . . s'il avait 12 ans de moins que moi, je pense que ça me gênerait, probablement pour un

Tableau 8.2 État matrimonial

1 – État matrimonial déclaré par les personnes de plus de 15 ans

	Femmes	Hommes
Ensemble des personnes de plus de quinze ans (en millions)	22,2	20,6
Célibataires	5,2	6,2
Mariées	12,9	13,1
Veuves	3,2	0,7
Divorcées	0,9	0,6

Sources: *Les Femmes en chiffres*, publié par la Délégation à la Condition féminine.

problème de maturité, que s'il avait 10 ans de plus que moi je pense que ça ne me gênerait pas.

Vous avez des enfants?

J'ai qu'une seule fille, qui a 10 ans.

Combien d'années après votre mariage avez-vous eu votre fille?

Un an juste.

Utilisez-vous des moyens contraceptifs?

Oui, j'ai un stérilet, mais généralement, la pilule reste encore la plus facilement utilisée, en tant que médecin, je constate qu'il y a davantage de femmes qui utilisent la pilule.

Vous travaillez comme médecin – et votre mari aussi?

Non, il est militaire de profession.

Est-ce que vous gagnez davantage ou moins que lui?

Je gagne plus que mon mari.

Et quel est l'avis de votre mari à cet égard?

Il s'en moque complètement, et moi ça ne me dérange pas du tout n'en plus.

Est-ce que vous avez arrêté de travailler pour vous occuper de votre fille?

Oui, je me suis arrêtée pendant environ deux ans. C'est-à-dire, que je me suis coïncidée ma thèse avec la toute petite enfance de ma fille, ce qui m'a permis de l'élever . . . et puis en suite, avant de démarrer ce cabinet, j'ai attendu un petit peu qu'elle soit en âge d'aller à l'école.

En ce qui concerne votre enfant, est-ce que c'est plutôt vous ou votre mari qui surveille ses devoirs, etc.?

Tant qu'elle était en primaire c'était mon mari qui surveillait, qui s'en occupait. Elle est donc montée en 5ième maintenant. Mon mari a été monté à Metz, et

comme il est plus là je surveille tant mieux que mal, plutôt mal que bien, compte tenu de mes heures de travail.

Qui se charge plus de sa discipline?

C'est plutôt moi.

Est-ce que votre fille consulte plutôt vous ou votre mari quand il s'agit de problèmes quelconques?

Je pense qu'elle viendrait peut-être plus facilement vers moi.

Qui prend les décisions en ce qui concerne votre choix de domicile?

Ça, le choix a été forcé si je puis dire . . . bon, c'est très pratique d'habiter quasiment sur son lieu de travail, ça me permet de gagner énormément de temps.

Qui se charge des affaires financières, plus vous ou votre mari?

C'est moi pour tout ce qui est fastidieux, c'est mon mari par contre qui s'occupe des problèmes de gestion, parce que j'avoue ça ne m'intéresse pas du tout.

Avez-vous un compte bancaire personnel ou en commun?

Nous avons deux en commun en fait – chacun a le sien dans des banques différentes, chacun a conservé son chéquier en faisant simplement changer l'intitulé.

Qui s'occupe plus des tâches ménagères chez vous?

Mon mari fait les courses, la cuisine – il fait ça très bien, et moi je m'occupe du linge et un peu du reste, mais c'est complètement partagé.

Est-ce que vous pensez qu'il y a des tâches plutôt masculines ou féminines?

Ecoutez – non, s'il s'agit de lessive ou de murs, je pense que c'est tout de même plutôt masculin – par contre il n'y a pas de déshonneur à faire pousser un aspirateur – c'est aussi bien que c'est lui qui le fasse à l'occasion.

En ce qui concerne les différends entre vous et votre mari, est-ce que c'est plutôt vous ou lui qui fait le premier pas pour une réconciliation?

En général c'est moi qui fait le premier pas, parce que je ne tiens pas longtemps comme ça avec la soupe à la grimace.[1] Alors en général c'est moi. Je monte très vite, je me fâche très vite et je redescends aussi vite.

Quelles sont les causes, les plus fréquentes de vos différends?

Et bien, moi, je voudrais toujours tout prévoir, tout

Tableau 8.3 Situation matrimoniale (de fait) au 1–1–86, selon le sexe et l'âge

(Age au 1–1–86)	En couple		Non en couple	Total	Effectif observé
	Mariés ensemble	Non mariés ensemble			
			Hommes		
21–24 ans	17,1	12,7	70,2	100,0	(415)
25–29 ans	54,1	16,9	29,0	100,0	(409)
30–34 ans	70,0	9,5	20,5	100,0	(376)
35–39 ans	81,2	6,6	12,2	100,0	(417)
40–44 ans	86,6	3,4	10,0	100,0	(270)
Ens. 21–44 ans	62,6	10,0	27,4	100,0	(1 887)
			Femmes		
21–24 ans	34,6	19,3	46,1	100,0	(443)
25–29 ans	69,2	11,3	19,5	100,0	(513)
30–34 ans	75,5	8,5	16,0	100,0	(429)
35–39 ans	81,0	5,2	13,8	100,0	(462)
40–44 ans	79,6	4,6	15,8	100,0	(357)
Ens. 21–44 ans	68,8	9,7	21,5	100,0	(2 204)
			Ensemble		
21–44 ans	65,7	9,9	24,4	100,0	(4 091)

Source: Population.

Tableau 8.4 Proportions de cohabitants qui ont déclaré que l'une des raisons suivantes pourrait être « décisive ou très importante » pour les inciter à se marier

Les raisons qui pourraient inciter les cohabitants à se marier	Hommes			Femmes			Projet d'enfant ensemble			Ensemble cohabit.	Mariés ayant cohabité
	< 30 ans	≥ 30 ans	ens.	< 30 ans	≥ 30 ans	ens.	en ont un	en souhaitent un	n'en veulent pas		
« Prouver à l'autre qu'on l'aime vraiment »	20	9	16	12	16	14	7	20	17	15	50
« Rendre la vie quotidienne plus pratique »	18	17	17	23	31	26	19	28	31	22	51
« L'intérêt des enfants »	61	37	51	56	53	55	34	66	62	53	54
« Protéger le lien affectif »	12	5	9	11	7	10	9	10	9	9	37
« Offrir plus de sécurité (matérielle) à l'épouse »	29	28	28	17	29	21	22	26	37	25	54
« Convictions religieuses »	11	5	8	9	12	10	9	7	6	9	26
« Pression de la famille »	4	6	5	5	14	8	5	5	21	7	15
« Si le conjoint le désirait fortement »	38	43	40	44	43	44	47	47	42	42	24

Source: Population.

Tableau 8.5 « Que pensez-vous de ces aspects du mariage? » (réponses des cohabitants)

Se marier c'est	Me gêne	Ne me gêne pas ou me plaît	Pas d'accord avec cette opinion	Sans opinion	Ensemble
« Prendre un engagement de très longue durée »	16	53	27	4	100
« Tomber dans la routine, s'installer »	21	24	48	7	100
« Accepter le contrôle de l'autre, renoncer à une partie de sa liberté »	21	33	43	3	100
« Engager son avenir avec quelqu'un qui peut évoluer autrement que vous »	18	61	14	7	100
« S'engager à être fidèle à son conjoint »	10	63	21	6	100
« Transformer inutilement une affaire privée en acte officiel »	19	42	28	11	100
« Rendre plus difficile une rupture éventuelle »	33	35	25	7	100

Source: Population.

planifier et mon mari vie comme les jours se présentent. Alors on se chamaille. Mais on se chamaille pour des bricoles en fait.

A votre avis quels sont les éléments principaux d'un bon ménage?

Je crois qu'il faut déjà bien se connaître. Je crois qu'il faut également être bien décidé à faire sa vie ensemble et ne pas se marier en se disant – bof – si ça marche pas je m'en vais – je crois que c'est tout. Bon, si ce sont des caractères tout-à-fait opposés, si vous n'avez aucun point en commun, aucun but en commun, rien à construire ensemble, à ce moment-là, ce n'est pas la peine de se marier, mais je crois que si on a un minimum de compréhension, si on évite d'être trop macho d'un côté ou trop sortir le drapeau blanc de la libération de la femme de l'autre côté, ça doit pouvoir aller.

Pourquoi pensez-vous que tant de mariages ne réussissent pas?

Figurez-vous, je me le demande . . . je vois, en fait beaucoup de couples qui se défont et à ma grande surprise je revois donc les deux éléments du couple mariés très peu de temps après la séparation. Je les vois chacun avec un autre partenaire, alors je me demande si ce n'était pas un peu superficiel de chaque côté. Ça me semble tellement grave si je puis dire. Je ne sais pas, je trouve effectivement qu'il y a énormément de divorces.

A votre avis quel est l'âge idéal pour avoir des enfants?

Je dirais entre 24/25 ans et la trentaine. Ce n'est pas l'envie après d'avoir des enfants qui manque, parce que de toute évidence, la maternité et l'enfance est vécue beaucoup mieux par une femme plus âgée, mais quand l'enfant a 20 ans, si le papa en a 60, comment voulez-vous assumer ses études et assumer l'enfant lui-même – ça me semble difficile, pas infaisable, mais plus compliqué.

Pensez-vous que les responsabilités d'avoir des enfants pèsent plus sur la femme ou sur l'homme?

Et bien, de plus en plus ça a tendance à s'équilibrer parce que je crois les enfants ont été voulus par le couple. Quand les enfants sont petits de toute évidence ça repose toujours sur la femme – c'est normal. C'est un petit peu un couple/mère/jeune enfant. Quand les enfants sont plus grands, de plus en plus les parents participent énormément.

Quelle est votre attitude envers l'infidélité dans le mariage?

C'est difficile. On a tendance à le condamner, mais on ne sait jamais ce qui se passe vraiment dans le couple. On ne peut pas approuver mais en même temps ce n'est pas à condamner systématiquement.

153

Croyez-vous que le rôle de la femme dans la famille soit réellement changé, disons depuis les années soixante?

Oui, la femme, a pris plus d'indépendance et de liberté. Je pense que la femme a changé, mais d'une manière positive.

Pensez-vous que l'institution de la famille soit aussi importante qu'avant?

Je pense qu'elle l'est, mais qu'elle n'est plus considérée comme étant importante. En réalité la famille est plus importante qu'avant parce qu'elle est un rempart, une protection pour les enfants, un refuge . . . ce qui devient de plus en plus nécessaire en fait. C'est une question de responsabilités, d'assumer ses responsabilités. Malheureusement pas tout le monde les assume.

Quel effet en déduisez-vous pour le couple?

J'ai peur qu'au niveau du couple on va finir par avoir des adresses communes – que l'homme et la femme tire chacun dans une direction, mais pas forcément dans les mêmes.

Et comment envisagez-vous l'avenir?

Je pense qu'en ce moment on est en train de faire des enfants paumés, mais je crois qu'il y aura peut-être une réaction . . . qu'on fera un peu marche-arrière . . . que la femme va retourner dans son foyer. Il faudra plutôt que la société aménage les femmes dans le travail pour qu'elles puissent concilier travail et enfants, par exemple offrir plus de possibilités de travail à mi-temps, revendiquer plus de crèches aussi. En ce moment à N. il faut inscrire son enfant à tout début de sa grossesse. Il y a énormément à faire dans ce domaine-là.

Texte 8.2 *Interview avec Geneviève*

Comment votre mari et vous vous êtes-vous rencontrés?

On s'est rencontré il y a dix ans à une fête du parti communiste française. J'étais encore lycéenne.

Quel écart d'âge y a-t-il entre vous et votre mari?

Mon mari a 6 ans de plus, mais l'âge pour moi ne veut rien dire, enfin pas grand-chose.

Avez-vous des enfants?

Oui, une petite fille.

Combien d'années après votre mariage avez-vous eu votre enfant?

Tableau 8.6 Évolution du divorce

Évolution du nombre de divorces et de taux de divorce

Année du jugement	Total des divorces prononcés	Divorces directs	Somme des taux de divorce[1] ‰
1970	38 949	37 447	113,1
1971	41 628	40 066	119,5
1972	44 738	43 362	127,8
1973	47 319	46 047	133,5
1974	53 106	51 840	148,1
1975	55 612	54 306	152,9
1976	60 490	59 190	164,9
1977	71 319	70 019	194,2
1978	74 416	73 136	201,7
1979	78 648	77 207	211,7
1980	81 143	79 689	225,5
1981	87 615	86 159	238,2
1982	93 892	92 348	256,3
1983	98 730	97 070	271

(1) *Somme des taux par durée de mariage*

On classe les divorces prononcés pendant une même année civile selon la durée du mariage et on les rapporte successivement à la promotion de mariage dont ils sont issus: on a ainsi un taux de divorce pour chaque durée de mariage. On les additionne pour avoir un indicateur global, appelé *somme des taux* ou encore *somme des divorces réduits*, qui élimine en partie les variations de la démographie des mariages, et qui donne une idée de l'évolution conjoncturelle de la divortialité. La somme des taux est un indicateur conjoncturel dont les valeurs ne doivent pas être confondues avec l'intensité du divorce dans les promotions.

Champ: Divorce direct (Divorce sans séparation de corps préalable).

Source: INSEE – Répertoire, général civil – Ministère de la Justice.

On s'est marié parce que j'étais enceinte. C'est-à-dire qu'on a vécu ensemble d'abord. On s'est connu très longtemps avant de vivre ensemble . . . pendant 5 ans on se voyait, mais on n'était pas vraiment le couple installé. Ça fait à peu près 5 ans qu'on vit ensemble; on est marié donc 2 ans, et on s'est marié quand j'étais enceinte – on voulait un enfant et on a décidé de se marier par rapport au statut de ma fille par rapport à son père. C'était pas du tout parce que moi j'avais envie de me marier vraiment, mais qu'on

Tableau 8.7 Enfants selon la catégorie socio-professionnelle du mari

Nombre moyen d'enfants à 35 ans

C.S. du mari éventuel	Femmes nées entre . . .			
	1920 et 1929	*1930 et 1939*	*1940 et 1949*	*Ensemble*
Sans objet (femme célib.)	,25	,30	,39	,30
Agriculteur exploitant	2,63	2,63	2,51	2,62
Artisan, commerçant	2,03	2,22	2,15	2,13
Cadre ou prof. intellectuelle	2,08	2,13	1,96	2,07
Prof. intermédiaire	2,05	2,12	2,07	2,08
Employé	2,26	2,42	2,25	2,32
Ouvrier	2,62	2,83	2,75	2,74
Non renseigné	2,22	2,56	2,37	2,35
Ensemble	2,21	2,35	2,22	2,27

Référence: « Fécondité générale, résultats de l'enquête Famille » – INSEE – Archives et Documents n° 143.

Source: INSEE – Enquête Famille 1982.

considérait que pour Marie c'était mieux et on s'est marié avec deux témoins à la mairie en invitant personne. C'était uniquement administratif pour que juridiquement les liens entre ma fille et son père soient clairs.

Je sais que vous travaillez – est-ce que vous avez arrêté de travailler pour vous occuper de votre fille?

Oui, pendant un an. J'ai passé mon doctorat enceinte, ce qui amusait bien les profs parce que ça se fait presque jamais à la fac[2] et puis j'ai repris une activité professionnelle un an après sa naissance. J'ai arrêté pendant un an pour m'occuper du bébé.

Quelle solution avez-vous adopté pour garder l'enfant?

Je voulais pas la mettre chez une nourrice, donc au départ on était toute une équipe de femmes et on avait créé une crèche, parce qu'on n'aime pas non plus la crèche traditionnelle. Donc on avait fait une petite structure où les enfants étaient bien assumés et où nous, les mères, on allait pour faire à manger pour les autres enfants . . . mais maintenant ma fille va bientôt aller à l'école.

Qui s'occupe plus de votre enfant, vous ou votre mari?

Celui qui est libre, celui qui est là s'en occupe, mais il faut connaître que c'est plus moi jusqu'à présent qui s'en occupe parce que je suis plus disponible . . . mais c'est mon mari qui lui donne un bain le soir. Il a beaucoup souffert d'aller bosser quand ma fille était bébé.

Qui se charge plus des affaires financières, vous ou votre mari?

J'avoue qu'on a du mal à tenir notre budget, mais disons que quand il y a des problèmes j'ai plutôt tendance à dire à J. d'aller voir le banquier.

Avez-vous un compte bancaire en commun ou personnel?

Il y a un en commun et un personnel.

Comment partagez-vous les tâches ménagères?

J'avoue que c'est moi qui s'en occupe plus. On vient d'acheter un lave-vaisselle parce que je voulais plus faire la vaisselle et ça s'accumulait. Avant, moi j'étais plus disponible, alors c'est moi qui assumais les tâches ménagères, mais maintenant je travaille à l'extérieur, donc il est obligé de faire, mais il faut un temps d'adaptation pour que le Monsieur comprenne qu'il faut qu'il fasse. Donc le résultat c'est qu'il fait des choses mais je trouve que c'est moins bien fait . . . je trouve qu'il se repose un peu trop sur moi, mais le partage des tâches, c'est vrai ça n'existe pas . . . pourtant il est évolué entre guillemets . . . la cuisine quand je ne suis pas là, il la fait, mais il la fait mal . . . c'est toujours la même chose . . . des pâtes!

155

The condition of women in France

Tableau 8.8 La situation familiale selon l'âge

| Sexe et âge | Ensemble | | dont 15 à 24 ans | | 25 à 55 ans | | Plus de 55 ans | |
Mode de cohabitation	Femmes	Hommes	Femmes	Hommes	Femmes	Hommes	Femmes	Hommes
Vit chez ses parents	8 094 260	9 005 220	2 733 800	3 366 060	–	–	–	–
Vit en couple sans enfant	5 419 700	5 419 700	514 040	282 280	1 676 620	1 602 580	3 229 040	3 534 840
Vit en couple avec enfant(s)	7 812 200	7 812 200	444 800	157 080	6 935 580	6 853 080	431 820	802 040
Est parent isolé	757 740	129 300	34 160	1 380	621 440	97 520	102 140	30 400
Vit seul	3 151 020	1 665 660	205 680	185 040	641 740	803 020	2 303 600	677 600
Autres situations dans un ménage ordinaire	1 938 800	1 775 560	188 840	188 000	591 200	1 149 660	1 084 140	360 580
Hors ménage ordinaire	606 680	685 160	116 040	176 320	100 420	294 160	353 900	169 580
Ensemble des individus	27 780 400	26 492 800	4 236 600	4 356 160	10 567 000	10 800 020	7 504 640	5 575 040

Source: INSEE.

Quelque part il pense toujours que c'est à la femme de faire tout ça.

A votre avis, quels sont les éléments principaux d'un bon ménage?

Oh – c'est compliqué.... Pour qu'un couple marche, il faut accepter que l'autre soit indépendant, que l'autre ait une personnalité, à mon avis ... Il faut qu'on mène une autonomie réciproque, pour moi ça c'est important et puis, un respect, il faut permettre à l'autre d'exister, et puis il faut évidemment l'amour.

Pourquoi pensez-vous que tant de ménages ne réussissent pas?

Alors là c'est compliqué aussi ... à mon avis, c'est un problème sociologique. C'est-à-dire qu'avant les gens se mariaient comme on ouvre un commerce, en tant que juridisme et de droits. Aujourd'hui on nous a donné une autre image du couple, ce qu'on voit à la télé, dans les pubs,[3] l'homme et la femme qui sont complètement et absolument amoureux l'un de l'autre et qui s'aiment pendant 50 ans avec des enfants mignons, une petite famille, 4 personnes. Or, dans la vie, dans un couple, il y a des moments où ça va et des moments ou ça ne va pas ... et si on pense qu'il faut être absolument amoureux de l'autre pour vivre avec et que le jour où on ne l'est plus qu'il faut le quitter, effectivement il faut quitter souvent quelqu'un, parce qu'on ne peut pas être amoureux pendant 50 ans, parce que les choses se transforment. Donc, moi, je pense qu'on a une fausse image du couple et de la réalité, du bonheur, et que dans la réalité quelque part il faut quand-même ... je ne sais pas ... j'ai l'impression que les gens se disent trop « je l'aime plus » ... ça ne veut rien dire non plus ... ce que je veux dire c'est que pour moi, même quand il y a des moments où je sens que ça ne va pas avec J., c'est le père de mon enfant et j'ai vécu quelquechose avec lui ... je ne le quitterais pas en disant je suis plus amoureuse ... il y a une grande tendresse, une paternité, des choses qui font qu'on puisse être très longtemps ensemble. Je ne sais pas s'il existe toujours le grand amour, il doit exister, il y a des moments où je sais qu'il existe, mais c'est très ponctuel, tout le monde veut en faire quelquechose d'éternel et continue ... ça, je crois que c'est de la folie ... ça n'existe pas ... malheureusement d'ailleurs.

Quel est l'âge idéal d'avoir des enfants à votre avis?

Je dis qu'à partir de 28/29 ans on commence à être prête à assumer une maternité ... enfin, je dis aussi que c'est à chaque femme à sentir ... pour moi c'était à cet âge-là ... je sens qu'en vieillissant on gagne ... il faut une maturité dans la vie avant

Tableau 8.9 Mode de garde des enfants en bas-âge

Répartition des enfants[1] de moins de 3 ans[2] en mars 1982 en France selon leur mode de garde et le groupe socio-professionnel de la mère

Mode de garde Groupe socio-professionnel	Enfant scolarisé	Enfant gardé en crèche collective	Enfant gardé chez lui par			Enfant gardé hors de chez lui par			Mode de garde inconnu	Ensemble
			sa mère	un membre de sa famille	une autre personne	une assistante maternelle[3]	un membre de sa famille	une autre personne		
Agricultrice exploitante	4,3	–	84,8	3,5	–	0,4	0,4	0,1	6,5	100,0
Artisan, commerçant, chef d'entreprise	12,2	2,7	51,1	8,0	3,6	0,5	5,8	2,4	13,7	100,0
Cadre, profession intellectuelle supérieure	10,6	10,9	13,9	8,3	12,1	24,4	5,8	5,6	8,4	100,0
Profession intermédiare	9,8	9,9	14,1	8,4	4,2	26,0	9,8	9,3	8,5	100,0
Employée (y compris personnel de service)	8,6	8,8	16,5	9,9	2,1	22,1	15,3	7,3	9,4	100,0
Ouvrière (y compris agricole)	8,3	3,6	16,6	15,7	3,1	17,6	18,4	7,1	9,6	100,0
Ensemble mères										
actives	8,9	7,7	19,5	10,2	3,3	20,8	13,1	7,2	9,3	100,0
inactives	7,6	0,3	81,8	0,5	0,1	0,5	0,4	0,1	8,7	100,0
Total	8,2	3,5	54,9	4,7	1,5	9,3	5,9	3,2	8,8	100,0

(1) Il s'agit des enfants mis au monde ou adoptés par les femmes interrogées par l'enquête famille.
(2) 3 ans exacts au 4 mars 1982.
(3) Y compris les enfants gardes en crèche familiale.

Source: INSEE.

d'accepter d'avoir un enfant . . . il faut avoir un sentiment d'avoir vécu avant de donner absolument à son enfant.

Vous trouvez que les responsabilités d'avoir des enfants se partagent également dans le couple?

Oui, oui . . . toutes ces femmes qui veulent des enfants et les élever toutes seules, je trouve que c'est de la folie . . . j'ai des amies qui réfléchissent comme ça, qui disent qu'elles ne veulent un homme que pour faire un enfant, mais je pense que pour l'enfant c'est dramatique . . . pour la mère c'est peut-être bien, pour l'enfant c'est terrible. Je vois que ma fille a besoin de son père, de sa mère et de ses grand-parents et d'amis, et je trouve que la famille devient trop cellulaire, trop petite.

Vous pensez que la famille est devenue moins importante qu'avant?

On l'a réduite . . . oui, et c'est pas forcément bien

. . . il y a longtemps, je trouvais que c'était mieux, mais maintenant que j'ai un enfant je me dis que c'est pas forcément bien.

Quelle est votre attitude envers l'infidélité dans le couple?

Moi, je pense que c'est à quelqu'un de gérer sa vie, aussi que l'essentiel, c'est de ne pas tromper l'autre, qu'il faut être capable de se tout dire. C'est peut-être difficile, je ne sais pas, je pense aussi que si on aime vraiment quelqu'un, on a pas envie de vivre autre chose, mais qu'il y a des moments quelquefois dans la vie que ça peut se poser parce qu'on ne maîtrise pas toujours tout et qu'à ce moment-là c'est à chacun de faire à sa sensibilité, mais pourquoi pas accepter que l'autre parfois puisse être amoureux de quelqu'un d'autre . . . on n'a pas non plus l'exclusivité sur terre . . . mais les gens qui ont des petites aventures comme ça, ça, moi, je dis tant pis pour eux . . . et

Tableau 8.10 Utilisation de la contraception (en %)

Utilisation des méthodes contraceptives en 1978 et en 1982 (pour 100 femmes de chaque âge)

Méthodes contraceptives	Age en 1978							En 1982
	20–24 ans	25–29 ans	30–34 ans	35–39 ans	40–44 ans	Ens. 20–44 ans	Ens. 15–49 ans	Ens. 15–49 ans
Pilule	38	35	30	21	10	28	22	25
Stérilet	2	11	14	11	6	9	7	13
Ensemble méthodes modernes	40	46	44	32	16	37	29	38
Retrait	12	14	19	22	28	18	16[1]	
Préservatif	3	5	6	6	6	5	5[1]	
Continence périodique	4	4	4	7	10	6	5[1]	
Autres et inconnues	–	2	2	3	4	2	1[1]	
Ensemble méthodes traditionnelles	19	25	31	38	48	31	27[1]	(18–37)[1]
Ensemble utilisatrices	59	71	75	70	64	68	56[1]	56–75[1]
Stérilisation contraceptive	1	1	5	9	7	4	3	
Stérilisation non contraceptive			1	7	10	3	4	
Couple stérile	–	–	2	1	5	2	7	
Femme enceinte	10	6	4	1	–	4	4	
Femme vivant seule (sans partenaire régulier)	18	10	4	4	6	9	12–17[1]	
Ensemble « non exposées »	29	17	16	22	28	22	30–35[1]	
Autres situations:								
Veut encore un enfant	10	9	7	3	1	6	8–14[1]	
Ne veut plus d'enfant	2	3	2	5	7	4		
Total général	100	100	100	100	100	100	100	100

(1) valeur estimée.

Référence: Les Cahiers français, no° 219.

Source: INED-INSEE.

notamment des gens qui ont des enfants, à mon avis, on ne peut pas se permettre de casser tout l'univers de l'enfant pour vivre autre chose . . . je pense qu'il faut qu'il aient des choses qui se vivent en ménageant les gens avec qui on a vécu jusqu'au moment . . . on ne peut pas faire souffrir les autres aussi facilement, égoïstement. Il faut être capable peut-être de vivre cette autre chose mais l'intégrer dans sa vie et pas réfléchir en disant « Je le quitte, je pars, je t'aime, je t'aime plus ». Il y a des nuances dans la vie . . . je crois que c'est jamais blanc et c'est jamais noir.

Pensez-vous que le rôle de la femme dans la famille soit réellement changé depuis les années soixante, depuis '68, par exemple?
'68 a été une date importante, mais ça a aussi été un piège énorme pour la femme dans laquelle elle est tombée, à mon avis. C'est-à-dire, en '68 il y a eu une légitime envie d'exister de la part des femmes, qui était normal . . . on ne peut pas vivre en étant colonisée par l'homme, mais il y a eu l'excès inverse . . . toutes ces femmes ont voulu vivre comme des hommes en reniant leur propre nature. Je pense

Tableau 8.11 Évolution des méthodes modernes de contraception

Proportions de femmes utilisant la pilule ou le stérilet (pour 100 femmes âgées de 15 à 49 ans)

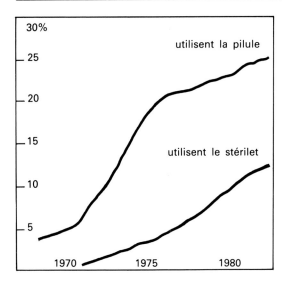

Référence: Les Cahiers français n° 219.

Source: INED-INSEE.

Tableau 8.12 Evolution des avortements légaux en France[1]

Année	Nombre absolu	Année	Nombre absolu
1976	134 173	1980	171 218
1977	150 931	1981	180 695
1978	150 417	1982	181 122
1979	156 810	1983	182 735

(1) Jusqu'en 1982 inclus, bulletins exploités. En 1983, comptage manuel.

Source: INSEE.

qu'elles ont cru que pour gagner leur indépendance il fallait absolument qu'elles travaillent et il y avaient des femmes qui n'étaient pas financièrement obligées de travailler mais qui le faisaient soi-disant pour s'épanouir. C'était horrible parce qu'elles passaient toute la journée dans des usines à mettre des trucs dans des machines . . . aberrant . . . qu'elles aient choisi ça plutôt que d'autres choses. Donc, pour moi, ça c'était un excès et c'était aussi un excès pour moi, toutes ces femmes qui ont fait des études . . . ce qui est très bien . . . mais qui en même temps ont refusé la maternité à cause d'une carrière. A mon avis on doit être capable de faire les deux à condition d'aménager les structures. Je crois qu'il faut aménager les choses pour qu'on puisse vivre une vie professionnelle et la vie de mère de famille. Donc '68 a été important, mais après il y a eu une manipulation derrière que j'aime pas. Par exemple, par rapport à la contraception, la pilule, c'est bien, maîtriser son corps, c'est bien, mais ça a permis à beaucoup d'hommes de dire « Tu te débrouilles avec toutes ces questions » . . . donc ça aussi, c'est faux. Je trouve qu'il y a des femmes qui prônent encore la libération à tout prix mais qui ont des vies complètement tristes parce qu'elles sont toutes seules chez elles. Je dis heureusement qu'il y a eu '68, mais il faut faire attention, il arrive à des situations absurdes . . . les superwomans dont on parle en ce moment, ces femmes qui veulent tout faire et tout faire bien et qui finissent par avoir des dépressions nerveuses parce que c'est pas faisable . . . c'est aussi un danger.

Comment voyez-vous l'avenir da la femme dans la famille?

Je m'interroge quelquefois pour ma fille, comment va être sa vie à elle. Je crois qu'elle tombera plus dans l'excès de la libération à tout prix mais qu'elle sera plus capable, elle, de mesurer toutes ces choses et mieux les vivre que nous. J'ai l'impression que c'est seulement à partir de cette génération de femmes qu'on pourra voir toutes ces nuances importantes se créer, se vivre . . . ça sera peut-être vécu. Je pense qu'il y a des choses maintenant qui sont acquises quand-même et elles auront plus à vivre . . . peut-être qu'elles seront plus capables de gérer tout ça que ma mère ou moi. . . .

Tableau 8.13 Utilisation différentielle du temps

Durée hebdomadaire consacrée à diverses activités.

Activités	Personne âgée de moins de 65 ans — Femme sans enfant de moins de 14 ans dans le ménage — indépendante	salariée	inactive	Femme ayant au moins un enfant de moins de 14 ans dans le ménage — indépendante	salariée	inactive	Homme — indépendant	salarié	inactif	Personne âgée de 65 ans et + — Femme — seule	en famille	Homme — seul	en famille	Ensemble
● Travail domestique	33 h 05	25 h 05	42 h 35	40 h 35	38 h 20	57 h 55	8 h 45	13 h 05	21 h 15	32 h 10	36 h 50	28 h 25	20 h 15	28 h 05
Cuisine, vaisselle	15 h 15	9 h 15	16 h 15	13 h 00	11 h 35	18 h 45	1 h 10	2 h 25	4 h 45	13 h 25	16 h 35	9 h 50	4 h 10	8 h 55
Ménage	5 h 20	4 h 20	7 h 30	5 h 35	4 h 55	8 h 40	30	40	1 h 25	6 h 20	6 h 45	3 h 50	1 h 30	3 h 45
Lessive, repassage . . .	3 h 15	3 h 10	5 h 00	5 h 45	4 h 10	6 h 25	5	5	30	2 h 55	4 h 35	55	15	2 h 30
Achats de biens	2 h 40	3 h 00	4 h 25	2 h 40	3 h 10	4 h 10	1 h 10	2 h 05	2 h 35	3 h 25	3 h 00	3 h 15	2 h 55	2 h 55
Rangement, jardinage . . .	3 h 35	2 h 00	3 h 30	2 h 05	1 h 40	2 h 20	3 h 10	3 h 25	6 h 20	3 h 10	3 h 15	7 h 00	7 h 35	3 h 25
Utilisations de services	35	35	1 h 10	55	30	55	20	30	1 h 05	20	15	50	35	45
Trajets trav. domestique	1 h 45	2 h 25	3 h 35	3 h 30	3 h 10	4 h 20	1 h 40	2 h 35	3 h 45	2 h 25	2 h 00	2 h 40	2 h 55	2 h 55
Soins aux enfants	35	15	55	5 h 40	6 h 10	11 h 15	20	35	30	5	15	5	5	2 h 15
Devoirs	0	0	0	55	20	1 h 05	5	15	5	0	5	0	0	15
Jeux avec les enfants	5	5	15	30	40	10	15	30	15	5	5	0	15	25
● Temps libre	20 h 35	24 h 10	39 h 45	17 h 20	22 h 20	30 h 35	24 h 55	30 h 45	56 h 20	40 h 10	34 h 00	44 h 20	45 h 20	32 h 15
Études (étudiants)	0	20	3 h 15	5	15	1 h 05	0	0	7 h 50	0	0	0	0	55
Formation	5	20	35	5	15	35	5	30	1 h 30	0	5	0	5	30
Autres trajets	1 h 10	2 h 05	2 h 50	1 h 05	1 h 40	2 h 00	1 h 45	2 h 35	4 h 20	1 h 45	1 h 15	3 h 25	1 h 30	2 h 15
Sport	15	5	5	35	15	15	20	35	55	5	0	5	35	20
Bricolage	20	15	15	15	15	15	1 h 10	2 h 00	2 h 15	5	0	1 h 40	1 h 45	55
Danse, café, autres	20	40	35	35	35	20	55	1 h 30	2 h 20	15	20	1 h 45	1 h 10	55
Spectacles	20	20	15	15	20	15	35	35	35	5	0	30	20	20
Excursion	1 h 15	55	1 h 05	35	55	1 h 10	1 h 25	1 h 30	3 h 15	1 h 40	1 h 10	3 h 50	3 h 50	1 h 30
Civisme	0	5	15	5	5	5	15	20	30	20	5	30	15	15
Jeux	20	35	40	15	30	20	40	1 h 05	1 h 30	35	1 h 05	1 h 40	1 h 50	50
Autres activités	50	50	1 h 10	35	35	50	35	40	1 h 25	2 h 25	1 h 45	2 h 25	2 h 25	1 h 05
Conversations	2 h 00	2 h 40	4 h 45	2 h 50	2 h 50	4 h 05	3 h 25	2 h 40	5 h 00	3 h 35	3 h 35	2 h 25	3 h 25	3 h 05
Télévision	7 h 15	7 h 05	10 h 35	4 h 55	6 h 40	9 h 55	7 h 35	9 h 35	12 h 25	11 h 00	12 h 20	11 h 25	14 h 50	9 h 35
Relations	2 h 35	3 h 50	5 h 20	2 h 40	3 h 35	3 h 45	2 h 55	3 h 15	5 h 15	6 h 45	3 h 10	5 h 55	2 h 55	3 h 50
Lecture de journaux	1 h 45	1 h 25	2 h 00	40	50	1 h 15	2 h 05	2 h 00	3 h 10	3 h 30	3 h 35	4 h 45	5 h 55	2 h 15
Radio, disques	20	30	35	0	5	20	15	35	2 h 00	1 h 40	55	1 h 30	1 h 45	45
Lecture de livres	35	55	1 h 25	30	40	1 h 05	40	1 h 10	2 h 00	1 h 45	1 h 30	2 h 40	2 h 20	1 h 20
Religion	15	5	5	5	5	20	15	5	5	35	15	30	30	15
Tricot, broderie . . .	55	1 h 10	3 h 25	1 h 15	55	2 h 40	0	5	0	4 h 05	2 h 55	5	5	1 h 20

Champ: Population citadine âgée de 18 ans et plus. Activités principales.

Référence: Données sociales. Édition 1984.

Source: INSEE. Enquête « Emploi du temps » 1974–5.

Texte 8.3 *Interview avec Madame W.*

Quelle est votre situation familiale?
Je suis veuve depuis deux ans.
Comment votre mari et vous vous êtes-vous rencontrés?
Dans un mariage.
Etiez-vous fiancés avant de vous marier?
Oui.

Avez-vous eu des noces traditionnelles?
Oui.
Trouvez-vous ce côté cérémonial important?
Oui, quand on est jeune c'est très important . . . il y a l'attrait de montrer son mari à tout le monde, à toute sa famille. Ce jour-là on est même un petit peu choyée, on est adulée, la mariée, c'est la plus belle.
Que pensez-vous des ménages non-mariés?
J'en pense rien de mal.

Tableau 8.14   Pratiques culturelles des français

Types de pratiques	Proportion de personnes pratiquantes (en %)	
	Femmes	*Hommes*
Lecture		
● Ont lu au moins un livre dans l'année	73,3	74,8
● Lisent un quotidien tous les jours ou presque	52,6	60,4
● Lisent régulièrement un magazine féminin ou familial	30,8	9,1
● Lisent régulièrement un revue littéraire, artistique, scientifique, historique	9,3	13,3
● Lisent le plus souvent		
— romans	37,7	19,0
— histoire	7,7	11,6
— romans policiers	5,4	13,1
— livres scientifiques et techniques	3,0	12,1
— bandes dessinées	3,3	7,6
Audiovisuel		
● Écoutent la radio plus de 20 h par semaine	33,3	22,7
● Regardent la télévision plus de 20 h par semaine	43,1	33,9
● A la télévision, regardent souvent ou de temps en temps:		
— Music-Hall, variétés	74,8	67,2
— Émissions médicales	65,9	50,2
— Vie dans d'autres pays	63,0	55,7
— Dramatiques et téléfilms	62,5	54,3
— Problèmes politiques, économiques, sociaux	52,0	42,5
— Vie quotidienne des français	51,9	46,5
— Débats, face-à-face	42,6	52,9
— Littérature et écrivains	42,5	34,7
— Émissions scientifiques (sauf santé)	40,0	47,0
— Opérette	33,4	20,5
— Émissions sportives	32,5	67,9
— Ballet	27,3	14,5
— Concert de musique classique	25,9	18,4
● Utilisent personnellement		
— Un appareil photo	56,5	59,7
— Un magnétophone	49,5	55,5
— Une chaîne hi-fi	26,1	31,7
● Écoutent le plus souvent		
— chansons	40,0	36,2
— musique classique	14,6	12,5
— rock, pop, folk	10,8	19,6
Violons d'Ingres, jeux		
● Chantent très souvent ou assez souvent	47,4	38,4
● Utilisent au moins un instrument de musique	28,4	27,8
● Ont pratiqué en amateur une activité littéraire ou artistique (autre que musicale)	12,7	12,6
● Jouent aux échecs	15,8	19,4
● Ont joué au moins une fois dans l'année		
— au PMU[4]	13,7	21,3
— au loto	49,2	50,9
— loterie nationale	15,1	12,2
● S'occupent d'une collection	12,1	14,8
● Font souvent des travaux de couture, tricot, crochet, tapisserie	57,9	1,8
● Expérimentent souvent de nouvelles recettes de cuisine	46,3	9,4
● Font souvent du petit bricolage (étagère, montage de lampe . . .)	16,1	41,0
● Font souvent du gros bricolage (plomberie, électricité . . .)	3,8	26,6

Source: INSEE.

Tableau 8.15 Dépense médicale totale selon l'âge et le sexe (France 1980)

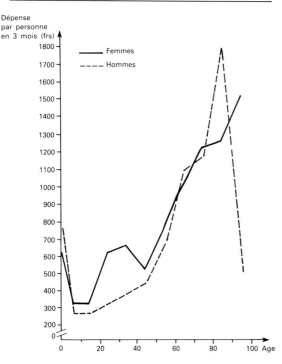

Dépense – Somme totale que doit recevoir le producteur (ou le distributeur) pour le service rendu (ou le bien fourni) quel qu'en soit le financeur.

Référence: Debours et dépenses médicales selon l'âge et le sexe CREDES mars 1985.

Source: INSEE Enquête santé.

Quel est votre avis à l'égard de l'écart d'âge entre femme et mari? Quel écart d'âge y avait-il entre votre mari et vous?

Mon mari était de 6 ans mon aîné. Je pense que le mari doit être au moins du même âge que sa femme sinon plus âgé, parce que dans mon esprit à moi un homme plus jeune m'aurait semblé être gamin et j'avais peur de le prendre pour un gamin, de ne pas le prendre au sérieux.

Avez-vous des enfants?

Oui, un.

Combien d'années après votre mariage avez-vous eu votre enfant?

Deux ans.

Est-ce que vous avez travaillé pendant votre mariage?

Non, je faisais un peu de couture, mais j'ai commencé à travailler quand mon fils est parti de la maison.

En ce qui concerne l'éducation de votre enfant, qui a surveillé les devoirs et son éducation?

Quand il était enfant, jusqu'à 14 ans c'était moi, après c'était son père – c'est-à-dire qu'on était toujours d'accord au sujet de ce qu'on voulait faire pour lui, mais je pense que mon mari avait un peu plus d'autorité que moi sur lui au fur et à mesure qu'il grandissait – moi, j'étais sa copine.

Est-ce que votre fils a consulté plutôt votre mari ou vous quand il avait des problèmes quelconques?

En tant qu'homme il consultait son père . . . vous savez qu'il a acheté un commerce tout jeune, mais c'était avec son père. Quand il était tout jeune c'était toujours Maman qui s'occupait de lui.

Qui a pris les décisions en ce qui concerne votre choix de domicile?

Personne . . . le travail de mon mari décidait de tout. Nous avons déménagé 11 fois en fait, mais c'était toujours pour être mieux.

Qui se chargeait des affaires financières, votre mari ou vous?

Mon mari. C'est-à-dire qu'au départ c'était moi, et quand mon fils a été marié, j'ai pris un commerce, et comme je n'avais plus de temps de m'en occuper, c'est mon mari qui a pris tout en main, mais avant c'était moi . . . quand mon mari parlait de moi, il disait « mon ministre de finances ».

Quelle est l'importance des affaires financières dans un ménage, à votre avis?

Elles sont très importantes . . . des affaires financières dépendent votre activité, votre vie, tout dépend d'argent maintenant . . . sans argent on on ne va nulle part, pas même à l'épicerie . . . et des graves problèmes financières, ça peut détruire un mariage.

Aviez-vous un compte en banque personnel?

Non, nous avions un compte en commun, toujours.

Avez-vous eu des périodes de difficultés financières pendant votre mariage?

Ah, oui . . . on a dû faire beaucoup d'économies en tirant sur des bouts de chandelles.[5]

Et vous n'avez pas pris un travail?

C'est-à-dire, c'était pas facile, avec le jeune . . . ça m'aurait pris toutes mes journées . . . mon mari avait

Tableau 8.16 Répartition des décès de 1975 à 1980 suivant la cause et l'âge (35 à 64 ans) en %

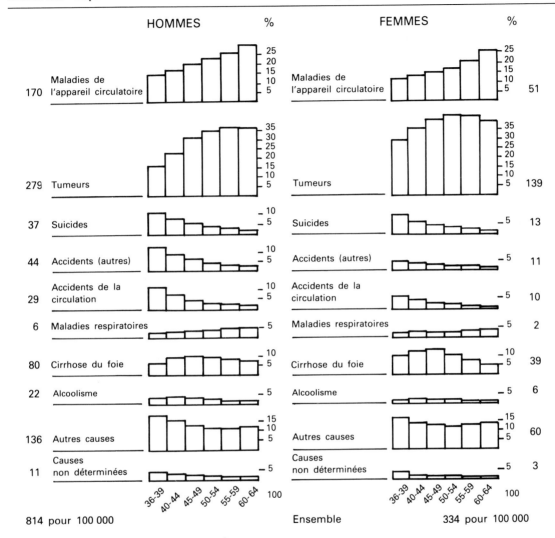

Référence: Collections de l'INSEE Série D n° 102. (Tableau 183–138–139–graphiques 40 et 41)
Source: INSEE – INSERM.

un travail assez prenant aussi . . . il n'aurait pas supporté de ne pas trouver le repas prêt quand il rentrait . . . il était fatigué . . . on se complétait.
Qui s'occupait plus des tâches ménagères?
C'était moi, évidemment.
Est-ce que vous réserviez des tâches pour votre mari?

Je lui réservais par exemple le grand nettoyage des sommiers, des matelas . . . il fallait que le mari soit là pour les soulever, choses qu'une femme ne peut pas faire seule. Mon mari se chargeait aussi de la chaudière de charbon . . . le jardin aussi.
En ce qui concerne les différends entre vous et votre

Tableau 8.17 Taux de suicide selon la situation matrimoniale et l'âge (1968–1978)

Taux pour 100 000 habitants

	Femmes				Hommes			
Âge	Céli-bataires	Mariées	Veuves	Divorcées	Céli-bataires	Mariés	Veufs	Divorcés
15–19 ans . . .	5	6	–	–	10	12	–	–
20–24 ans . . .	8	5	–	–	19	14	–	–
25–29 ans . . .	14	5	–	14	31	11	–	49
30–34 ans . . .	17	7	–	22	46	15	–	65
35–39 ans . . .	26	8	19	18	59	19	158	75
40–44 ans . . .	21	10	19	15	67	34	127	74
45–49 ans . . .	22	12	26	27	73	30	110	65
50–54 ans . . .	18	15	23	21	74	33	115	72
55–59 ans . . .	25	16	29	16	91	39	142	77
60–64 ans . . .	21	16	25	24	86	40	127	68
65–69 ans . . .	30	20	36	26	89	50	145	89

Référence: Économie et Statistique n° 168/1984.

Source: INSEE – INSERM.

Tableau 8.18 Mortalité selon l'état matrimonial à 35 et 55 ans

	Quotient de mortalité ajusté (pour 1 000)	
	à 35 ans	à 55 ans
Femmes		
Célibataires	1,6	6,7
Mariées	0,9	4,5
Veuves	2,6	6,0
Divorcées	2,0	5,1
Ensemble	1,0	4,8
Hommes		
Célibataires	5,4	20,9
Mariés	1,8	10,9
Veufs	4,8	28,2
Divorcées	5,1	23,3
Ensemble	2,3	12,6

Référence: Économie et statistique n° 162/1984.

Source: INSEE. Statistiques de l'état civil.

mari, lequel de vous deux voulait se réconcilier le premier?

Mon mari; moi, j'étais boudeuse.

Quelles étaient les causes les plus fréquentes de vos différends?

Je ne peux même pas vous dire quoi – des petites bêtises.

A votre avis quels sont les principaux éléments d'un bon ménage pour qu'il réussisse?

Pour qu'un ménage réussisse, il faut la confiance . . . ça veut dire beaucoup de choses . . . croire à ce que vous dit votre mari, c'est la confiance dans l'argent, dans l'amour, dans la façon de se tenir, c'est se livrer à l'autre.

Pourquoi pensez-vous que tant de mariages ne réussissent pas?

Parce que tout le monde a un esprit d'indépendance qui ne soufflait pas dans mon temps. La femme qui est venue il y a 15 ans, c'est la catastrophe. Avant, la femme elle était, enfin, pas soumise parce que soumise elle était encore avant. Quand je suis née ma mère était soumise à mon père. Moi, je n'ai jamais été soumise à mon mari . . . vous voyez la génération d'après, moi, j'entendais ce qu'il me disait, je prenais note de ce qu'il me disait, mais je n'étais pas soumise.

Tableau 8.19 Mode de vie des personnes âgées en 1982

	de 60 à 74 ans		de 75 à 64 ans		de 85 ans et plus		Ensemble	
	Femmes	*Hommes*	*Femmes*	*Hommes*	*Femmes*	*Hommes*	*Femmes*	*Hommes*
Hors ménage ordinaire	2,4	2,3	7,5	5,1	21,0	12,0	334 000	142 000
Vivant en couple	55,9	81,2	25,1	67,0	6,4	42,5	2 488 000	3 108 000
Hébergé par un ménage	12,6	5,5	21,0	9,3	32,5	20,2	1 006 000	293 000
Vivant seul	29,1	11,0	46,4	18,6	40,1	25,3	2 096 000	557 000
Ensemble	100	100	100	100	100	100		
Effectifs en 1982	3 582 000	2 882 000	1 785 000	1 035 000	557 000	183 000	5 924 000	4 100 000

Référence: Économie et statistique n° 175/85.

Source: INSEE RP. 1/20ᵉ. 1982.

J'ai entendu ma mère me dire « Tu n'as pas peur de répondre comme ça à ton mari? » Ma mère ne l'aurait pas fait. Et après cet ère-là il y a eu le moment où la femme s'est complètement . . . elle est devenue elle – personnelle . . . trop, à mon avis. Je pense que c'était mieux avant . . . on se concertait davantage et les mariages étaient plus durables. Maintenant on a l'impression que chacun fait à sa tête . . . la femme est trop émancipée maintenant.

Pensez-vous qu'une femme doit avoir une carrière avant de se marier?

Tout dépend de ce qu'elle a fait comme études. Si elle a été fort douée et qu'elle a fait des études valables, c'est normal qu'elle exerce, mais si c'est une femme qui a fait des études primaires, même secondaires, je pense que pour élever sa famille elle doit abandonner le travail et reprendre à la quarantaine, mais d'abord s'occuper de sa famille, de son mari, de ses enfants . . . c'est la vie familiale.

Ne pensez-vous pas que son activité en dehors de son foyer pourrait apporter quelque chose aussi?

Il est évident que tout dépend de la situation de son mari; si le mari est au SMIC, la femme est bien obligée de travailler ou alors ils n'en sortent pas. Mais si le mari a une situation valable, c'est différent.

Pensez-vous que le rôle de la femme dans la famille soit réellement changé depuis les 20 dernières années, depuis '68, par exemple?

Non, il n'a pas changé à part si elle veut s'en sortir . . . si elle veut rester dans son milieu, une mère, c'est toujours une mère quand-même, même si elle va travailler.

Pensez-vous que la famille comme institution soit aussi importante qu'au temps de votre mariage, par exemple?

Ça dépend des milieux. Vous pouvez vous trouver dans un milieu où tout le monde s'en fiche . . . ça dépend de l'éducation que vous avez reçue, de beaucoup de choses, mais à partir du moment qu'une femme lâche la maison pour sortir travailler uniquement pour l'argent, je trouve qu'elle abîme sa famille. D'un autre côté on ne peut pas la blâmer si c'est une obligation. Ce qui a beaucoup changé aussi c'est tout ce modernisme qu'il y a eu dans la vie, tout le monde veut avoir sa machine à laver, son frigo, sa télé, tout le confort possible, que dans le temps, moi, je n'avais pas de machine à laver, hein, j'avais une lessiveuse[6] . . . après j'ai eu une femme de ménage, mais j'avais toujours une lessiveuse!

Comment pensez-vous que la femme et son rôle dans la famille va évoluer dans l'avenir?

Je pense qu'elle se détachera de plus en plus de sa famille parce que la femme veut de plus en plus être indépendante. Il lui faut de l'argent, il lui faut sa voiture, son compte bancaire, et pour ça il faut qu'elle sorte de chez elle. Il y a aussi la femme qui s'ennuie, mais alors – plus rare, hein. Je le sens avec mes petits enfants aussi. Moi, ma grand-mère, elle avait une auréole comme ça . . . mois, je me sens pas d'auréole.

The condition of women in France

Texte 8.4 *Questionnaire sur la femme dans la famille*

Qui s'occupe plus des tâches ménagères chez vous? Vous ou votre mari?

moi

Est-ce que vous partagez le travail de la maison? Si oui, comment?

non

Est-ce qu'il y a du travail à la maison que vous réservez plutôt à votre mari? Précisez.

oui : les réparations, les gros travaux.

Croyez-vous que le rôle de la femme dans la famille soit réellement changé depuis ces vingt dernières années (depuis 1968)?

oui, mais il est dévalorisé

Si, oui, de quelle manière?

la femme est devenue trop affranchie et délaisse la famille

Pensez-vous que la famille comme institution soit aussi importante qu'auparavant?

non, le sens du respect a disparu

Si non, quel effet en déduisez-vous pour la femme/ pour l'homme?

la femme est un objet, l'homme n'hésite pas à en changer

Comment pensez-vous que la situation de la femme et son rôle dans la famille évolueront dans lavenir? Précisez.

si la situation de la femme continue à évoluer dans ce sens, celle-ci finira par le regretter

Croyez-vous que le rôle de la femme dans la famille soit réellement changé depuis ces vingt dernières années (depuis 1968)?

oui

Si oui, de quelle manière?

plus grande indépendance liée au travail

Pensez-vous que la famille comme institution soit aussi importante qu'auparavant?

non

Si non, quel effet en déduisez-vous pour la femme/ pour l'homme?

perte des valeurs = affection, tendresse, écoute de l'autre

Croyez-vous que le rôle de la femme dans la famille soit réellement changé depuis ces vingt dernières années (depuis 1968)?

oui

Si oui, de quelle manière?

la femme peut gérer sa vie elle-même notamment sa grossesse (emploi de la pilule)

Pensez-vous que la famille comme institution soit aussi importante qu'auparavant?

non, elle est facilement disloquée

Si non, quel effet en déduisez-vous pour la femme/ pour l'homme?

l'homme et/ou la femme se retrouvent seuls

Croyez-vous que le rôle de la femme dans la famille soit réellement changé depuis ces vingt dernières années (depuis 1968)?

oui

Si oui, de quelle manière?

elle est plus libre, elle travaille, elle ne
s'occupe pas que du ménage

Pensez-vous que la famille comme institution soit aussi importante qu'auparavant?

les valeurs essentielles ont disparu

A votre avis quels sont les principaux éléments d'un bon ménage?

le dialogue, la sincérité

A votre avis quels sont les principaux éléments d'un bon ménage?

le dialogue, la compréhension, la fidélité,
le respect et l'amour

Pourquoi pensez-vous que tant de mariages ne réussissent pas?

à cause du manque d'amour, de confiance
mutuelle

A votre avis quels sont les principaux éléments d'un bon ménage?

avoir des points communs : amour réciproque,
désir de rendre l'autre heureux

Pourquoi pensez-vous que tant de mariages ne réussissent pas?

les gens sont trop individualistes, égoïstes

9
French contemporary women's writing

The question of whether one can speak of inherent differences, or 'différence',[1] between male and female writing has been a prominent one in French literary circles during the 1970s and 1980s. It is certainly true to say that there are certain French women writers who have wished to emphasize their feminine status, while there are others who have chosen to stress their identity first and foremost as writers, and then as women. The following extracts, taken from declarations by Marie Cardinal and Marguerite Duras, illustrate the essence of this debate.

M. Cardinal: A l'heure actuelle tous les mots ont deux sens, deux sexes, selon qu'ils sont employés par un homme ou par une femme. Quand une femme écrit « table » – on lit cette table comme si elle était servie, nettoyée, utile, cirée, fleurie, ou poussiéreuse. Quand un homme écrit « table », on lit cette table comme si elle était faite de bois ou d'une autre matière, l'œuvre d'un artisan ou d'un ouvrier, le fruit d'un travail, le lieu où on va s'asseoir pour manger ou pour parler. Ce mot simple vit différemment selon que c'est un homme ou une femme qui l'écrit.[2]

M. Duras: Moi aussi je suis tombée dans le panneau de l'écriture féminine – je l'ai écrit dans des livres, des articles. Je me suis efforcée d'y croire par tous les moyens. Par exemple, *India Song* était un film de femme et *Le Camion* aussi. Tout comme s'il y avait des films de femmes comme il y a des films d'hommes. C'est faux pour moi et pour toutes les autres femmes. . . . Toute écriture qui se réclame d'une appartenance est une écriture transitive. Or, l'écriture est jaillissement intransitif, sans adresse, sans but aucun que celui de sa propre finalité, de nature essentiellement inutile. . . .[3]

Whether or not the notion of 'différence' is valid as regards discourse within women's writing or critical discourse relating to it, the very debate itself appears to have produced a certain self-consciousness among women writers about their role and identity. This in turn has led to certain common preoccupations, such as with the use of language in the writing process, and common themes. To some extent these common preoccupations and themes may be a reflection of an awakening perception among women writers of their female condition. In some cases, the act of writing itself may be an expression of this condition. In other cases, the choice of language and vocabulary may deliberately stress the duality and ambiguity of the role of the woman writer, who strives not only to project her necessarily female identity, but also to produce works which are regarded as 'art'.

One of the central characteristics of French contemporary women's writing seems to be a concern with the writing process itself and a questioning of the adequacy of language to express subjective experience. Writers such as Nathalie Sarraute and Marguerite Duras have been particularly aware of the tyrannical power of language, which constantly generalizes and objectifies thought and experience. Both have been committed to finding new forms of authentic expression, in an attempt to reveal the reality that is obscured by conventional language and speech.

For Sarraute there is no objective reality, but only that which emerges from subjective experience, from the subtle interplay of personal relations, and the interaction of subject and environment. This is constantly in flux. The purpose of writing is to capture momentary flashes of sensation and emotion, to express the characters' inner movements of thought, and to try to name the unnameable. Sarraute achieves this by actively engaging the reader in a delicate interchange of surface dialogue and 'subconversation' which acts as a constant corrective to the rigidity and artificiality of clichéd everyday speech. It is this process of interaction between the sensation and its verbalization that reveals the unknown reality and puts the unnameable into words. The unnameable cannot be brought to life without language, but at the same time it resists the limitations of conventional terms and expressions. There is thus continual opposition between the constraints of clichéd speech and the fluidity of experience – reality emerges, as it were, through the gaps. As Sarraute explained: 'il se passe quelque chose et je ne sais pas si c'est de l'amour ou de la haine: cela m'est complètement indifférent. C'est uniquement ce mouvement et son influence sur les mots qui m'intéressent, son passage dans les mots, sans quoi le langage se figerait et m'ennuierait à mourir.'

In *L'Usage de la parole* and *L'Enfance*, words such as 'amour', 'bonheur', 'malheur' can never be read simply at face value, since they can only represent a sum total of subjective experience and this, too, is always elusive and subject to change. Instead, the word is merely a symbol to convey a fleeting, subjective feeling. The feeling is evoked mainly by means of images, metaphors, the evocation of a place or person that produced this feeling. Furthermore, in the process of juxtaposing and contrasting the subjective experience with the more generalized, conventional concept of 'bonheur', 'malheur', etc. the subjective feeling is accentuated and rendered more powerful and real to the reader.

Duras tackles the question of authenticity of expression by taking the use of image and metaphor a step further. As in Sarraute, the characters reveal themselves through dialogue and personal inter-action. However, mere words cannot reveal the whole reality of desire, experience, memory, that motivates speech and behaviour. Duras therefore finds it necessary to impose silence on speech. Silence reverberates as an echo of speech. It is a metaphor for the unnameable, a world of exploding consciousness which tries to find expression, but which mere words are unable to contain. At the same time, it unites absence and presence. By making the absent present, it reveals the hidden reality. In the film-play *India Song*, the story and occasional dialogue between the characters are narrated and commented upon by anonymous voices in half-crazed speech, punctuated by silence. They narrate the particular love story of Anne-Marie Stretter, but at the same time echo memories of other absent or forgotten stories. Thus there is a constant intermingling of presence and absence, memory and oblivion.

Silence in Duras' works also represents an escape from the conventions of language and alienation from social norms. The latter are often symbolized by the image of music. For example, the sonatina on a theme by Diabelli which runs through *India Song* is reminiscent of that of *Moderato Cantabile*. The two titles are obvious references to music. The dance music and the musicality of the dialogue in *India Song* are contrasted with the hysterical, desperate cry of the Vice-Consul and the sound of the sea, representing oblivion and death.

In her poems *Surgir du Mot* and *Silence à vivre*, Andrée Chedid also stresses the power of words to create life by naming the unnameable. Only occasionally does 'le mot' succeed in overcoming 'les grilles du langage' – the barriers of conventional language – and in exploding into life. Silence, on the other hand, is equated with death, but it is a silence that is pregnant with suggestion since it can be revitalized at any moment through words.

The search for authentic expression is also linked to the interest in autobiographical writing which is a common feature of many contemporary French women writers, for example, Marie Cardinal, Annie Ernaux, and, in their more recent writing, Sarraute and Duras. In *L'Enfance* Sarraute comments ironically on the act of evoking childhood memories, the process of writing autobiography. The book opens: 'Alors, tu vas vraiment faire ça? "Evoquer tes souvenirs d'enfance." Comme ces mots te gênent, tu ne les aimes pas. Mais reconnais que ce sont les seuls mots qui conviennent. Tu veux "évoquer tes souvenirs" . . . il n'y a pas à tortiller, c'est bien ça.' In this way Sarraute prepares herself and the reader for the difficult task that lies ahead. She makes us aware not only of the particular conventions of autobiographical writing, but also of the difficulties in overcoming the linguistic trappings of autobiography and the barriers of conventional speech, in order to give authentic expression to her particular childhood memories. When Sarraute's step-mother says to her 'Quel malheur quand-même de ne pas avoir de mère', the word 'malheur' evokes a generalized concept of how children in books are supposed to feel and behave. By rejecting the conventional, *David Copperfield* concept of 'malheur', Sarraute rejects fiction in favour of the more elusive reality of subjective experience. She defies the imprisoning power of words.

In Duras, too, there are subtle allusions to the interplay of fiction and autobiography. In *L'Amant*, essentially the story of Duras' youth in Indo-China, the narrative, by using the technique of switching from the first to the third person, evokes the constant opposition between her image in others' eyes – her fictional image – and her personality as freely acting subject. 'Dans les histoires de mes livres qui se rapportent à mon enfance' – the use of the word 'histoires' illustrates this blurring of autobiography and fiction. The reality emerges as much from what is not said, the silence on the borders of fact and fiction, as from what is.

In Marie Cardinal's *Les Mots pour le dire*, the author also evokes her own childhood memories, her youth and upbringing in Algeria. By evoking the past, she overcomes madness and attempts to reconstruct the present. It is through the power of words, breaking the silence of the psychiatrist's consulting room, that she is able to make her own personal journey to self-awareness.

The pursuit of authentic expression through words is also the search for an identity. With the flow of Marie Cardinal's words in the consulting room, which she calls 'l'impasse', in *Les Mots pour le dire*, she unravels the confusion of conflicting emotions and memories of her youth. By analysing her relations with her family, in particular with her mother, with whom she had a complex love/hate relationship, she also examines the workings of a whole social class, namely that of French middle-class colonials in Algeria, with their particular code of values and behaviour. Through a series of psychotherapy sessions she is able to put into words the conflict that exists between her and her family. By naming the conflict she is able to recognize it as the source of her madness and to confront it fully. Confrontation is centred on the relationship between herself and her mother; by openly and consciously confronting her mother's attitudes, she is able to assert her independence and to establish her own individual identity. Thus, the assertion of identity for Marie Cardinal requires the assertion of independence from family and social influences. Madness results from an inability to come to terms with oneself and one's own reality within a particular social environment. In the end, the mother, who is unable to confront her own situation, becomes the true victim of madness.

The portrayal of madness as alienation from the self is also present in Duras' *India Song* and *L'Amant*. Anne-Marie Stretter's gradual decline into madness in *India Song* symbolizes the loss of a sense of personal identity. With her loss of the ability to express herself in her native Italian and her inability to speak an Indian language, she becomes increasingly cut off. Speech gives her identity, and by symbolically losing the power of speech and music, she denies herself any sense of identity with India. Similarly, in *L'Amant* the mother's despair, bordering on madness, symbolizes the alienation of the French colonials in Indo-China.

By contrast, the girl in Duras' *L'Amant* ignores public gossip, her image as 'la petite prostituée blanche', by going out with a young Chinese businessman. The relationship is apparently not a conscious assertion of individuality and identity, but more a tacit acceptance of her own fate, one that necessarily sets her apart from her mother and family, and from her genteel, convent-school upbringing. From her first meeting 'elle est à l'écart de cette famille pour la première fois et pour toujours'. The identity of the girl emerges from her marginalized position in society, from the tragedy of her impoverished family and an impossible, forbidden love-affair. It emerges out of the silence and emptiness resulting from her relationship with her mother and her lover, from her silent parting and subsequent memories.

Duras frequently portrays relations between the sexes as a duel. These are regulated at all levels by social, economic, and symbolic structures. In *L'Amant* the relationship between the French girl and her Chinese lover is condemned for social, political, and especially racist reasons. On a personal level sexual relations are also seen as a constant battle of conflicting identities, the one trying to submerge the other, whether consciously or unconsciously. In *L'Amant* the girl clearly has the upper hand; in *India Song* the Vice-Consul expresses his desperate love for Anne-Marie Stretter in a hysterical cry. As a social outcast and drunkard, banished to India in disgrace, he is condemned to failure. As in Duras' *La Maladie de la mort*, the absence of reciprocal love is like a sickness. The woman is not a real woman but merely a projection of archetypal masculine fantasies. Sexual encounter is doomed to failure because the man demands total submission of the woman, and in so doing destroys the possibility of mutual love. The woman, subjected to this relationship, finds herself in an alien, male world. The only way she can defend herself against it and retain her identity is through silence, which lends her an aura of mystery but also of power. Thus, paradoxically, passivity and silence represent a refusal to comply with this male-orientated view of sexuality. Furthermore, by refusing to reveal herself, she also denies the man self-knowledge.

French women's writing is also concerned to discover a specifically female identity among the plurality of women's roles as mother, wife, or lover. The works of Chantal Chawaf demonstrate the desire to evoke the concrete, physical sensations of how it feels to be a woman. Through the use of metaphor and richly sensual, poetic language, she describes women's bodily feelings and sufferings, emotional pain and joy, as a way of communicating a female identity. *La Vallée incarnate* describes the experience of pregnancy as the progression along a dark path leading to the light. Childbirth, the culmination, is seen as an intensely positive experience which elevates and unites women with the forces of light

and darkness. It is something universal and dramatic, and at the same time intensely personal. For the heroine of Christine de Rivoyre's *Belle Alliance*, a single professional woman of thirty-eight, pregnancy represents something completely different. The novel evokes the dilemma of the older, independent woman who is faced with the knowledge that she is pregnant for the first and probably the last time. In the end, she decides to abort without consulting her lover. The lover shows a complete lack of comprehension for her act, which is perhaps connected with a feeling of powerlessness, regarding it as cruel and barbarous. This causes her finally to leave him. She rejects the notion that her identity as a woman should be so heavily dependent on a desire for motherhood. Instead, in the end, she fully assumes her independence and comes to terms with the person she has become.

In Annie Ernaux's *La Femme gelée* there is a more outright attack on a society that suppresses woman's individuality within marriage. The heroine of this largely autobiographical account, a highly educated woman whose qualifications are equal to those of her husband, feels anger and frustration that it is she who is expected to do the menial, household tasks. However, although she cannot identify with the role of housewife that has been thrust upon her, she cannot escape from it either, since rebellion would mean the destruction of everything around her. For the sake of peace, she performs the tasks expected of her – cooking, shopping, cleaning – in a robotic way, but in so doing compromises her real self and her ambitions.

Marie Cardinal's *Le Passé empiété* recounts a modern drama of family life against the backcloth of the Greek tragedy of Clytemnestra, who murders her husband, Agamemnon, to avenge her daughter's death and is then killed in revenge by her children, Orestes and Electra. The narrator of the novel converses with Clytemnestra over the saucepans in her kitchen, bemoaning the loss of her own children, who have reached the age of leaving home. As she desperately tries to come to terms with the loneliness this loss will bring about, she evokes all the ambivalence of family relations, where adolescent children are torn between the desire for independence and attachment to the home, and the mother struggles with contradictory emotions of love, and envy of their imminent freedom. The narrator's sacrifice of her marriage for the sake of her personal independence is avenged by her children, who shun her and instil in her feelings of guilt. The fruits of her independence, money she obtains from creative embroidery work, are used to buy her children a motorbike which almost kills them. Subconsciously the mother gives her children what she would have wanted for herself – a means of escape from her responsibilities. Full assumption of responsibility requires the reconciliation of different female roles as wife, mother, and woman, with all the contradictions these involve.

The figure of the mother in *Le Passé empiété* is also seen as the giver of life and death, and, as such, is imbued with certain supernatural qualities. The portrayal of the mother as half-human, half-mythical appears to be a central theme in contemporary French women's writing. In *Les Mots pour le dire*, Marie Cardinal's mother is a powerful, daunting personality whose influence the daughter is incapable of resisting until her human frailty becomes apparent and she succumbs to alcoholism and despair. In Annie Ernaux's *Une Femme*, another autobiographical account, the mother is a similarly formidable woman whose energy is totally directed into serving her only daughter and family. This makes her final lapse into mental illness and confinement in a geriatric hospital all the more difficult to bear; her daughter is forced to see her reduced from an all-powerful being to a helpless half-person. In both works the mother's death is experienced as apocalyptic. At the same time it allows the daughter's image of her mother to be lowered to that of other mortals and enables her finally to come to terms with her unexpressed feelings towards her mother.

Both works also portray the generation gap that exists between mother and daughter in an era that has marked major changes in women's condition. Both mothers react, to a certain extent, in ways appropriate to their class. In *Une Femme* the mother attempts to give her daughter all the opportunities she herself was denied. In *Les Mots pour le dire* the mother clings despotically and, in the end, desperately, to her old colonial values, refusing to admit the loss of Algeria

and with it the complete transformation of her world. Born in an age when women were denied the opportunity to confront their own lives and situation, she founders in the indignities of alcoholism and madness.

In Duras' *L'Amant*, the figure of the mother also has a certain ambivalence. As the victim of colonialism and adverse circumstance, she is frail and pathetic, but at the same time the stillness of her despair attains almost heroic proportions, in the Greek classical sense. Viewed through her daughter's eyes, there are only vague explanations of her despair – it is as if it had always been. Described only from the distance of memory, evoked through photographs, she is shrouded in silence and mystery. Despite the lack of dialogue between mother and daughter, the mother is nevertheless a constant presence in the silence of her daughter's memory.

We see, then, how the central concern with language and silence in French women's writing is intimately bound up with the search for truth – truth in the narration of experience, in the understanding of oneself, both psychologically and physically, and in the understanding of one's relation to others. Globally, contemporary French women's literature offers us a many-faceted picture of women's condition, one that is deeply rooted in myth and tradition but at the same time constantly subject to change.

DOCUMENTS

Texte 9.1

Le mot « amour » est entré, apportant la connaissance, détruisant l'innocence . . . et aussitôt les humbles paroles échangées perdent leurs vides parcourus d'à peine perceptibles tremblements . . . elles deviennent toutes plates, inertes . . . des voiles dont « l'amour » n'osant pas se montrer au-dehors, pudiquement se recouvre.

Elles sont des camouflages à l'abri desquels prudemment, hésitant à s'exposer, il se dissimule. . . . Elles sont tout ce qu'il parvient à trouver pour le plaquer sur soi, s'en faire une carapace. . . . Mais sous la poussée irrésistible de sa croissance, sous la puissance de son expansion elle craque, éclate, les paroles disloquées s'éparpillent . . . et du silence au-dessus de leurs débris qui gisent dispersés le mot « amour » se dégage. . . .

Le mot « amour », comme le mot « Dieu », évoque l'absolu, l'infini . . . une perfection qui est, qui doit être là partout où son règne arrive . . . rien, si infime que ce soit, qui ne la fasse apparaître toute entière, pas le plus léger mouvement qui ne la mette toute entière en danger. . . .

Un danger constant, une menace de chaque instant . . . inlassablement les amoureux surveillent . . . à la moindre alerte le mot « amour » vole à leur secours. . . . Que se passe-t-il? Qu'y a-t-il? – Ici . . . quelque chose . . . – Mais quoi? – Oh, je ne sais pas . . . on dirait une ombre, une fine craquelure. . . . – Comment appelez-vous ça? – Je ne vois pas, je ne trouve aucun mot qui le désigne. – Aucun mot? Mais vous savez bien que rien ici-bas ne peut prétendre à l'existence tant que ça n'a pas reçu de nom. . . . – Oui, oui, je cherche . . . est-ce ce qu'on peut appeler de. . . . Non, quelle folie . . . est-ce du. . . ? . . . je n'ose pas, je ne peux pas . . . pas ce nom, pas ce mot-là. . . . – Bien sûr, pas ce mot-là, impossible, pas tant que je suis là. . . . – Oui, là, en moi, en nous, nous emplissant . . . Amour . . . un nom sanctifié . . . qui purifie, qui irradie. . . . Un nom qui avec la force d'une bombe au cobalt empêche de se former, de se développer, détruit, referme, cicatrise. . . .

Nathalie Sarraute, *L'Usage de la parole*, Gallimard, 1980

Texte 9.2

Pourquoi vouloir faire revivre cela, sans mots qui puissent parvenir à capter, à retenir ne serait-ce qu'encore quelques instants ce qui m'est arrivé . . . comme viennent aux petites bergères les visions célestes . . . mais ici aucune sainte apparition, pas de pieuse enfant. . . .

J'étais assise, encore au Luxembourg[1] sur un banc du jardin anglais, entre mon père et la jeune femme qui m'avait fait danser dans la grande chambre claire de la rue Boissonade. Il y avait, posé sur le banc entre nous ou sur les genoux de l'un d'eux, un gros livre relié . . . il me semble que c'était les Contes d'Andersen.

Je venais d'en écouter un passage . . . je regardais les espaliers en fleurs le long du petit mur de briques roses, les arbres fleuris, la pelouse d'un vert étincelant jonchée de paquerettes, de pétales blancs et roses, le ciel, bien sûr, était bleu, et l'air semblait vibrer légèrement . . . et à ce moment-là, c'est venu . . . quelque chose d'unique . . . qui ne reviendra plus jamais de cette façon, une sensation d'une telle violence qu'encore maintenant, après tant de temps écoulé, quand, amoindrie, en partie effacée elle me revient, j'éprouve . . . mais quoi? quel mot peut s'en saisir? pas le mot à tout dire: « bonheur », qui se présente le premier, non, pas lui . . . « félicité », « exaltation », sont trop laids, qu'ils n'y touchent pas . . . et « extase » . . . comme devant ce mot ce qui est là se rétracte. . . . « Joie », oui, peut-être . . . ce petit mot modeste, tout simple, peut effleurer sans grand danger . . . mais il n'est pas capable de recueillir ce qui m'emplit, me déborde, s'épand, va se perdre, se fondre dans les briques roses, les espaliers en fleurs, la pelouse, les pétales roses et blancs, l'air qui vibre parcouru de tremblements à peine perceptibles, d'ondes . . . des ondes de vie, de vie tout court, quel autre mot? . . . de vie à l'état pur, aucune menace sur elle, aucun mélange, elle atteint tout à coup l'intensité la plus grande qu'elle puisse jamais atteindre . . . jamais plus cette sorte d'intensité-là, pour rien, parce que c'est là, parce que je suis dans cela, dans le petit mur rose, les fleurs des espaliers, des arbres, la pelouse, l'air qui vibre . . . je suis en eux sans rien de plus, rien qui ne soit à eux, rien à moi.

Nathalie Sarraute, *L'Enfance*, Gallimard, 1983

Texte 9.3

C'est alors que la brave femme qui achevait mon déménagement s'est arrêtée devant moi, j'étais assise sur mon lit dans ma nouvelle chambre, elle m'a regardée d'un air de grande pitié et elle a dit: « Quel malheur quand-même de ne pas avoir de mère. »

« Quel malheur! » . . . le mot frappe, c'est bien le cas de le dire, de plein fouet. Des lanières qui s'enroulent autour de moi, m'enserrent. . . . Alors c'est ça, cette chose terrible, la plus terrible qui soit, qui se révélait au-dehors par des visages bouffis de larmes, des voiles noirs, des gémissements de désespoir . . . le « malheur » qui ne m'avait jamais approchée, jamais effleurée, s'est abattu sur moi. Cette femme le voit. Je suis dedans. Dans le malheur. Comme tous ceux qui n'ont pas de mère. Je n'en ai donc pas. C'est évident, je n'ai pas de mère. Mais comment est-ce possible? Comment ça a-t-il pu m'arriver, à moi? Ce qui avait fait couler mes larmes que maman effaçait d'un geste calme, en disant: « Il ne faut pas . . . », aurait-elle pu le dire si c'avait été le « malheur« ?

Je sors d'une cassette en bois peint les lettres que maman m'envoie, elles sont parsemées de mots tendres, elle y évoque « notre amour », « notre séparation », il est évident que nous ne sommes pas séparées pour de bon, pas pour toujours. . . . Et c'est ça, un malheur? Mes parents, qui savent mieux, seraient stupéfaits s'ils entendaient ce mot . . . papa serait agacé, fâché . . . il déteste ces grands mots. Et maman dirait: Oui, un malheur quand on s'aime comme nous nous aimons . . . mais pas un vrai malheur . . . notre « triste séparation », comme elle l'appelle, ne durera pas. . . . Un malheur, tout ça? Non, c'est impossible. Mais pourtant cette femme si ferme, si solide, le voit. Elle voit le malheur sur moi, comme elle voit « mes yeux sur ma figure ». Personne d'autre ici ne le sait, ils ont tous autre chose à faire. Mais elle qui m'observe, elle l'a reconnu, c'est bien lui: le malheur qui s'abat sur les enfants dans les livres, dans *Sans Famille*, dans *David Copperfield*. De même malheur a fondu sur moi, il m'enserre, il me tient.

Je reste quelque temps sans bouger, recroquevillée au bord de mon lit. . . . Et puis tout en moi se révulse, se redresse, de toutes mes forces je repousse ça, je le déchire, j'arrache ce carcan, cette carapace. Je ne resterai pas dans ça, où cette femme m'a enfermée . . . elle ne sait rien, elle ne peut pas comprendre.

– C'était la première fois que tu avais été prise ainsi, dans un mot?

– Je ne me souviens pas que cela me soit arrivé avant. Mais combien de fois depuis ne me suis-je pas évadée terrifiée hors des mots qui s'abattent sur vous et vous enferment.

Nathalie Sarraute, *L'Enfance*, Gallimard, 1983

Texte 9.4

Les mots! J'avais buté contre eux au plus profond de ma maladie, je les retrouvais maintenant, alors que j'étais presque guérie. Je me souvenais de « fibro-mateux » qui me faisait me recroqueviller en grelottant dans un coin de la salle de bains et, aujourd'hui, pour introduire « crotte » dans un récit que je voulais heureux et beau, et qui était heureux et beau, il m'avait fallu mobiliser mes forces et vaincre un trouble profond, une résistance abyssale.

Pendant plusieurs semaines, chez le docteur, je me suis mise à analyser les mots, à découvrir leur importance et leur variété. Je m'affrontais avec moi dans un conflit subtil où il ne s'agissait plus de conscience et d'inconscience, apparemment, puisque les mots et moi-même étions à la surface, visibles, clairs: quand je pensais table et que je voulais exprimer ma pensée, je disais table. Mais quand je pensais « crotte » j'avais de la difficulté à dire le mot « crotte », je cherchais à le cacher ou à le remplacer par un autre mot. Pourquoi ce mot-là ne passait-il pas? Quelle était cette nouvelle censure?

Je comprenais que les mots pouvaient être mes alliés ou mes ennemis mais que, de toute manière, ils m'étaient étrangers. Ils étaient des outils façonnés depuis longtemps et mis à ma disposition pour communiquer avec les autres. Le docteur et moi nous nous étions fabriqué un petit vocabulaire d'une dizaine de mots qui, pour nous deux, englobaient toute ma vie. Les hommes avaient inventé des millions de mots tous aussi importants que ceux que nous utilisions dans l'impasse[2] et qui exprimaient l'univers dans sa totalité. Je n'avais jamais pensé à cela, je ne m'étais jamais rendu compte que tout échange de paroles était un fait précieux, représentait un choix. Les mots étaient des étuis, ils contenaient tous une matière vitale.

Les mots pouvaient être des véhicules inoffensifs, des autos-tamponneuses multicolores qui s'entre-choquaient dans la vie quotidienne, faisant jaillir des gerbes d'étincelles qui ne blessaient pas.

Les mots pouvaient être des particules vibratiles animant constamment l'existence, ou des cellules se phagocytant, ou des globules se liguant pour avaler goulûment des microbes et repousser les invasions étrangères.

Les mots pouvaient être des blessures ou des cicatrices de blessure, ils pouvaient ressembler à une dent gâtée dans un sourire de plaisir.

Les mots pouvaient aussi être des géants, des rocs profondément enfoncés dans la terre, solides, et grâce auxquels on franchissait des rapides.

Les mots pouvaient enfin être des monstres, les S.S. de l'inconscient, refoulant la pensée des vivants dans les prisons de l'oubli.

Marie Cardinal, *Les Mots pour le dire*, Grasset, 1975

Texte 9.5

Dans les histoires de mes livres qui se rapportent à mon enfance, je ne sais plus tout à coup ce que j'ai évité de dire, ce que j'ai dit, je crois avoir dit l'amour que l'on portait à notre mère mais je ne sais pas si j'ai dit la haine qu'on lui portait aussi et l'amour qu'on se portait les uns les autres, et la haine aussi, terrible, dans cette histoire commune de ruine et de mort qui était celle de cette famille dans tous les cas, dans celui de l'amour comme dans celui de la haine et qui échappe encore à tout mon entendement, qui m'est encore inaccessible, cachée au plus profond de ma chair, aveugle comme un nouveau-né du premier jour. Elle est le lieu au seuil de quoi le silence commence. Ce qui s'y passe c'est justement le silence, ce lent travail pour toute ma vie. Je suis là, devant ces enfants possédés, à la même distance du mystère. Je n'ai jamais écrit, croyant le faire, je n'ai jamais aimé, croyant aimer, je n'ai jamais rien fait qu'attendre devant la porte fermée.

Marguerite Duras, *L'Amant*, Editions de Minuit, 1984

Texte 9.6

VOIX 2 (à peine dit)
Il pleut sur le Bengale . . .
VOIX 1
Un océan . . .

      (Silence)

Cris au loin, de joie, appels dans cette langue inconnue: l'hindoustani.
La lumière revient peu à peu.

La pluie, le bruit, très fort pendant plusieurs secondes.
Il diminue. Les cris isolés et les rires percent, plus précis, le bruit de la pluie.
La lumière revient toujours.
Tour à coup, cris plus précis, plus près, de femme. Rires de la même femme.

VOIX 1
Quelqu'un crie . . . une femme . . .
VOIX 2
Quoi?
VOIX 1
Des mots sans suite.
Elle rit.
VOIX 1
. . . la pluie . . .
VOIX 2
. . . oui . . .

      (Temps)

VOIX 1
. . . la fraîcheur . . .

      (Silence)

Le ciel s'éclaircit mais reste nocturne.
Petit à petit, de la musique: la 14e Variation de Beethoven sur un thème de Diabelli. Piano, très loin.
La pluie diminue.
Une lumière blanche la remplace, taches lunaires dans les allées du parc.
Pas de vent.
Les trois corps aux yeux fermés dorment.
Les voix entrelacées, d'une douceur culminante, vont chanter la légende d'Anne-Marie Stretter. Récit très lent, mélopée faite de débris de mémoire, et au cours de laquelle, parfois, une phrase émergera, intacte, de l'oubli.
VOIX 1
De Venise
Elle était de Venise . . .

Marguerite Duras, *India Song*, Gallimard, 1973

Texte 9.7

Surgir du mot
Parfois le mot
bouscule les grilles du langage
Parfois le mot
emporte et chevauche ma durée
Parfois le mot
échappe à la férule des mots
Parfois   Je deviens
Ce que j'ai nommé
Alors
Parfois   la VIE!

Silence à vivre
Certaines tombes
ne jaunissent pas
Certaines fins multiplient le vertige
Certains départs s'adossent à la fraîche souffrance
Certains corps brûlent à tous les âges du nôtre
Certaines paroles bouleversent
Tout le silence à vivre

Andrée Chedid, *Visages premiers*, Flammarion, 1972

Texte 9.8

Parler, parler, parler, parler.

« Parlez, dites tout ce qui vous passe par la tête, essayez de ne pas faire de tri, de ne pas réfléchir, essayez de ne pas arranger vos phrases. Tout est important, chaque mot. »

C'était le seul remède qu'il me donnait et je m'en gavais. Peut-être que c'était ça l'arme contre la chose: ce flot de mots, ce mælstrom de mots, cette masse de mots, cet ouragan de mots! Les mots charriaient la méfiance, la peur, l'incompréhension, la rigueur, la volonté, l'ordre, la loi, la discipline et aussi la tendresse, la douceur, l'amour, la chaleur, la liberté.

Le vocabulaire comme un jeu de puzzle, grâce auquel je reconstituais l'image nette d'une petite fille assise très correctement à une grande table, les mains de chaque côté de son assiette, le dos droit ne touchant pas le dossier de la chaise, seule en face d'un monsieur moustachu qui lui tendait un fruit en souriant. Les salières de cristal à bouchons d'argent, le service de Sèvres,[3] la sonnette qui pendait du lustre et où, sur une boule de marbre rose, une Colombine et un Pierrot attendaient qu'on les fasse s'embrasser pour que retentisse un timbre au fond de l'office.

Les mots faisaient revivre la scène. J'étais la petite fille de nouveau. Puis quand l'image s'effaçait, que je redevenais une femme de trente ans, je me demandais pourquoi cette attitude rigide, ces mains fermées sur la nappe, ce dossier défendu? Pourquoi cet ennui, cette gêne en face de mon père? Qui m'avait imposé tout cela et pourquoi? J'étais là, sur le divan, les paupières serrées pour retenir encore la petite fille. J'étais vraiment elle et vraiment moi. Alors tout était simple et facile à comprendre. Je commençais à voir se dessiner clairement l'emprise de ma mère. Pour me trouver il fallait que je la trouve, que je la démasque, que je m'enfonce dans les arcanes de ma famille et de ma classe.

Marie Cardinal, *Les Mots pour le dire*, Grasset, 1975

Texte 9.9

Il parlait. Il disait qu'il s'ennuyait de Paris, des adorables parisiennes, des noces, des bombes, ah là là, de la Coupole, de la Rotonde, moi, la Rotonde, je préfère, des boîtes de nuit, de cette existence « épatante » qu'il avait menée pendant deux ans. Elle écoutait, attentive aux renseignements de son discours qui débouchaient sur la richesse, qui auraient pu donner une indication sur le montant des millions. Il continuait à raconter. Sa mère à lui était morte, il était enfant unique. Seul lui restait le père détenteur de l'argent. Mais vous savez ce que c'est, il est rivé à sa pipe d'opium face au fleuve depuis dix ans, il gère sa fortune depuis son lit de camp. Elle dit qu'elle voit.

Il refusera le mariage de son fils avec la petite prostituée blanche du poste de Sadec.

L'image commence bien avant qu'il ait abordé l'enfant blanche près du bastingage, au moment où il est descendu de la limousine noire, quand il a commencé à s'approcher d'elle, et qu'elle, elle le savait, savait qu'il avait peur.

Dès le premier instant elle sait quelque chose comme ça, à savoir qu'il est à sa merci. Donc que d'autres que lui pourraient être aussi à sa merci si l'occasion se présentait. Elle sait aussi quelque chose d'autre que dorénavant le temps est sans doute arrivé où elle ne peut plus échapper à certaines obligations qu'elle a envers elle-même. Et que de cela la mère ne doit rien apprendre, ni les frères, elle le sait aussi ce jour-là. Dès qu'elle a pénétré dans l'auto noire, elle l'a su, elle est à l'écart de cette famille pour la première fois et pour toujours. Désormais ils ne doivent plus savoir ce qu'il adviendra d'elle. Qu'on la leur prenne, qu'on la leur emporte, qu'on la leur blesse, qu'on la leur gâche, ils ne doivent plus savoir. Ni la mère, ni les frères. Ce sera désormais leur sort. C'est déjà à en pleurer dans la limousine noire.

L'enfant maintenant aura à faire avec cet homme-là, le premier, celui qui s'est présenté sur le bac.

Marguerite Duras, *L'Amant*, Editions de Minuit, 1984

Texte 9.10

Voix d'homme isolée:
   – On dirait qu'il n'entend pas quand on lui parle.

JEUNE ATTACHE: Que faites-vous? Venez. . . .
VICE-CONSUL: J'écoute India Song. (Temps) Je suis venue aux Indes à cause d'India Song.
                    (Silence)

Anne-Marie Stretter pour la première fois [dans l'acte II] apparaît sur la scène. Elle vient de la réception. Elle sourit à Michael Richardson. Il se lève, la regarde venir. Lui ne sourit pas. Personne ne les voit (tout le monde regarde le Vice-Consul et le Jeune Attaché). C'était elle que Michael Richardson attendait.

Anne-Marie Stretter et Michael Richardson se regardent.
Il l'enlace.
Ils dansent dans un coin de la pièce, seuls.
On entend la voix PUBLIQUE du Vice-Consul.

VICE-CONSUL: Cet air me donne envie d'aimer. Je n'ai jamais aimé.
                    (Pas de réponse. Silence.)

Un homme et une femme parlent:
   – Si vous écoutez bien, la voix a des inflexions italiennes . . .
                    (Temps)
   – C'est vrai . . . c'est peut-être ça qui prive de . . . de la présence . . . cette origine étrangère?

   – Peut-être . . .

ANNE-MARIE STRETTER: Vous écrivez, je crois?
JEUNE ATTACHE: (Temps) J'ai cru pouvoir écrire. Avant. (Temps) On vous l'a dit?
ANNE-MARIE STRETTER: Oui, mais je l'aurais sans doute deviné . . . (Sourire dans la voix) A la façon que vous avez de vous taire . . .
JEUNE ATTACHE: (Temps) Et vous?
ANNE-MARIE STRETTER: Je n'ai jamais essayé . . .
JEUNE ATTACHE: (Net) Vous trouvez que ce n'est pas la peine, n'est-ce pas. . . ?
ANNE-MARIE STRETTER: (Sourire) C'est-à-dire . . . (arrêt) oui, si vous voulez . . .
                    (Temps)
JEUNE ATTACHE: Vous faites de la musique.
ANNE-MARIE STRETTER: Parfois. (Temps) Moins depuis quelques années . . .
JEUNE ATTACHE: (Douceur, de l'amour déjà) Pourquoi?
ANNE-MARIE STRETTER: (Lent) C'est difficile à exprimer . . .
                    (Temps long)
JEUNE ATTACHE: Dites-le-moi.
ANNE-MARIE STRETTER: Une certaine douleur s'attache à la musique . . . depuis quelque temps pour moi . . .
                    (Pas de réponse. Silence)

Marguerite Duras, *India Song*, Gallimard 1973

Texte 9.11

Elle demande: Quelles seraient les autres conditions?

Vous dites qu'elle devrait se taire comme les femmes de ses ancêtres, se plier complètement à vous, a votre vouloir, vous être soumise entièrement comme les paysannes dans les granges après les moissons lorsque éreintées elles laissaient venir à elles les hommes, en dormant – cela afin que vous puissiez vous habituer peu à peu à cette forme qui épouserait la vôtre, qui serait à votre merci comme les femmes de religion le sont à Dieu – cela aussi, afin que petit à petit, avec le jour grandissant, vous ayez moins peur de ne pas savoir où poser votre corps ni vers quel vide aimer. Elles vous regarde. Et puis elle ne vous regarde plus, elle regarde ailleurs. Et puis elle répond.

Elle dit que dans ce cas c'est encore plus cher. Elle dit le chiffre du paiement.

Vous acceptez.

Elle serait toujours prête, consentante ou non. C'est sur ce point précis que vous ne sauriez jamais rien. Elle est plus mystérieuse que toutes les évidences extérieures connues jusque-là de vous.

Vous ne sauriez jamais rien non plus, ni vous ni personne, jamais de comment elle voit, de comment elle pense et du monde et de vous, et de votre corps et de votre esprit, et de cette maladie dont elle dit que vous êtes atteint. Elle ne sait pas elle-même. Elle ne saurait pas vous le dire, vous ne pourriez rien en apprendre d'elle.

Jamais vous ne sauriez, rien ni vous ni personne, de ce qu'elle pense de vous, de cette histoire-ci. Quel que soit le nombre de siècles qui recouvrirait l'oubli de vos existences, personne ne le saurait. Elle, elle ne sait pas le savoir.

Parce que vous ne savez rien d'elle vous diriez qu'elle ne sait rien de vous. Vous vous en tiendriez là.

Marguerite Duras, *La Maladie de la mort*, Editions de Minuit, 1982

Texte 9.12

Edma est enceinte. Dans huit mois, elle accouchera.

Parfois, elle pourrait crier comme une bête.

Avais-tu connu une nuit aussi noire malgré les flaques éblouissantes de la lumière des lampadaires? Connu une nuit aussi close? La ville se resserre. Aucune promenade, dans aucune rue, ne te sort du cramoisi de la nuit. Et n'être plus qu'isolement, déambulation, respiration qui se bouche, haleine brûlée, n'être plus personne pour aucun passant, n'être plus rien que rues, que nuit, que pluie, que pressentiment de mort, qu'atmosphère irrespirable d'une ville, que cette ville aux corps fermés et aux stridences hostiles, errer dans le danger rougeoyant, dans le cerne électrique des ombres, dans la moelle noire des os rouges des enseignes lumineuses, dans les fumées, dans les halos où les branches des arbres paraissent translucides comme des squelettes de

fœtus . . . Peur ... Peur ... Edma a hâte de rentrer. . . . Elle se sent poursuivie. Elle a du mal à respirer. Le jour, dans la nuit, brille d'un éclat rouge qui démange les yeux, les injecte de feu. Tout est grouillement, renflements globuleux, rougeurs emmêlées, caillots, taches, mucosités enchevêtrées, couleurs saignantes, bribes, sensations inachevées, coups brefs qu'aucun nom ne prolonge plus dans la pensée, fouillis de mucosités, poursuite de l'indescriptible dont l'obscurité n'est éclaircie ni par des étoiles ni par la lune mais par des rouges vifs, par des rouges sang, par des passerelles, par du muqueux sans qu'Edma puisse discerner autre chose de son état qui, au lieu d'atteindre plus, au lieu de parvenir à des intuitions plus précises, stagne dans toute cette coloration qui ne la renvoie jamais qu'à l'arrachement, qu'aux recoins carmin adoucis, par places, ou salis, qui séparent les êtres les uns des autres par des lignes tranchantes, par une espèce de fosse et arrêtent la recherche de tendresse, la recherche de paroles, la recherche de proximité dans ces landes tourbillonnaires de la chair vagabonde où il n'y a plus que quelques arbustes, qu'une petite rue artérielle, veineuse. . . .

Edma regarde l'enfant fixé au fond d'elle-même. Elle pense à la moelle épinière, au cerveau de brouillard et d'eau, au dessin imprécis de sa propre vie, aux fibres des organes en train de se former, là, dans l'embryon uni à elle par le cordon ombilical, dans les replis de son ventre. Elle essaie de donner des yeux à ses pensées et de distinguer des contours, des plans, des variations. Elle avance dans l'ombre estompée où un désir obscur étend sa cendre rouge sur les demi-teintes qui se perdent les unes dans les autres dans le glissement de l'embryon vers le fœtus, dans le glissement des surfaces vers leurs bords, dans cette zone ombrée où le sang caresse le carmin, le passage de la mère à l'enfant, la portion fœtale et la portion maternelle du placenta, les vaisseaux dilatés de l'utérus et finit par produire l'éclat du cramoisi, le violacé, cette liqueur rose qui seront le soleil, le mois de septembre, le mois de la naissance dans le jaillissement des rayons qui reportera cette lumière de la chair sur la terre, sur l'auréole du mamelon, sur le sein de la mère reflétée par son bébé qui tétera avidement. Edma ferme les yeux, sent la maternité. . . .

Chantal Chawaf, *La Vallée incarnate*, Flammarion, 1984

Texte 9.13

Elle avait découvert qu'elle était enceinte. Elle avait déjà trente-huit ans, et n'en revenait pas, n'avait jamais imaginé que cela lui arriverait un jour.

Elle avait été un enfant comblé. Depuis qu'elle aimait Manuel, elle s'efforçait d'être une amante loyale autant que satisfaite; il absorbait ses sens, il occupait son cœur, elle ne projetait rien au-delà de lui; quand elle pensait à l'avenir, ce qui n'était pas si fréquent, c'était lui qu'elle voyait, lui, Manuel, personne d'autre. . . .

Pendant plusieurs jours, incapable de partager la nouvelle avec qui que ce fût, elle ne connut qu'un mouvement de l'âme: la perplexité. Tantôt, et c'était son goût si vif pour tout ce qui était naturel qui l'y poussait, elle laissait faire les choses, le hasard, s'avancer et croître une existence qu'elle n'avait pas préméditée. Tantôt, s'en tenant à ses convictions, elle se disait: ce n'est pas possible et, même, c'est cinglé.

Les jours passaient, elle ne se décidait à rien. Ni à dire la vérité à Manuel pour prendre son avis. Ni à. Ni au reste. Elle allait à son bureau comme un automate, incapable de se concentrer sur ses clients, leurs affaires. Et la nuit elle faisait presque toujours le meme rêve: un petit garçon, qui ressemblait à Manuel, mêmes longues jambes, mêmes cheveux noirs, lui tournait le dos, elle l'appelait, il ne répondait pas, refusait de montrer son visage. . . .

Un matin, c'était la veille de la Toussaint, Manuel lui apprit qu'il partait en vacances avec les jumelles. Elle sursauta:

– Longtemps?

– Quatre ou cinq jours. La Toussaint, ce n'est pas l'été.

– Et loin?

– A Saint-Tropez. Qu'est-ce qu'il y a, Margot? Tu as peur que je ne me perde en chemin?

Elle se demanda si ce départ n'était pas une perche que le destin lui tendait, si elle ne devait pas dare-dare en profiter pour dire: voilà, Manuel, ce qui nous arrive, utilise ces quatre ou cinq jours pour réfléchir à ce que nous devons décider, cette histoire nous concerne l'un et l'autre, autant l'un que l'autre, et nous n'avons pas beaucoup de temps pour choisir notre sort, son sort. . . .

Au bout de cinq jours, il téléphona qu'il prolongeait les vacances à Saint-Tropez.

– Alors, garde ce que tu voulais me dire pour la prochaine fois. Laisse-moi rester ici quelques jours de plus, il fait si beau, rien ne presse.

Non, il n'aurait pas dû dire ça: rien ne presse. Dommage qu'il l'eût dit et de ce ton qu'elle qualifiait de manuelien, léger jusqu'à l'outre cuidance. Quand il était revenu, bronzé, content et même amoureux, elle n'avait plus besoin qu'il réfléchît ou donnât son avis. Ne rêvait déjà plus à toute la gamme d'expressions sur son visage. Ne rencontrait plus la nuit, un petit garçon aux cheveux noirs qui s'obstinait à lui tourner le dos. Alors elle eut le courage ou plutôt le détachement nécessaire pour s'exprimer.

Elle parla. Sans chercher ses mots, sans noircir le tableau ni l'expédier. Placide, sûre de son innocence, se donnant raison mais sans insister, elle peignit le déroulement de ce qu'elle considérait non comme une aventure, plutôt comme un accident.

– Ce n'est pas vrai, dit Manuel.

Il s'était levé, il avait endossé sa robe de chambre. Debout, pâle, les bras croisés, il regardait cette femme encore couchée et nue qui venait sans se troubler de trahir son secret.

– Répète ce que tu as dit, Margot.

Elle s'assit, se couvrit à son tour, recommença, le simplifiant, son récit.

– Tu es effrayante, dit Manuel d'une voix glacée.

– Pourquoi dis-tu ça?

– Parce que je le pense, parce que tu es effrayante, parce que devant quelque chose d'aussi émouvant que ça, une vie, tu as eu une réaction de sauvage.

Elle voulut se défendre:

– C'est pour toi que je l'ai fait.

Les yeux étrécis, incapable de rester en place, il marchait de long en large, foulait à grandes enjambées la moquette usée de leur studio. Quelques instants plus tôt ils étaient, corps et cœurs confondus, au plus profond de leur entente. Et maintenant elle était là, toute gauche, se sentant accusée, presque coupable devant un homme ulcéré.

– Même pas de sauvage, dit-il, les sauvages ont plus

de respect que toi pour les choses de la nature. Tu n'es pas une sauvage, tu es une brute.

– Je te dis que c'est pour toi que je l'ai fait.

– Sans me prévenir?

– Je voulais t'épargner un souci.

– Tu appelles ça un souci? Que tu as de petits mots parfois, Margot.

– Tu n'aimes pas être encombré.

– Ah non? Et que suis-je d'autre? Avec une femme, deux enfants, une maîtresse.

– Justement.

Il s'assit brusquement, ou plutôt se laissa tomber au pied du lit, se prit la tête dans les mains. C'est alors qu'elle l'avait vu, la poitrine secouée, lâcher un bref mais violent sanglot, puis, ouvrant les mains, lui montrer son visage. Il pleurait.

Christine de Rivoyre, *Belle Alliance*, Grasset, 1982

Texte 9.14

Il avait faim. Quelle sensation ça fait de s'étaler la serviette sur les genoux et de voir arriver des nourritures qu'on n'a pas décidées, préparées, touillées, surveillées, des nourritures toutes neuves, dont on n'a pas reniflé toutes les étapes de la métamorphose. Je l'ai oublié. Bien sûr le restaurant parfois, rare, il faut prendre un baby-sitting, et c'est de l'extraordinaire, des plats avec parfum de fric et je-te-sors-ce-soir-ma-jolie. Pas sa fête à lui, biquotidienne, tranquille, pas besoin de remercier, chic du céleri remoulade, le bifteck saignant, les pommes de terre sautées fondantes dans le caquelon. Quand je me sers des pommes de terre en face de lui, ça fait une demi-heure que je les respire, les pré-mâche presque, toujours à goûter, la quantité de sel, le degré de cuisson, à couper l'appétit, le vrai, celui qui est désir et salive. Mais lui, qu'il mange au moins, qu'il paie mes efforts, intraitable déjà, qu'il nettoie les plats, les restes me font horreur, comme une peine perdue, du gâchis d'énergie, et puis traîner dans le frigo un passe de nourriture qu'il faudra regoûter, resservir, maquiller, j'en ai mal au cœur d'avance. La joie et la curiosité de manger, je n'ai pas voulu qu'elles sombrent tout à fait. Femmes grignoteuses, toujours démasquées, que des frustrées, des infantiles, satisfactions orales en catiminihou les villaines

manières. Moi, je crois que les bouts de chocolat et de fromage en douce, les lichées de pâté à même le saladier ont sauvé ma part de faim. Le grignotage, c'était mon tout-prêt à moi, sans assiette ni couvert qui rappelle le rite de la table, une revanche sur l'éternité de mangeaille à prévoir, acheter, préparer. Trois cent soixante-cinq repas multiplié par deux, neuf cent fois la poêle, les casseroles sur le gaz, des milliers d'œufs à casser, de tranches de barbaque à retourner, de packs de lait à vider. Toutes les femmes, le travail naturel de la femme. Avoir une profession, comme lui, bientôt, ne m'y fera pas échapper, au frichti. Quelle tâche un homme est-il obligé de se coltiner, tous les jours, deux fois par jour, simplement parce qu'il est homme. Si loin la petite mousse au chocolat mensuelle de l'adolescence, mon joyeux alibi pour montrer que je savais faire quelque chose de mes dix doigts comme les autres filles. Des kilos d'aliments mitonnés, dévorés aussitôt, faire de la vie, ça dépend de quel point de vue on se place, du mien ça ressemble à une marche vers la mort.

Annie Ernaux, *La Femme gelée*, Gallimard, 1981

Texte 9.15

Sept heures du soir, j'ouvre le frigo. Des œufs, de la crème, des salades, la bouffe s'aligne sur les clayettes. Aucune envie de préparer le moindre dîner, prie, aucune idée. L'effondrement de la pourvoyeuse, le blocage. Comme si je ne savais plus rien. Une minute de torpeur jusqu'à ce que le frigo se déclenche, une sorte de rappel à l'ordre. Faire quelque chose à manger, n'importe quoi, durer. Alors je me jette sur la par-cœur, le machinal œufs au plat-spaghettis.

Pire que tout, la schizo du supermarché, imprévisible. Je pousse le caddy entre les rayons, farine, huile, boîtes de maquereaux. Hésitation. Toujours le signe précurseur. A côté de moi, des femmes butinent allègrement, expertes. D'autres stationnent devant les conserves, les paquets de biscuits, les retournent, lisent les notices avec une attention terrible. Il me faudrait sans doute des tas de choses pour demain. J'avance dans des couloirs de nourriture de plus en plus indifférenciée. Tout me fait horreur, la musique, les lumières et la détermination des autres femmes. Je suis saisie d'amnésie nourricier. Si je me laissais aller je sortirais tout de suite. Faire un effort, jeter à l'aveuglette de la charcuterie emballée, des fromages, attendre posément aux caisses derrière des chariots victorieux, dégoulinants de mangeaille, que les clientes exhibent devant elles à deux mains. Je ne me sens délivrée que dehors. La nausée existentielle devant un frigo ou derrière un caddy, la bonne blague il en rigolerait. Tout dans ces années d'apprentissage me parait minable, insignifiant, pas dicible, sauf en petites plaintes, en poussière de jérémiades, je suis fatiguée, je n'ai pas quatre bras, tu n'as qu'à le faire, toi, spontanément elle m'est venue la mélopée domestique et il l'écoutait sans s'émouvoir. Comme un langage; normal. Ou une récrimination d'OS[4] qu'intérieurement le patron qualifie de refrain obtus et négligeable.

Annie Ernaux, *La Femme gelée*, Gallimard, 1981

Texte 9.16

On se fait peur, on s'affole, inouïes les capacités d'endurance d'une femme, ils appellent ça le cœur. J'y suis bien arrivée à l'élever, le second, et faire du français dans trois classes et les courses et les repas et fermetures Eclair à reposer, et les chaussures des petits à acheter. Qu'est-ce qu'il y a d'extraordinaire, puisque, il m'en persuade toujours, je suis une privilégiée, avec cette aide-ménagère à la maison quatre jours et demi par semaine. Mais alors quel homme n'est pas un privilégié, sept jours sur sept sa femme de ménage favorite. Naturellement je serai encore moins qu'avant la prof disponible, avide de recherches pédagogiques, de clubs d'activités, bon pour les hommes ou les filles seules, plus tard peut-être. Et pourquoi rester dans un lycée, qui dévore mon temps de mère en copies et préparations. Moi aussi, je vais m'y précipiter dans ce merveilleux refuge des femmes-profs qui veulent tout concilier, le collège, de la sixième à la troisième, nettement plus pénard. Même si ça me plaît moins. « Faire carrière », laisser ça encore aux hommes, le mien est bien parti pour, c'est suffisant. Des différences, quelles différences, je ne les percevais plus. On mangeait ensemble, on dormait dans le même lit, on

lisait les mêmes journaux, on écoutait les discours politiques avec la même ironie. Les projets étaient communs, changer de voiture, un autre appartement, ou une vieille maison, retaper, voyager quand les enfants seraient débrouillés. On allait jusqu'à exprimer le même désir vague d'une autre façon de vivre. Il lui arrivait de soupirer que le mariage était une limitation réciproque, on était tout heureux de tomber d'accord.

Elles ont fini sans que je m'en aperçoive, les années d'apprentissage. Après c'est l'habitude. Une somme de petits bruits à l'intérieur, moulin à café, casseroles, prof discrète, femme de cadre vêtue Cacharel ou Rodier au-dehors. Une femme gelée.

Annie Ernaux, *La Femme gelée*, Gallimard, 1981

Texte 9.17

Electre séduisait Clytemnestre et Clytemnestre se laissait séduire. Sa fille évoluait avec une grâce à laquelle elle ne savait pas résister, elle était tellement comme elle aurait aimé être: fluide, vive, langoureuse et cynique. Electre riait, moussait, jaillissait, roucoulait, ronronnait . . . et puis soudain, elle piquait. Mille aiguilles dans le corps de sa mère alors même qu'elle était sans défense parce que le charme de sa fille l'avait désarmée. Clytemnestre sortait ses griffes, ripostait, faisait mal, mais Electre refusait le combat, elle partait en riant après avoir caché son regard derrière ses ray-ban. Elle allait se faire soigner par ses sbires, laissant sa mère pantelante, désolée.

Depuis la mort d'Agamemnon, Electre ne lui adresse plus la parole mais elle passe plusieurs fois par semaine pour prendre des affaires, du linge, et son regard est coupant, terrible. Toutes les belles paroles que Clytemnestre avait préparées s'envolent. Elle n'ose pas, elle a peur même. Comment présenter la meurtrière à ce juge? Sa fille est devenue une ennemie. Quand elle l'entend arriver son cœur se met à battre. Elle s'enferme dans sa chambre où elle reste aux aguets. Elle écoute les allées et venues d'Electre dans la maison. Elle ne s'apaise qu'en entendant claquer la porte d'entrée et le silence s'installer de nouveau dans les pièces vides. Elle erre pleine de chagrin et d'angoisse dans sa maison en ordre où elle n'a plus rien d'autre à faire que d'attendre la poussière de demain. C'est une perdition ce manque d'occupation ménagère: « A quoi je sers dans cette maison maintenant? Où est le temps où je n'arrêtais pas, où les enfants grouillaient ici avec leurs copains comme des chiots? Où est ce temps exténuant? »

Pour se rassurer, elle proclame dans les pièces vides et propres: « C'est fini ce temps-là, bien fini et tant mieux! »

– Clytemnestre, c'était normal que les enfants s'en aillent.

– Oui, c'était normal. Mais pas dans n'importe quelle condition. Tu sais très bien ce que je veux dire. Qu'est-ce qui s'est passé avec les tiens? Tu leur as acheté une moto pour qu'ils s'en aillent: et ils sont venus s'écrabouiller devant chez toi.

– Tu as raison. J'aurais mieux fait de l'enfourcher, cette moto, et de foutre le camp.

– Mais non, mais non. Nous ne pouvons pas nous en aller, nous ne pouvons pas leur échapper, nous n'en avons pas le droit. Ne repars pas dans tes folies. Combien de fois faudra-t-il que je te répète qu'il n'y a pas de solution?

La salope! Elle sent bien qu'elle m'a agrippée de nouveau, que je suis à sa merci. Coupable, coupable!

– Electre était terrible. Je pense qu'elle a su dès le premier jour que j'avais tué son père. Elle me connaissait si bien, elle me devinait. Et puis, mon attitude depuis la mort de sa sœur . . . elle ne l'a pas acceptée. . . . Mes jardins, elle les a haïs . . . quant à Egisthe, n'en parlons pas. Elle était jalouse d'Iphigénie, jalouse de tout. Elle a pris le parti de son père alors qu'il ne s'en occupait jamais, absolument jamais . . . il n'en avait pas le temps, elle était trop jeune. . . . J'ai essayé de discuter avec elle mais elle a refusé. Un jour elle m'a dit, à propos de l'accoutrement que j'avais pour travailler dans les jardins: mes pieds nus, ma jupe retroussée dans la ceinture, la peau hâlée, les cheveux libres: « Tu es une vieille qui veut faire la jeune. » J'avais trente-cinq ans à l'époque. C'était la première fois qu'on me traitait de vieille.

– Elle avait quel âge?

– Quatorze ans . . . Iphigénie était morte depuis quatre ans . . . Electre n'aimait pas les jardins.

Clytemnestre pense à tout ça et marmonne:

– Dans le fond j'ai toujours su qu'un jour elle m'achèverait.

– Pourquoi?

– Parce qu'elle . . . me ressemble. . . .

– Et Oreste?

– Oreste . . . quand je pense à lui c'est toujours la même impression qui revient.

Elle s'appuie lourdement au dossier de sa chaise, elle penche sa tête sur le côté, elle ferme ses yeux, ses mains sont sagement posées sur ses cuisses. Elle est triste et douce. Elle projette des images qui se mêlent aux miennes. J'ai la gorge pleine de larmes, je ne les retiens pas, elles coulent, tièdes, douces.

Il rentre à la maison, il se dirige directement vers sa chambre, dont il laisse la porte ouverte, il prend sa guitare, s'asseoit sur son lit et il joue. Il semble qu'il a une urgence à faire ça. Il projette des notes, les unes après les autres dans l'espace des instants qu'il vit là. Il joue bien.

Si quelqu'un lui avait demandé: « Oreste, qu'est-ce que tu joues en ce moment? », il aurait répondu: « Rien. » Il n'aurait pas dit qu'il jouait ou qu'il réfléchissait.

En fait il se berçait. Le sentiment qu'il avait pour moi était accablant. Il me détestait et il m'adorait. Il n'avait pas de place en lui pour une autre passion mais il en était las. Elle persistait, cette passion, et l'étouffait. Il n'était plus en enfant, il n'était pas encore un homme. . . . Ça ne pouvait plus durer comme ça. Toute son adolescence il l'a vécu ainsi, partagé entre la joie qu'il éprouvait à la perspective de quitter un jour la maison et la peine d'être bientôt privé de moi. Mais il n'était pas conscient de cette ambiguïté, il n'aurait pas su l'exprimer. C'était la mélodie qu'il faisait naître qui me le disait à sa place. . . .

La musique était libre. Il se balançait en mesure, au rythme de la tendresse, de la nostalgie qu'il jouait.

Peut-être dans ces instants, s'imaginait-il le petit, le tout petit, le moins petit, le plus vieux, l'adolescent qu'il avait été. Livré, abandonné, puis rétif, de plus en plus rétif, au fur et à mesure qu'il grandissait, mais amoureux toujours de son berceau creux, du creux de mes bras. Peut-être qu'alors s'incrustait avec précision dans sa pensée mon corps qui sentait le lit chaud, le gâteau au chocolat, l'attention, mes mains qui sentaient la punition, les râclées, mes baisers qui sentaient son enfance à lui, ses jeux, son cartable, son plumier, ses rhumes, sa rougeole, ses mauvais rêves, ses désirs d'avenir, à lui. Cette femme que je suis lui appartient comme personne d'autre ne lui appartiendra jamais, puisque son abri le plus sûr c'est mon ventre.

Mon garçon se penche à nouveau sur ses mains qui, maintenant, râclent et accrochent. Le rythme de ce qu'il joue devient plus dur, plus serré, plus exigeant, plus difficile. Il cherche une musique qui lui serait propre. Il s'acharne. . . . Il faut qu'il naisse, il faut qu'il soit seul. Il s'obstine, il recommence, il y passera la nuit. . . .

Clytemnestre avait l'instinct de son fils plutôt qu'elle ne le comprenait, « Oui, il fallait qu'Oreste quitte la maison, qu'il se détache de moi. Et quand il est parti pour travailler, j'ai éprouvé du soulagement. Pourtant, malgré l'éloignement, rien n'a changé, il est resté mon enfant jaloux, amoureux. Jamais je n'oserai lui parler de ma vie privée. Il ne comprendra pas. Il ne peut pas comprendre. Il veut sa mère, pure, propre, intacte. Il n'admettra pas qu'elle soit une femme. »

Dans quel traquenard sommes-nous tombées! Elle se revoit dans sa maison vide, dans sa solitude, tout engluée par les filaments doucereux qui l'attachent à ses enfants, engluantée de sa famille.

– Je l'ai assez voulue cette famille! J'en rêvais depuis mon enfance. Je les aimais avec tous mes instincts, tout mon être, toute ma force. Ecoute la brodeuse, quand j'allais dans les jardins, ce n'était pas pour les fuir. D'ailleurs ils le savaient bien puisqu'ils m'interrompaient à tout moment. J'ai toujours été à leur disposition. J'ai toujours été là.

Elle geignait, elle balançait sa tête de droite et de gauche. Elle se comportait comme les pleureuses de mon pays. Je ne sais pas ce qui me retenait de me mettre à gémir avec elle, le malheur est tellement moins lourd lorsqu'il est bercé de la sorte. Et puis j'ai vu que le foulard qui enserrait son cou était taché. Sa blessure s'était rouverte, elle saignait! Ça m'a fait peur, je refusais ce sang.

– La reine, il faut aller te reposer. C'est du passé tout ça, demain il fera jour.

Je ne sais pas dans quel état nous sommes allées nous coucher. Ce que je sais, c'est qu'en me réveillant j'avais deux portraits à faire: un homme et une femme. Encore! Mais cette fois-ci un frère et une sœur: deux adultes qui seraient des enfants. Je les vois de face, livrés. Leurs corps exprimeront une certitude, celle d'être sortis d'une femme unique qui leur a, en même temps que la vie, donné la mort. On ne la verra pas mais eux la verront et, à seulement les regarder, on saura qu'elle est là, qu'ils voient leur mère.

Marie Cardinal, *Le Passé empiété*, Grasset, 1983

Texte 9.18

« Ta mère est morte. On vient de te téléphoner pour te prévenir. »

Ma mère est morte! Le monde éclate!

Une ambulance devait venir la prendre à onze heures pour la conduire à la clinique. Quand l'ambulancier s'est présenté, on est allé la chercher dans la chambre où elle avait dormi. Elle était par terre. Il y avait déjà dix ou douze heures qu'elle était morte. Elle était recroquevillée. La rigidité cadavérique avait figé l'horreur sur son corps et sur son visage. On ne pouvait plus l'allonger dans une attitude sainte, lui composer une figure sereine. Elle grimaçait terriblement la douleur et la peur. C'était épouvantable.

Ma mère est morte! Le monde est fou! C'est l'Apocalypse!

Dans la rue il faisait froid, mais il y avait du soleil, plein de soleil. Je ne LES verrai plus. Je n'irai pas à l'enterrement, ni au cimetière. Je refuse de me livrer une fois de plus à leur mascarade. C'est fini pour toujours.

Comme Adieu je leur laisse la grimace d'horreur de ma mère devant une vie fausse du commencement jusqu'à la fin, son faciès torturé par toutes les amputations qu'elle avait subies, son masque de Grand-Guignol.[5]

La secousse avait été forte. J'avais dû retourner plus souvent dans l'impasse.

Au bouleversement des premiers jours suivant la mort de ma mère, avait succédé une impression de soulagement et de liberté. Comme si tout était en ordre. Elle en avait fini et moi aussi. Elle était libre et moi aussi. Elle était guérie et moi aussi.

Pourtant, quelque chose n'allait pas. Je ne me sentais pas tout à fait aussi libre que je le disais.

The condition of women in France

J'ai traîné pendant quelques mois une vague impression de n'avoir pas été au bout de quelque chose, de n'avoir pas été tout à fait honnête avec moi-même. Je me disais qu'il fallait que j'aille au cimetière au moins une fois. En même temps je trouvais cette idée stupide. Il n'y avait rien au cimetière. Rien.

Ça me tiraillait, ça m'encombrait, cette histoire. Alors, un matin j'ai pris l'auto et j'y suis allée. Le printemps était là, il faisait beau. C'était en province, tout près de Paris.

Je n'ai eu aucun mal à retrouver l'endroit et la tombe. J'y étais venue il n'y a pas si longtemps pour enterrer ma grand-mère. C'était un tout petit cimetière de campagne au pied d'une colline légèrement boisée, juste au départ d'une grande plaine de la Brie. La « Douce France » en plein. Ça ne lui allait pas du tout à ma mère. Pour elle il aurait fallu la rocaille rougeâtre et sèche du pays, des oliviers, des figuiers de Barbarie.[6] Enfin, cela n'avait pas d'importance, les gens n'habitent pas leur cadavre. Qu'est-ce que j'étais venue faire ici? Il n'y avait même pas de nom sur la tombe. . . . le sol était couvert d'un sable clair, luisant, bien sec, que j'avais envie de toucher. Alors je me suis assise sur la dalle grisâtre – ce n'était pas une belle dalle comme celle qu'elle avait choisie pour la tombe de sa fille – et j'ai joué avec le sable. C'est beau le sable. C'est beau la plage.

Vous vous souvenez? Vous m'emmeniez à la chasse au trésor avec vous. Les vagues avaient déposé leur petit butin en lignes de guirlandes festonnées sur le sable humide. Vous disiez que j'avais des yeux de lynx, que je savais trouver mieux que personne les nacres, les porcelaines, les escargots pointus, les oreilles de mer, les couteaux roses. . . . Je passais les longues soirées d'été à vous regarder faire avec admiration pendant que la mer poussait ses soupirs réguliers dans la nuit chaude.

Voilà que je me mettais à lui parler maintenant, comme elle le faisait avec son enfant au cimetière de Saint-Eugène. Qu'est-ce qui me prenait! Je me sentais un peu ridicule, heureusement que personne ne me voyait! J'avais l'air malin à marmonner toute seule dans ce cimetière.

Soso, comme vous étiez belle un soir de bal où vous étiez venue me montrer votre robe dans ma chambre.

J'étais déjà dans mon lit. Vous m'avez éblouie. Je n'ai jamais rien vu de plus beau que vous, ce soir-là, dans votre longue robe blanche avec, à la taille, nouée dans le dos, une immense ceinture verte comme vos yeux. . . .

Je vous aime. Oui, c'est ça, je vous aime. Je suis venue ici pour vous déclarer ça une fois pour toutes. Je n'ai pas honte de vous parler. Ça me fait du bien de vous le dire et de vous le répéter: je vous aime. J'étais contente de sortir ça de moi: ces trois petits mots assemblés et refoulés des milliers de fois au long de ma vie. Ils s'étaient accumulés et avaient dû finir par former une boule légère qui rebondissait par-ci, par-là, dans ma tête, gênante, encombrante, insaisissable. Il avait fallu cette mort catastrophique, le séisme qu'elle avait provoqué en moi pour faire monter la boule à la surface de ma conscience et vaincre la dernière résistance, l'ultime défense. Il fallait que j'aille loin de l'impasse, que je m'isole face à ce lieu plat . . . pour oser entendre ma voix prononcer ces trois mots: « je » (moi, la folle, la pas folle, l'enfant, la femme), « vous » (ma mère, la belle, l'experte, l'orgueilleuse, la démente, la suicidée), « aime » (l'attachement, l'union, mais aussi la chaleur, le baiser, et encore la joie possible, le bonheur espéré).

Que c'était bon de l'aimer enfin dans la lumière, dans le printemps, ouvertement, après la bataille terrible que nous nous étions livrée! Deux aveugles armées jusqu'aux dents, toutes griffes, dehors, dans les arènes de notre classe. Quels coups elle m'avait assénés, quel vénin j'avais distillé! Quelle sauvagerie, quel massacre!

Si je n'étais pas devenue folle je n'en serais jamais sortie. Tandis qu'elle, elle a repoussé la folie jusqu'à la fin, jusqu'à son départ d'Algérie. C'était trop tard, la gangrène s'était mise dans sa moelle. Elle a eu peur de se révolter avec les mots et les gestes de la révolte, elle ne les savait pas, on ne les lui avait jamais appris. Elle leur a même laissé la possibilité de prendre son suicide pour un vice caché. Il n'y a qu'à moi qu'elle a montré sa bouteille, son révolver de cirque!

Marie Cardinal, *Les Mots pour le dire*, Grasset, 1975

Texte 9.19

Je vais continuer d'écrire sur ma mère. Elle est la seule femme qui ait vraiment compté pour moi et elle était démente depuis deux ans. Peut-être ferais-je mieux d'attendre que sa maladie et sa mort soient fondues dans le cours passé de ma vie, comme le sont d'autres événements, la mort de mon père et la séparation d'avec mon mari, afin d'avoir la distance qui facilite l'analyse des souvenirs. Mais je ne suis pas capable en ce moment de faire autre chose.

C'est une entreprise difficile. Pour moi, ma mère n'a pas d'histoire. Elle a toujours été là. Mon premier mouvement, en parlant d'elle, c'est de la fixer dans des images sans notion de temps: « elle était violente », « c'était une femme qui brûlait tout », et d'évoquer en désordre des scènes où elle apparaît. Je ne retrouve ainsi que la femme de mon imaginaire, la même que, depuis quelques jours, dans mes rêves, je vois à nouveau vivante, sans âge précis, dans une atmosphère de tension semblable à celle des films d'angoisse. Je voudrais saisir aussi la femme qui a existé en dehors de moi, la femme réelle, née dans le quartier rural d'une petite ville de Normandie et morte dans le service de gériatrie d'un hôpital de la région parisienne. Ce que j'espère écrire de plus juste se situe sans doute à la jointure du familial et du social, du mythe et de l'histoire. Mon projet est de nature littéraire, puisqu'il s'agit de chercher une vérité sur ma mère qui ne peut être atteinte que par des mots. (C'est-à-dire que ni les photos, ni mes souvenirs, ni les témoignages de la famille ne peuvent me donner cette vérité.) Mais je souhaite rester, d'une certaine façon, au-dessous de la littérature.

Annie Ernaux, *Une Femme*, Gallimard, 1987

Texte 9.20

Celle qui a acheté le chapeau rose à bords plats et au large ruban noir, c'est elle, cette femme d'une certaine photographie, c'est ma mère. Je la reconnais mieux là que sur des photos plus récentes. C'est la cour d'une maison sur le Petit Lac de Hanoi. Nous sommes ensemble, elle et nous, ses enfants. J'ai quatre ans. Ma mère est au centre de l'image. Je reconnais bien comme elle se tient mal, comme elle ne sourit pas, comme elle attend que la photo soit finie. A ses traits tirés, à un certain désordre de sa tenue, à la somnolence de son regard, je sais qu'il fait chaud, qu'elle est exténuée, qu'elle s'ennuie. Mais c'est a la façon dont nous sommes habillés, nous, ses enfants, comme des malheureux, que je retrouve un certain état dans lequel ma mère tombait parfois et dont déjà, à l'âge que nous avons sur la photo, nous connaissions les signes avant-coureurs, cette façon, justement, qu'elle avait, tout à coup, de ne plus pouvoir nous laver, de ne plus nous habiller, et parfois même de ne plus nous nourrir. Ce grand découragement à vivre, ma mère le traversait chaque jour. Parfois il durait, parfois il disparaissait avec la nuit. J'ai eu cette chance d'avoir une mère désespérée d'un désespoir si pur que même le bonheur de la vie, si vif soit-il, quelquefois, n'arrivait pas à l'en distraire tout à fait. Ce que j'ignorerais toujours c'est le genre de faits concrets qui la faisaient chaque jour nous quitter de la sorte. Cette fois-là, peut-être, est-ce cette bêtise qu'elle vient de faire, cette maison qu'elle vient d'acheter – celle de la photographie – dont nous n'avions nul besoin et cela quand mon père est déjà très malade, si près de mourir, à quelques mois. Ou peut-être vient-elle d'apprendre qu'elle est malade à son tour de cette maladie dont lui il va mourir? Les dates coïncident. Ce que j'ignore comme elle devait l'ignorer, c'est la nature des évidences qui la traversaient et qui faisaient ce découragement lui apparaître. Etait-ce la mort de mon père déjà présente, ou celle du jour? La mise en doute de ce mariage? de ce mari? de ces enfants? ou celle plus générale du tout de cet avoir? C'était chaque jour. De cela je suis sure. Ça devrait être brutal. A un moment donné de chaque jour ce désespoir se montrait. Et puis suivait l'impossibilité d'avancer encore, ou le sommeil ou quelquefois rien, ou quelquefois au contraire les achats de maisons, les déménagements, ou quelquefois aussi cette humeur-là, seulement cette humeur, cet accablement, ou quelque fois, une reine, tout ce qu'on lui demandait, tout ce qu'on lui offrait, cette maison sur le Petit Lac, sans raison aucune, mon père déjà mourant, ou ce chapeau à bords plats, parce que la petite le voulait tant, ou ces chaussures lamés or idem. Ou rien, ou dormir, mourir.

Marguerite Duras, *L'Amant*, Editions de Minuit, 1984

Notes to the texts

1 THE POST-WAR PERIOD

Introduction

1. The National Assembly – the French parliament, consists of two parts: the Assemblée Nationale, composed of 'députés' elected by direct suffrage, and the Sénat, composed of 'sénateurs' elected by indirect suffrage and representative of the territorial units of the Republic.
2. Municipal councils – French equivalent of local government.
3. Legislative elections – to vote for members of parliament, as opposed to presidential elections.
4. The constitution of 29 September 1946 confirmed de Gaulle's popularity and led to his return to power in 1958.
5. Jean Stoetzel, *La Presse et l'opinon publique*, Paris, 1947.
6. Institut National d'Etudes Démographiques.
7. 'Histoire de la vie privée' in *La Ville et l'homme*, ed. Pierre Ariès, Editions Ouvrières, Paris, 1952.
8. **Conseil d'Etat** – consultative assembly attached to the government, dealing with administrative matters and also acting as central administrative tribunal.
9. **Académie Goncourt** – literary organization.
10. **CGT** – Confédération Générale du Travail – socialist trade union.
11. *See*, Elizabeth Badinter, *L'Amour en plus*, Paris, 1980, and introduction to chapter eight.

Texts

1. **agents de liaison** – liaison officers.
2. **Maurice Thorez** – Communist leader who proposed the formation of the Popular Front (1936–7) under Prime Minister Léon Blum.
3. **Michelet** (Jules) – French historian.
4. **aller aux urnes** – to go to the polls.
5. **l'Armée du Salut** – the Salvation Army.
6. **atonie de timbre** – monotonous tone of voice.
7. **dans l'pétrin** – in a nasty fix (slang).
8. i.e. the referendum of 5 May 1946, which rejected the socialist constitution in favour of Gaullism.
9. **deux Chambres** – i.e. the Sénat and the Assemblée.
10. **maisons de tolérance** – synonym for 'maison close', or brothel.
11. **cheftaine de louveteaux** – captain of girl-guides.

2 LE DEUXIEME SEXE

Introduction

1. **François Mauriac** – Catholic writer and novelist, author of the *Thérèse* novels and *Nœud de Vipères*.
2. Interview with J. Gerassi in 1976, published in *Les Ecrits de Simone de Beauvoir*, Claude Francis and Fernande Gontier (eds.), Paris, 1979.
3. 'Conversations with Alice Schwarzer, 1972–1982', *Simone de Beauvoir today*, London, 1984.
4. Ibid.

Texts

1. **faiseuses d'anges** – backstreet abortionists.

3 THE 1950s

Introduction

1. **HLM** – Habitations à Loyer Modéré: equivalent to council housing.
2. Notably by François Mitterrand, then Minister of the Interior in the government of Pierre Mendès-France.
3. Françoise Aude, *Ciné-Modèles – Cinéma d'Elles*, Age d'homme, Paris, 1981.
4. The novel by Raymond Queneau, published in 1959.

Texts

1. **Robin des Bois** – Robin Hood.
2. **Dauphines** – i.e. Citroën cars.
3. **croûlante** – term, particularly fashionable in the 1950s and 1960s, used by teenagers to refer to the older generation.
4. **argomuche** – slang.
5. **danseuse de charme** – drag artist.
6. **Amerlo** – American (slang).

4 THE 1960s

Introduction

1. Michel de Certeau.
2. **allocation familiale** – family allowance.
3. **secteur tertiaire** – service industries, i.e. administration, commerce, insurance, catering, transport, etc.
4. **Mouvement pour le Planning Familial** – equivalent to the Family Planning Association.

Texts

1. **l'Orientation** – careers' guidance.
2. **au Carmel** – nunnery.
3. (Tableau 4.3) **à titre onéreux** – with the burden of responsibility.
4. (Tableau 4.3) **usufruit des propres** – with rights of enjoyment over the property.
5. **quelques mineures de Fresnes qui tapinent en**

7. **roublardises** – cunning (slang).
8. **la poulaille** – the police (slang).
9. **pastaga** – pastis (an alcoholic drink).
10. **jeu de l'oie** – 'game of goose', a children's board game, using counters and a dice, featuring a 'goose' on every ninth square.

5 THE FRENCH WOMEN'S MOVEMENT 1968–80

Introduction

1. The first pro-abortion manifesto, signed by 343 women, which appeared in the *Nouvel Observateur* on 5 April 1971.
2. **particularisme** and **égalitarisme**. These terms take on a new sense in Naty Garcia Guadilla's book *Libération des femmes*, MLF, PUF, Paris, 1981.
3. **ailleurs** – a term typical of Psych Po writings.
4. Hélène Cixous, well-known feminist writer with Psych Po leanings, author of such articles as 'La Jeune née à l'écriture'.
5. Psych Po, in fact, took legal action for defamation against an article in *La Revue d'en face*.
6. **différance** with an 'a' – a deliberate play on the words 'déférance', from 'déférer', and 'différence'.
7. 'Metaphysics' here refers to the tradition of western or, especially, classical Greek philosophy (e.g. Aristotle) based on 'being and knowing', or 'logocentrism'.
8. The Ligue du Droit des Femmes was created in March 1974 and presided over by Simone de Beauvoir.
9. **CGT** – see chapter one, notes to the introduction, no. 10.
10. **PCF, PS, PSU** – Parti Communiste Français, Parti Socialiste, and Parti Socialiste Unifié, respectively.

The condition of women in France

Texts

1. Note the references to 'classe ouvrière', 'travailleuses', 'masses', which are typical of the class struggle tendency.
2. *D'une Tendance* – a Psych Po tract.
3. **déconstruits** – referring to Derrida's theory of deconstruction.
4. **à ras du sol, à ras des corps** – at grass roots level.
5. **censure** – a term used frequently by Hélène Cixous: *see above* note 4 to the introduction.
6. **(im)pouvoir** – an invented word.
7. **différences** – refers to Derrida's concept of 'différance', *see* introduction, note 6.
8. **re-connaissances** – here meaning new knowledge, rediscovery.
9. **jouissances** – *see* introduction – refers to sexual pleasure, or to pleasure generally.
10. The Ligue du Droit des Femmes was formed a few months later – *see above* note 8 to the introduction.
11. *Les Temps modernes* – a radical feminist magazine.
12. **manifeste** – i.e. the 'Manifeste des 343'.
13. **contre-indiquée** – should not be taken, i.e. with other medication.
14. **Journal Officiel** – French equivalent of the Hansard reports.
15. **thérapeutique** – emergency cases, particularly where the mother's life is endangered.
16. **la pose d'une sonde abortive** – the insertion of an abortion device.
17. **acculées à l'infanticide** – with a tendency to commit infanticide.
18. *See* note 1 to the introduction of chapter two.
19. *See* introduction to chapter one.
20. The law was, in fact, voted back in in 1979 (*see* appendix 2).
21. **à sa botte** – acting as their 'puppet'.
22. **our** – probably 'ours': a wild person, fugitive (familiar).
23. **pas foutue** – not 'done for' (slang).
24. **parce qu'elle manquait d'oseille** – because of a lack of money (slang).
25. **les carences de la loi** – the group attacked the shortcomings of the loi Veil.
26. *Histoire d'O* – a pornographic film, involving scenes of sado-masochism.
27. **baiseurs/ses** – from 'baiser', to have sexual intercourse; **avaleurs/ses** – gluttons; **louves** – she-wolves; **salopes** – slut (slang); **butineurs/ses** – from 'butin', plunder; **mecs** – men (slang); **salauds** – dirty beasts (slang).
28. **il y en a marre** – we've had enough (slang).
29. **jaune** – French equivalent of 'blue' films.
30. **de tout poil** – of all kinds (slang).
31. **la plaidoirie** – speech for the defence.
32. He suggested that any compensation awarded should be given to the Red Cross.
33. **Le procureur de la République a fait un réquisitoire** – the public prosecutor made a speech for the prosecution.
34. **phallocratisme** – referring to the power of the phallus, male-chauvinism.
35. **sous-fifres** – small employees, subordinates.
36. *Femmes travailleuses en lutte* – a class struggle journal.
37. **bel et bien** – pure and simple.
38. **sur notre corps de normativité, d'objet de série (nous = la matière première)** – our body has become 'standardized', a mass-produced object (we = the raw material).
39. **agrémentés** – (ironic) made pleasant.
40. **démarche** – here meaning premise.
41. *Pétrôleuses* – a class struggle publication.
42. **de « l'occasionnelle » à la « permanente »** – from part-time to full-time (prostitution).
43. **faire une « passe »** – to solicit.
44. **pour boucler sa fin de mois** – to make ends meet.
45. **mutique** – from 'mutisme', dumbness.
46. **nos rumeurs, nos remous** – a play on words: our mumblings, our eddies.
47. **places fortes** – fortresses.
48. **tue** – from 'se taire', to be silent.
49. *Quotidien des femmes prostituées* – manifesto for the prostitutes striking in churches in Lyon and Paris.
50. Cercle Flora Tristan du MLF, Lyon – *see* introduction.
51. **fermeture** – i.e. shop closing time.
52. **un salaire d'appoint** – a supplementary income, i.e. in addition to the husband's wage (*see* chapter eight).
53. **parquer** – to enclose; **cantonner** – to isolate.

54. **les tâches morcelées** – piece-work.
55. **moins côté** – with lower status.
56. **Nous poussent où?** – pun on 'pousser', to grow and to push.
57. **débarasser le plancher** – to clear out (slang).
58. *Sorcières* – a journal preoccupied with the subject of women's writing.
59. **on m'a imposé la position** – they forced me into the gynaecological position.
60. **démunie** – deprived of dignity.
61. *Questions féministes* – a radical feminist journal.
62. **péridurale** – epidural, painkiller.
63. *Le Temps des femmes* – a non-aligned magazine.
64. **garde des sceaux** – French equivalent of the Lord Chancellor.
65. **UDR** – Union Démocratique Républicaine.
66. **CFDT** – Confédération Française Démocratique du Travail.
67. In the constitution of the Fifth Republic, President de Gaulle introduced a new system of presidential elections, whereby if the president did not gain an absolute majority in the first ballot there had to be a second ballot between the two candidates with the greatest number of votes.
68. **France-Inter** – French radio station.
69. **noyautages** – rooting out.
70. **l'année zéro** – term used in one of the first MLF publications, *Libération des femmes: année zéro*.
71. **marchepieds** – stepping stones.

6 LANGUAGE

Introduction

1. For example, D. Bollinger and D. Sears, *Aspects of Language*, New York, 1968; G. Price, *The French Language*, London, 1971.
2. *See* chapter four, p. 47.
3. *See* chapter nine and bibliography to chapter six, p. 195.
4. Luce Irigaray, *Speculum de l'autre femme*, Paris, 1974; Annie Leclerc, *Autrement dit*, Paris, 1977, *Hommes et femmes*, Paris, 1985, *Le Mal de mère*, Paris, 1986; Hélène Cixous and C. Clément, *La Jeune née à l'écriture*, UGE, 1975; Michèle

Montrelay, *L'Ombre et le nom: sur la féminité*, Paris, 1977. *See also* introduction to chapter five.
5. Yvette Roudy – *see* introduction to chapter five.
6. 'La Langue française au féminin', *Médias et langage*, 1984.
7. *F Magazine* – a magazine with feminist tendencies.
8. **Académie Française** – institution concerned with the promotion and preservation of French language and literature.
9. **langage mec** – i.e. slang used predominantly by men.

Texts

1. **femmes à part entière** – term associated with trade union discourse and the Ministry of Women's Rights.
2. **se faire rouler** – to be conned (slang).
3. **« la pourvoyeuse », « la bénédicité », « la râtisseuse de navets »** – the provider; grace; the turnip-raker.
4. **Les Cahiers du GRIF** – feminist journal of a theoretical nature.
5. **le tiercé** – horse-racing.
6. *L'Equipe* – a national sports journal.
7. Simone Veil – see introduction to chapter five.
8. **bécasse** – ninny; **oie blanche** – silly goose; **tête de linotte** – feather-brain; **poule mouillée** – chicken-hearted; **pie jacassante** – chatterbox; **perruche** – gossip.
9. i.e. the Commission Ministérielle de Terminologie pour la Féminisation des Titres.

7 WORK, POLITICS, AND POWER

Introduction

1. *See* note 3 to the introduction of chapter four.
2. Jacques Véron, *Activité féminine et structures familiales*, Population, 1988.
3. *See* chapter five, introduction.
4. **SMIC** – Salaire Minimum Interprofessionnel de Croissance: the minimum wage.
5. **CGT** *see* note 10 to the introduction of chapter

one; **CFDT** – *see* note 66 to the texts of chapter five.

6. *See* chapter one, notes to the introduction. no. 1.

7. **PR** – Parti Républicain; **RR** – Rassemblement pour la République, includes UDF (Parti Radical, Centre Démographique et Social).

8. Ecole Polytechnique – the most selective of the 'hautes écoles'.

9. Pierre Mauroy, prime minister in the socialist government, with Yvette Roudy as minister of women's rights.

Texts

1. **baccarat** – playing cards.

2. **polyvalence** – system of moving employees around at the place of work.

3. **solace** – a fanning machine to separate the cards.

4. **d'affilée** – without stopping.

5. **le 13ème mois** – system of paying workers one extra month per year as a bonus.

6. **cette région** – i.e. the Lorraine.

7. All mining and iron and steel areas in the Lorraine are now suffering from high unemployment due to widespread closures.

8. **Pierre et Jacques** – (idiom) 'Every Tom, Dick and Harry'.

9. i.e. a certain amount of humidity is required for the paper.

10. **arrêt de travail sur le tas** – work to rule.

11. **cadence** – speed of work in a factory.

12. **le va-et-vient** – push-pull pallet.

13. **m'installer à mon compte** – start my own business.

14. **CAP** – Certificat d'Aptitude Professionnel.

15. **à des prix coûtants** – at cost price.

16. Before, there was a system of obtaining one's law degree while articled.

17. **IUT** – Institut Universitaire de Technologie (Table 7.9).

18. **m'enfoutiste** – 'don't care' attitude (slang).

19. **DEUG** – Diplome d'Etudes Universitaires Générales (Table 7.10).

20. **des plages-horaires** – flexi-time.

21. **rab** – leftovers (slang).

22. **jours ouvrables** – working days.

23. **indice** – grade (of work).

24. **travail de frappe** – typing.

25. **comptes rendus d'expertise** – expert reports.

26. **en-dessous de la barre** – below average.

27. **intéressement de l'entreprise** – i.e. profit-sharing scheme.

28. Jacques Lang – Minister of Culture under Mitterrand until 1988.

29. **violon d'Ingres** – hobby.

8 HOME LIFE

Introduction

1. *See L'Amour en plus*, Elizabeth Badinter, Paris, 1980, and note 11 to the introduction of chapter one.

2. There is no category of common law marriage in France as in England.

3. **cause péremptoire** – i.e. automatic grounds for divorce.

4. **pension alimentaire** – an amount granted by the tribunal to the innocent party.

5. *See* final chapter of Elizabeth Badinter, *L'Amour en plus*, Paris, 1980.

6. *See* Gérard Neyrand, 'L'Imaginaire du couple', *Cahiers Internationaux de Sociologie*, vol. LXXX, 1986.

Texts

1. **la soupe à la grimace** – sulking.

2. **la fac** – i.e. 'faculté': university.

3. **pubs** – i.e. 'publicités': advertisements.

4. **PMU** – Pari Mutuel Urbain: a kind of lottery (Table 8.14).

5. **tirer sur des bouts de chandelles** – to make economies.

6. **lessiveuse** – a large container used for doing the washing by hand.

9 FRENCH CONTEMPORARY WOMEN'S WRITING

Introduction

1. **différence** – *see* introduction to chapter five.

2. Marie Cardinal and Annie Leclerc, *Autrement dit*, Paris, 1977.

3. Quoted from an interview in 1980. The view expressed here represents a change of direction from the interview with Xavière Gauthier in *Les Parleuses*, in 1974, when Duras expressed solidarity with the notion that women's writing is different from that of men.

Texts

1. **Jardin du Luxembourg** – a park in Paris.

2. **impasse** – the patient's name for the psychiatrist's consulting room.

3. **le service de Sèvres** – i.e. Sèvres porcelain.

4. **OS** – Ouvrier Spécialisé: refers, in fact, to a worker on an assembly line.

5. **Grand-Guignol** – character in eighteenth-century French puppet shows, a kind of Punch character.

6. **figuier de Barbarie** – prickly pear.

Appendices

APPENDIX 1   SUMMARY OF THE MAIN HISTORICAL EVENTS FROM THE POST-WAR PERIOD TO THE PRESENT DAY

August 1944	The Resistance movement and General de Gaulle form a 'government of concord' after the Liberation.
January 1948	De Gaulle resigns.
1946–8	Constitution of the Fourth Republic.
October 1946	Referendum on the Socialist constitution.
1947–8	Deepening economic crisis and widespread strikes
1954	Battle of Dien-Bien-Phu marks the end of French control over Indo-China.
1954–62	Algerian war.
March 1956	Independence of Morocco and Tunisia. Suez crisis.
December 1958	De Gaulle creates a new constitution and is elected President of the Fifth Republic.
1962	Algerian independence.
May–June 1968	Mass student and worker riots – the 'events of May'.
1969	Resignation of de Gaulle after defeat in national referendum. Georges Pompidou becomes President.
1972	Union of the left: political alliance of Communist and Socialist parties.
1974	Giscard d'Estaing becomes President.
March 1978	Defeat of the left in the French legislative elections.
1981	Socialist government comes to power. François Mitterrand becomes President.
1988	Re-election of François Mitterrand as President.

APPENDIX 2   SUMMARY OF PRINCIPAL LEGISLATION RELATING TO WOMEN FROM THE POST-WAR PERIOD TO THE PRESENT DAY

25 April 1944	French women obtain the right to vote, accorded by de Gaulle.
April 1946	Constitution recognizes equality of women in most domains.
13 April 1946	Law of Marthe Richard to close brothels.
December 1964	Reform of the law of paternal authority regarding the role of the father in the administration of his children's property.
13 July 1965	Reform of marriage law, introducing equality between spouses in the sale, purchase, and administration of common property, and equal moral and material responsibilities.
28 December 1967	'Loi Neuwirth', authorizing the sale of contraceptives, but with restrictions regarding the publication of information relating to them.
4 June 1970	Law of parental authority, abrogating law of paternal authority, and introducing equal responsibility between father and mother in the moral and material welfare of their children. Father no longer head of the family.
3 January 1972	Law of filiation, conferring equality of status on legitimate and illegitimate children.
22 December 1972	Law of equal pay between men and women for the same work, or work of the same value.
January 1973	Law allowing foreign women to obtain French nationality by declaration,

	instead of automatically on marrriage to a French national.
December 1974	Law legalizing the distribution of information relating to contraceptives and making them refundable by the 'sécurité sociale'.
January 1975	'Loi Veil' legalizing abortion before the tenth week, with restrictions for minors.
July 1975	Reform of the divorce law, introducing
	divorce by mutual consent and abolishing adultery as a penal offence.
30 November 1979	Law legalizing abortion voted in as permanent law.
13 July 1983	Law of professional equality, clarifying law of December 1972 regarding work of equal value, introducing more sanctions and controls, and encouraging training and possibilities of promotion for women.

Further reading

Suggested further reading, in addition to works mentioned in the notes and main texts.

1 THE POST-WAR PERIOD

Albistur, M., and D. Armogathe, *Histoire du féminisme français du moyen âge à nos jours*, Paris, 1977.

Butillard, A., *La Femme au service du pays*, Paris, 1945.

Charzat, G., *Les Françaises sont-elles des citoyennes?*, Paris, 1972.

Duplessis-le-Guelinet, G., *Les Mariages en France*, Paris, 1954.

Rabout, J., *Histoire des féminismes français*, Paris, 1978.

Selot, P., *Histoire de l'éducation des femmes en France*, Paris, 1970.

2 LE DEUXIÈME SEXE

L'Arc 61, 'Simone de Beauvoir et la lutte des femmes', Aix en Provence, 1975.

Ascher, C., *A Life of Freedom*, Brighton, 1981.

Evans, M., *Simone de Beauvoir, a feminist mandarin*, London, 1985.

Francis, C., and F. Gontier, *Les Ecrits de Simone de Beauvoir: la vie et l'écriture*, Paris, 1979.

Gerassi, J., 'Interview with Simone de Beauvoir', *Society* 79–80, Jan.–Feb., London, 1976.

Keefe, T., *Simone de Beauvoir: a Study of her Writings*, London, 1983.

Leighton, J., *Simone de Beauvoir on Women*, London, 1975.

Schwarzer, A., *Simone de Beauvoir Today: Conversations 1972–1982*, London, 1984.

Zéphir, P., *Le Néo-féminisme de Simone de Beauvoir*, Paris, 1982.

3 THE 1950s

Bony, H., *Les Années cinquante*, Paris, 1984.

Flacon, M., 'Brigitte saisie par l'ordre', *Cinéma* 25, 1958 (Also see: *Cahiers du cinéma* of the 1950s).

Girard, A., 'Le Budget temps de la femme mariée dans les agglomérations urbaines', *Population*, Oct.–Dec. 1958.

Siclier, J., *La Femme dans le cinéma français*, Paris, 1957.

4 THE 1960s

Bony, A., *Les Années soixante*, Paris, 1983.

Documentation française (various authors), 'Recherches sur la condition féminine dans la sociéte d'auhourd'hui', Paris, 1967.

Etcherelli, C., *Elise, ou la Vraie Vie*, Paris, 1967 (Although this is a novel, it is a fascinating chronicle of a working-class woman's experience of the Algerian crisis of the 1960s).

Gritti, J., *La Pilule dans la Presse, Sociologie de la diffusion d'une encyclique*, Paris, 1969.

Hanley, D. L., and A. P. Kerr, *May 1968: Coming of Age*, Basingstoke, 1989.

Sartin, P., *La Femme libérée*, Paris, 1968.

Viansson-Ponté, P., *Histoire de la république Gaullienne*, Paris, 1970.

Winock, H., *Chronique des années '60*, Paris, 1987.

5 THE FRENCH WOMEN'S MOVEMENT 1968–80

Avortement. Une Loi en procès. L'affaire de Bobigny, Choisir (organisation founded by Gisèle Halimi to campaign for abortion), 1972.

Clément, C., *Vie et légende de J. Lacan*, Paris, 1981.

Cordelier, J., *La Dérobade*, Paris, 1976 (A first-hand account of prostitution).

Derrida, J., *L'Ecriture et la différence*, Paris, 1967.

Derrida, J., *Positions*, Paris, 1972.

Duchen, C., *Feminism in France, from May 1968 to Mitterrand*, London, 1986.

Gallop, J., *Feminism and Psychoanalysis: The Daughter's Seduction*, London, 1982.

Halimi, G., *La Cause des femmes*, Paris, 1978.

Lacan, J., *Les Ecrits*, Paris, 1966.

Léger, D., *Le Féminisme en France*, Paris, 1982.

Marks, E., and I. de Courtivron, *New French Feminisms*, Brighton, 1981.

Moi, T. (ed.), *The Kristeva Reader*, Oxford, 1986.

Moi, T. (ed.), *French Feminist Thought, a reader*, Oxford, 1987.

Perrein, M., *La Partie de plaisir*, Paris, 1971 (A novel about an illegal abortion).

Sturrock, J., *Structuralism and Since*, Oxford, 1979.

Tristan, A., and A. de Pisan, *Histoire de MLF*, Paris, 1977.

6   LANGUAGE

Cohn-Bendit, D., *Les Murs ont la parole*, Paris, 1968.

Lainé, P., *La Femme et ses images*, Paris, 1974.

Leclerc, A., *Parole de femme*, Paris, 1974.

Leclerc, A., and M. Cardinal, *Autrement dit*, Paris, 1977.

Sullerot, E., *La Presse féminine*, Paris, 1963.

Thoveron, G., *Image de la femme dans les journaux télévisés, la publicité et les feuilletons*, Office publicat. Commun. europ., 1987.

Also see the journal *Médias et langage* which contains articles on linguistics and the media in a feminist context.

7   WORK, POLITICS, AND POWER

de Cordon, V., *Vivement des femmes: enquête sur leur place dans la vie politique*, Paris 1987.

Corvi, N., and M.-M. Salort, *Les Femmes et le marché du travail*, Paris, 1985.

David, H., *Les Femmes et l'emploi: De la Discrimination à l'égalité: le passé, le présent, et le futur*, Paris, 1984.

David, H., *L'Age de travailler*, Paris, 1985.

David, H., *Le Travail à temps partiel: essor et enjeux*, Institut Recherche Appliquée Travail, 1986.

Kergoat, D., *Des Femmes et le travail à temps partiel*,

Ministère du Travail, de l'Emploi et de la Formation Professionnelle, Documentation française, 1984.

Lamarque, M., *La Femme dans l'économie*, Paris, 1982.

Mossuz-Lavau, J., and M. Sineau, *Enquête sur les femmes et la politique en France*, Paris, 1983.

Simon, C., *Syndicalisme au féminin*, Paris, 1981.

Sullerot, E., *Diversification des choix professionnels des femmes*, Office publicat. Commun. europ., 1987.

Tilly, L., and J. Scott, *Women, Work and Family*, New York, 1978.

8   HOME LIFE

Badinter, E., *L'un et l'autre: des relations entre hommes et femmes*, Paris, 1986.

Laufer, D., *Le Livre des nouvelles célibataires: seule ce soir?*, Paris, 1987.

Leridon, H., and C. Villeneuve-Gokalp, 'Les Nouveaux Couples', *Population*, July 1988.

Nerson, R., *Mariage et famille en question: l'évolution contemporaine du droit français*, vol. 1, CNRS, 1981.

Pion, J., *Droits des femmes: union libre, enfants naturels*, Paris, 1984.

Randal, A., *Le Divorce, témoignages, procédure, évolution*, Paris, 1975.

Rubellin-Duvichi, J., *L'Evolution du statut civil de la famille depuis 1945*, Centre National de la Recherche Scientifique, 1983.

Schavelzon, I., *Les Mères*, Paris, 1980.

9   FRENCH CONTEMPORARY WOMEN'S WRITING

L'Arc 95, 'Nathalie Sarraute', Le Revest-Saint-Martin, 1984.

L'Arc 98, 'Marguerite Duras', Le Revest-Saint-Martin, 1985.

Besser, G. R., *Nathalie Sarraute*, Boston, 1979.

Marini, M., *Territoires du féminin, avec Marguerite Duras*, Paris, 1977.

Minogue, V., *Nathalie Sarraute and the War of Words*, Edinburgh, 1981.

Murphy, J., *Alienation and Absence in the novels of Marguerite Duras*, Lexington, USA, 1982.

Newman, A. S., *Une Poésie de discours*, Geneva, 1976.

Pierrot, J., *Marguerite Duras*, Librairie Jose Corti, 1986.

Vercier, B., and J. Cecarne, *La Littérature en France depuis 1968*, Paris, 1982.

The condition of women in France

Novels and literary works:

Cardinal, M., *Une Vie pour deux*, Paris, 1979.
Cardinal, M., *Au Pays de mes racines*, Paris, 1980.
Champion, J., *Les Frères Montaurion*, Paris, 1979.
Champion, J., *L'Amour Capital*, Paris, 1982.
Chawaf, C., *Cércœur*, Paris, 1975.
Chawaf, C., *Crépusculaire*, Paris, 1981.
Chedid, A., *Les Marches du sable*, Paris, 1981.
Duras, M., *L'Eté 1980*, Paris, 1980.
Duras, M., *Agatha*, Paris, 1981.

Duras, M., *L'Homme atlantique*, Paris, 1982.
Duras, M., *Savanah Bay*, Paris, 1982.
Ernaux, A., *La Place*, Paris, 1983.
de Rivoyre, C., *Boy*, Paris, 1973.
de Rivoyre, C., *Le Voyage à l'envers*, Paris, 1977.

Most of the books in the above bibliography are straightforward documentary accounts or studies. Commentaries have, therefore, been omitted except where the contents are not evident from the title.

Index